Privatrechtstheorie und Wirtschaft von 1967 bis 1982

Rechtshistorische Reihe

Herausgegeben von den Prof. Dres.
A. Amend-Traut, H.-J. Becker, W. Brauneder, P. Caroni, A. Cordes,
F. Dorn, C. Hattenhauer, R. Hoke, D. Klippel, G. Köbler, G. Landwehr,
G. Lingelbach, M. Lipp, R. Meyer-Pritzl, K. Muscheler, H. Nehlsen,
P. Oestmann, G. Otte, T. Repgen, S. Saar, K. O. Scherner, M. Schmoeckel,
J. Schröder, W. Schubert, D. Schwab, T. Simon, E. Wadle
Begründet von H. Hattenhauer†

Band 470

Zur Qualitätssicherung und Peer Review der vorliegenden Publikation

Die Qualität der in dieser Reihe erscheinenden Arbeiten wird vor der Publikation durch einen der Herausgeber der Reihe geprüft.

Notes on the quality assurance and peer review of this publication

Prior to publication, the quality of the work published in this series is reviewed by one of the editors of the series.

Julia Christine Klix

Privatrechtstheorie und Wirtschaft von 1967 bis 1982

Unter besonderer Berücksichtigung der Kartellrechtsgeschichte

PL ACADEMIC RESEARCH

Bibliografische Information der Deutschen Nationalbibliothek
Die Deutsche Nationalbibliothek verzeichnet diese Publikation in der Deutschen Nationalbibliografie; detaillierte bibliografische Daten sind im Internet über http://dnb.d-nb.de abrufbar.

Zugl.: Freiburg (Breisgau), Univ., Diss., 2017

Die vorliegende Arbeit wurde von Prof. Dr. Christian Hattenhauer
zur Aufnahme in die Reihe empfohlen.

Umschlagabbildung:
Justitia. Allegorie der Gerechtigkeit. Druck aus dem 17. Jahrhundert.

D 25
ISSN 0344-290X
ISBN 978-3-631-73125-3 (Print)
E-ISBN 978-3-631-73139-0 (E-PDF)
E-ISBN 978-3-631-73140-6 (EPUB)
E-ISBN 978-3-631-73141-3 (MOBI)
DOI 10.3726/b11608

PL Academic Research ist ein Imprint der Peter Lang GmbH.

Peter Lang – Frankfurt am Main · Bern · Bruxelles · New York · Oxford · Warszawa · Wien

Diese Publikation wurde begutachtet.

www.peterlang.com

Meiner Familie

Vorwort

Die Dissertation wurde im August 2016 abgeschlossen und von der Rechtswissenschaftlichen Fakultät der Albert-Ludwigs-Universität Freiburg im Breisgau angenommen. Die mündliche Prüfung fand im Wintersemester 2016/2017 statt.

Mein besonderer Dank gilt meinem Doktorvater Herrn Prof. Dr. Frank L. Schäfer. Die mir gestellte Frage, inwiefern die Privatrechtswissenschaft Theorien und Wirtschaftsmodelle zur Bewältigung der ökonomische Krise bzw. der Vorgänge von 1968 entwickelte, begleitete mich über sechs Jahre und über ein Dutzend Doktorandenseminare hinweg. Für die beständige Betreuung wie auch für die interessenbedingte weitere Eingrenzung der Arbeit auf die Rechtsetzungspraxis im Kartellrecht bin ich dankbar. Der Untersuchungsgegenstand „Zeitgeist von 1968" wird als ein weiteres Dissertationsprojekt gegenwärtig bearbeitet. Dank gebührt meinem Doktorvater schließlich für das ausführliche und anerkennende Erstgutachten. Herrn Prof. Dr. Wolfgang Kaiser danke ich für die Erstellung des Zweitgutachtens.

Zum Dank verpflichtet bin ich außerdem meinem Vater Wolfgang Klix und Tork Liebezeit, die beide mehrfach mein Manuskript kritisch lasen und korrigierten. Meiner Mutter Heidi Anna Klix danke ich für die Kinderbetreuung, die dadurch gewonnene Arbeitszeit und für ein separates Arbeitszimmer als Rückzugsort. Vor allem danke ich meinem Ehemann Alexander David und meinen Kindern, Clemens Alexander Klix und Anna Lena Klix. Als Familie unterstützten sie emotional mein stetes Arbeiten zusammen mit meinen drei Geschwistern, Melanie Goll, Martin Klix und Mira Klix, meiner Schwägerin Christine Klix und meinem Schwager Philipp Goll. Alle freuen sich auf den baldigen Abschluss. Ich widme die Dissertation meiner Familie, die für mich jahrelang eine großartige Teamleistung erbrachte.

Kiel, Juni 2017 — Julia Christine Klix

Inhaltsverzeichnis

Erster Teil: Privatrechtstheorie und Wirtschaft von 1967 bis 1982 ... 15

I. Privatrechtliche Theorien zur Selbstbestimmung ... 16

1. Privatrecht ... 16

a) System des Privatrechts und Privatrechtsordnung ... 17

b) Privatrechtstheorie ... 19

c) Prinzipien ... 20

aa) Grundsätze des Privatrechts ... 20

bb) Rechtsinstitute des Privatrechts ... 21

2. Diskussion in der privatrechtswissenschaftlichen Literatur ... 21

a) Diskussion um die Geltung des Privatrechts ... 22

b) Diskussionslinien zwischen Mitte der 1950er Jahre und Ende der 1970er Jahre ... 41

c) Zeitgeistargument ab Mitte der 1950er Jahre ... 44

II. Entwicklungslinie eines zeitgemäßen Theorieansatzes zwischen 1960 und 1975 ... 46

1. Kübler als „Repräsentant des progressiven Flügels der Zivilrechtslehrer" ... 46

a) Entwicklungslinie des Erklärungsansatzes in Fortsetzung der Arbeiten anderer ... 47

aa) Autoritäres System und demokratisches Gesetz ... 47

bb) Methodische Vorgehensweise ... 49

cc) Normsetzungsfunktion ... 50

b) Küblers eigenes gesellschafts- und rechtstheoretisches Erklärungsmodell ... 51

aa) Vorteile des Erklärungsmodells ... 52

bb) Nachteile des Erklärungsmodells ... 53

2. Zeitgeistbedingte Ausführungen und Interesse an Privatrechtstheorie ... 54

III. Durchsetzungsmöglichkeit der rechtstheoretischen Überzeugungen 55
1. Erfahrene Lehrstuhlinhaber in der ersten Wiederaufbauzeit 56
2. Erste Professuren ab 1959 der 1920er Jahrgänge 58
3. Erste Professuren ab 1963 der 1930er Jahrgänge 59

Zweiter Teil: Wirtschaft und Privatrechtstheorie von 1967 bis 1982 61

I. Wirtschaft 61

II. Wirtschaftsordnung 61

III. Wirtschaftsverfassung 62

IV. Methoden und Gegenstände 62

V. Verhältnis der durch Wettbewerb gesteuerten Wirtschaft zum Recht ...... .63
1. Wirtschaftsmodelle 63
2. Wirtschaftsrecht 64
3. Rechtliche Anforderungen an die Wettbewerbsordnung 65
a) Das Wettbewerbsbeschränkungsrecht zum Austauschvertrag 66
b) Gesetzgeberische Vorgabe 68
c) Vorrang der Wirtschaft oder des Rechts? 69
d) Strukturelle Nachteilsausgleichung 70
e) Ein ausgewählter rechtstheoretischer Ansatz zur Verdeutlichung 72
f) Zusammenfassung zu den rechtlichen Anforderungen 74
4. Erforderliche Rechtsinstitute für einen funktionierenden Wettbewerb 75
5. Funktionale Bindung der Rechtsinstitute an wirtschaftliche Ordnungsregulative 75
a) Zur funktionalen Bindung 79
b Bestimmung des rechtlichen Maßes an subjektiver Wettbewerbsfreiheit 80
c) Thesen Rebes zur wechselbezüglichen Abhängigkeit 80
6. Zivilrechtstheoretische Aufgaben nach Reich 84
a) Forschungsstrategischer Ansatz 87
b) Interdependenz der Teilordnungen 89

c) Folgerungen aus der Interdependenz ... 95
d) Bestimmung der sozialethischen Substanz der Ordnung ... 96
e) Politik, Ideologie und Recht ... 97
f) Kritik an der zeitgenössischen Methodendiskussion ... 99
7. Meinungslager übergreifender Diskurs zu den vorgestellten Ansichten ... 100
8. Selbstbestimmung als ein Prinzip unter anderen bei gestörter Vertragsparität ... 106
a) Zivilrechtstheoretische Aufgabe ... 106
b) Forschungsstrategischer Ansatz ... 108
c) Inneres System als Struktur ... 108
d) Folgerungen aus dem inneren System ... 109
e) Recht und Demokratie ... 109

Dritter Teil: Wirtschaftliche Entwicklung ... 111

I. 1966/1967 ... 114
II. 1973/1974 ... 117
III. 1979/1980 ... 118
IV. Mit Fokus auf die Unterschiede ... 119

Vierter Teil: Rechtsetzungspraxis im Kartellrecht ... 121

I. Historische Entwicklung des Kartellrechts in der BRD bis 1966 ... 123
1. Josten-Entwurf ... 123
a) Ordnungspolitische Situationen ... 123
aa) Vom Wirtschaftsliberalismus zur sog. Kartellverordnung ... 124
bb) Nationalsozialismus ... 124
cc) Erste Nachkriegsjahre ... 125
dd) Neuausrichtung der deutschen Wirtschaftsordnung ... 126
b) Theoretische Konzeption und inhaltliche Zusammenfassung des Josten-Entwurfs ... 128
c) Scheitern des Josten-Entwurfs ... 132

aa) Rechtstheoretische Schlussfolgerungen von Knut Wolfgang Nörr 133
bb) Wettbewerbspolitische Schlussfolgerungen von Eberhard Günther 134
2. Gesetz gegen Wettbewerbsbeschränkungen im Gesetzgebungsverfahren 135
a) Ordnungspolitische Situation 135
aa) Verfassungsrechtliche Rahmenbedingung 136
bb) Referentenentwürfe bis zur wirtschaftspolitischen Grundentscheidung 137
cc) Staatsrechtliche Rahmenbedingung und vorläufiger Regierungsentwurf 139
b) Regierungsentwurf von 1952 und die wirtschaftspolitischen Hintergründe 142
aa) Neue wirtschaftspolitische Konzeptionen 144
bb) Althergebrachte wirtschaftspolitische Konzeptionen 148
cc) US-amerikanisches Antitrustrecht 149
c) Wirtschaftspolitische Konzeption des Regierungsentwurfs von 1952 149
aa) Verbotsprinzip als allgemeines übergeordnetes Ordnungsprinzip 149
bb) Zielsetzung des wirtschaftspolitischen Korrelats zur politischen Demokratie 150
cc) Vorkehrungen zur Sicherung des Wettbewerbs 152
(1) Regelungen über horizontale Wettbewerbsbeschränkungen 152
(2) Regelungen über vertikale Wettbewerbsbeschränkungen 153
(3) Präventive Zusammenschlusskontrolle 155
d) Gesetzgeberischen Kontroversen zwischen 1952 und 1957 155
aa) Stellungnahmen des Bundesrates 156
bb) Verständigung zwischen BDI und Bundeswirtschaftsministerium 156
cc) Höcherl-Entwurf und Böhm-Entwurf 158
dd) Ausschuss für Wirtschaftspolitik 159

ee) Ausgang der Beratungen des Regierungsentwurfs von 1952 160
e) Wirtschaftspolitische Konzeption des beschlossenen Gesetzes von 1957 161
aa) Ansatzweise neue, altbekannte wirtschaftstheoretische Konzeptionen und US-amerikanisches Anti-Trustrecht integrierende Konzeption 161
bb) Wirtschaftspolitisches Korrelat zur politischen Demokratie 165
f) Zusammenfassung 168
g) Leitfaden „Kooperationsfibel“, Restriktive Anwendung des Gesetzes und fortschreitende Konzentrationsentwicklung 168
h) Novelle 1965 169
3. Historische Entwicklung des Kartellrechts zwischen 1967 und 1974 170
a) Kooperation, Gegengewichtsprinzip und Gegenmachtbildung 175
aa) Kooperationsförderung als Mittelstandspolitik 175
bb) Gegengewichtsprinzip 175
cc) Gegengewichtsbildung als ordnungspolitisches Instrument 176
b) Funktionaler Zusammenhang von Zivilrecht und Kartellrecht 183
c) Wettbewerbsbegriffe 183
aa) Definition nach Knöpfle 184
bb) Definition nach Sandrock 185
cc) Präferenzen 185
dd) Verbraucherschutz als Zielfunktion 185
4. Historische Weiterentwicklung des Kartellrechts mit der Novelle von 1976 186
5. Historische Entwicklung des Kartellrechts von 1979 bis 1982 – Novelle von 1980 186
6. Ausblick 188

Fünfter Teil: Übereinstimmung der Meinungslager 191

I. Gemeinsamkeiten der „linken“ und „bürgerlichen“ Vertreter 193
II. Wissenschaftliche Diskussion 196
III. Übereinstimmungen im Ergebnis 199

Sechster Teil: Thesen 201
I. Die Bedeutung von innerstaatlichen Verboten des Kartellrechts 201
II. Zur Funktion des Privatrechts 202
III. Schutz des Schwächeren als allgemeines Prinzip 204

Quellen- und Literaturverzeichnis 205

Personenverzeichnis 225

Sachwortverzeichnis 229

Erster Teil: Privatrechtstheorie und Wirtschaft von 1967 bis 1982

Die vorliegende Arbeit befasst sich mit der Geschichte der Privatrechtstheorie und ihrem Verhältnis zu der Wirtschaft in der Bundesrepublik Deutschland von 1967 bis 1982. Privatrechtliches Gestalten einer Austauschbeziehung von Unternehmen zu Unternehmen bei Imparität unterliegt heute besonderen rechtlichen Regelungen. Thematisch sind die Bereiche Allgemeines Privatrecht und für verbotene und/oder kartellverfahrensrechtlich untersagbare Verhaltensweisen das Wirtschaftsrecht, unter besonderer Berücksichtigung der freiheitsschützenden Regelungen im Recht gegen Wettbewerbsbeschränkungen, betroffen. Die aktuelle Erklärungsbedürftigkeit des geltenden Rechts hinsichtlich bestimmter gebotener Verhaltensweisen verweist auf die juristische Zeitgeschichte des Privatrechts und auf die Privatrechtstheorie. Die über die vorgenannten Themenkreise hinausgreifende Darstellung von Entwicklungszusammenhängen ist zunächst dem Paradigmenwechsel von 1958 mit in Kraft treten des Gesetzes gegen Wettbewerbsbeschränkungen geschuldet.

Die Überzeugung der progressiven Zivilrechtslehrer im Untersuchungszeitraum, ihre Aufgabe sei es, dem Privatrecht seine Stelle in der rechtlichen Ordnung des politischen Gemeinwesens zuzuweisen, fußt auf einem Bezug zur Wettbewerbspolitik. Durch die wirtschaftliche Entwicklung, eingeschlossen die Krisen einerseits und die Wechselbeziehung von Wirtschaftsverfassung und den historisch bedeutsamen Erklärungsmodellen der Wirtschaftswissenschaften andererseits, erweitert sich der Themenkreis bereits erheblich. Wenn die genannte Überzeugung der progressiven Zivilrechtslehrer im betrachteten Zeitraum auf dem Bezug zur Wettbewerbspolitik fußt, so wurzelt sie im politischen Gemeinwesen, wodurch die gesellschaftlichen Umbrüche der Zeit in den Blick geraten.

Inwieweit der rechtshistorischen und rechtstheoretischen Betrachtung der gesetzlichen Entwicklung von nationalem Recht bei Vorrang des europäischen Kartellrechts[1] Bedeutung zukommt, bemisst sich nach dem Untersuchungsgegenstand. Für den genannten Untersuchungsgegenstand werden u.a. die rechtlichen

1 Anm.: Ursprünglich im Vertrag zur Gründung der Europäischen Wirtschaftsgemeinschaft (EWG) in Art. 85, 86, dann zunächst im Vertrag über die Gründung der europäischen Gemeinschaft (EGV) in Art. 81, 82 EGV und nun im Vertrag über die Arbeitsweise der europäischen Union (AEUV) als neue gesetzliche Grundlage seit dem Vertrag von Lissabon bei den Wettbewerbsregeln in Art. 101, 102 AEUV geregelt.

Anforderungen an die Wettbewerbsordnung behandelt. Und zwar im Falle, dass an einer Austauschbeziehung zwei Unternehmen beteiligt sind und Imparität anzunehmen ist. Die nationalen Diskriminierungs- und Behinderungsverbote in §§ 19, 20 GWB werden auch dann angewandt, wenn der Handel zwischen EU-Mitgliedstaaten betroffen ist. Verhaltensweisen, die auf Grund strengerer innerstaatlicher Verbote wie in § 20 GWB untersagt sind, bleiben dies, selbst wenn das europäische Kartellrecht kein Verbot vorsieht. Die weitgehende europäische Rechtsangleichung mit der Kartellverordnung Nr. 1/2003[2] hat diesen Raum für nationales Recht erhalten.

I. Privatrechtliche Theorien zur Selbstbestimmung

„(Wie dem auch sei,) Wirtschaft und Recht sind Teilbereiche ein und derselben Kultur, Schöpfung eines Geistes, Glieder einer Wertwelt, Zeugnisse eines Gesamtstils ihres Volkes und ihrer Epoche“[3]

1. Privatrecht

Der Begriff Privatrecht bezeichnet die rechtlichen Regelungsbereiche des BGB, nebst einer Anzahl von privatrechtlichen Nebengesetzen wie das HGB und klassischen Leitprinzipien, die wiederum Rechtsinstitute und Rechtsgrundsätze privatrechtlichen Inhalts prägen. Das Privatrecht stellt im Gesamtsystem der Rechtsordnung der BRD ein Teilsystem dar. Die Zweiteilung der Rechtsordnung in Privatrecht und öffentliches Recht hat historisch die Bedeutung, dass dem Bürger die Freiheit und den Schutz einer privaten, vom Staat nicht kontrollierten Sphäre verbleiben soll. Diese subjektiven Rechte sind eine Rechtsmacht, die dem Einzelnen durch die Rechtsordnung verliehen wurde und „zur Befriedigung menschlicher Interessen dienlich“[4] ist. Die zentralen Prinzipienworte „Autonomie der Person im Privatrecht“ verweisen darauf, wie grundlegend die private Rechtsgestaltung ist.[5] Die Privatautonomie als Begriff wird geprägt von den gesellschaftlichen und geschichtlich bedingten Vorstellungen von Freiheit, Selbstbestimmung und Eigenverantwortlichkeit des Menschen und ist Teil des

---

2 EG-KartVerfVO Nr. 1/2003 des Rates der EG vom 16.12.2002 löste mit Wirkung zum 01.05.2004 EWG-VO Nr. 17/62 ab.

3 *Raiser*, Wirtschaftsverfassung als Rechtsproblem, Rede zur Übernahme des Rektorats der Georg-August-Universität zu Göttingen 5. Mai 1948, abgedruckt in: Die Aufgabe des Privatrechts, S. 27.

4 *Nipperdey*, Allgemeiner Teil des Bürgerlichen Gesetzbuches, S. 438.

5 *HKK-Rückert*, vor § 1, Rn. 44, S. 61.

allgemeinen Prinzips der Selbstbestimmung des Menschen. Zum Kernbestand des Privatrechts im herkömmlichen Sinne gehört hiernach die Anerkennung der „Selbstständigkeit und Freiheit der Einzelperson"[6] durch den Staat. Dabei wird die gleiche Freiheit mittels der allgemeinen Geschäftsfähigkeit im BGB garantiert.[7] Schließlich ist darauf zu verweisen, dass dem dispositiven Recht im BGB, wie es am 01. Januar 1900 in Kraft trat, im Vergleich zu dem zwingenden Recht ein möglichst großer Raum gewährt wurde.[8] Flume schrieb: „Für die heutige Zeit (1979) gilt wie je, dass die Privatautonomie ein individualistisches Prinzip ist, es ist die Anerkennung der Selbstbestimmung des Einzelnen in der Gestaltung seiner Rechtsverhältnisse."[9] Allerdings verkleinere sich im Laufe des 20. Jahrhunderts der Bereich, in welchem die Selbstbestimmung wirksam werden kann. In Flumes Ausführungen findet sich folgende Stellungnahme zur Bedeutung der Privatautonomie: „[...] immer noch ist die Privatautonomie das wesentliche Strukturelement unserer (Privat-) Rechtsordnung."[10]

a) System des Privatrechts und Privatrechtsordnung

Als Rechtssystem wird ein nach Prinzipien geordnetes Ganzes, die innere Einheit einer aus Rechtssätzen und Institutionen bestehenden Rechtsordnung bezeichnet.[11] Bei einem Rechtssystem handele es sich im Hinblick auf die „innere Einheit" um ein hierarchisches Modell. Alle Rechtssätze und Institutionen lassen sich nach ihrem Rang in Relation setzen.[12] Im Hinblick auf die Gesamtrechtsordnung, auf das „äußere System", wird die Privatrechtsordnung teils als ein in sich geschlossenes, einem Teilsystem unterliegender Bereich der Rechtsordnung und teils als ein offenes System verstanden. Das BGB als kodifiziertes Privatrecht wurde als autonomes Privatrecht, welches vom öffentlichen Recht prinzipiell abgegrenzt wird und nach den Prinzipien allgemeiner Freiheit und Gleichheit intern geordnet ist, verstanden.[13] Die Privatrechtswissenschaft verwendet den Begriff Privatrechtsordnung je nach eigenem Theorieansatz. Den Definitionen ist im Allgemeinen gemeinsam, dass auf die in der Privatrechtsordnung enthaltene Ordnungsstruktur für die Wirtschaft hingewiesen wird. Denn das Privatrecht

---

6 *Raiser*, Die Zukunft des Privatrechts, in: Die Aufgabe des Privatrechts, S. 209.
7 *HKK-Rückert,* vor §1, Rn. 43, S. 60.
8 *HKK-Rückert,* vor §1, Rn. 30, S. 52.
9 *Flume,* Das Rechtsgeschäft, S. 15; in Klammern Gesetztes wurde hinzugefügt.
10 *Flume,* Das Rechtsgeschäft, S. 16.
11 *Vesting,* Rechtstheorie, Seite 35; *Wieacker,* Privatrechtsgeschichte der Neuzeit, S. 433.
12 *Vesting,* Rechtstheorie, Seite 35.
13 *HKK-Rückert,* vor §1, Rn. 115, S. 122.

stellt die Organisationsform für die Unternehmen mit dem Gesellschaftsrecht, bietet das „Rechtsinstitut des Vertrages nicht nur für den Austausch von Gütern und Leistungen auf dem Markt, sondern auch für die Organisations-, Unternehmens-, Kartell- und Absatzlenkungsverträge zum Aufbau und zur Sicherung wirtschaftlicher Machtstellung“[14]. Außerdem wird für die Privatrechtsordnung und die Wirtschaftsordnung gleichermaßen das Privateigentum als weitere „stützende Säule“ neben der Vertragsfreiheit angesehen.[15] Am stärksten betont der Ordo-/Neoliberalismus die Ordnungsfunktion des Privatrechts im Wirtschaftsverkehr, in dem in der ordo-/neoliberalen Konzeption die Wirtschaftsordnung mit der Privatrechtsordnung gleichgesetzt wurde. Die in der ordo-/neoliberalen Konzeption der ersten Nachkriegsjahre des Zweiten Weltkrieges vorgesehene Gleichsetzung von Wirtschaftsordnung und Privatrechtsordnung und die Aussonderung einer Wirtschaftsgesellschaft als herrschaftsfreier, auf Gleichordnung aller Teilnehmer beruhender Privatrechtsgesellschaft kann zwar nicht aufrechterhalten werden. Die Rechtsinstitute des Privatrechts wie Eigentum und Vertragsfreiheit sowie das sich daraus entwickelte Vermögens- und Handelsrecht sind dennoch von großer Bedeutung für das gegenwärtige Wettbewerbs- und marktwirtschaftliche System. Raiser führt dazu 1971 aus: „Aber die Erwartung des Ordo- bzw. Neoliberalismus, dass dieses System, einmal eingeführt, sich unter staatlichem Schutz, aber auf der Basis des Privatrechts als des Organisationsrechts der Wirtschaft selbstregulierend zu erhalten vermöge, hat sich nicht erfüllt.[16] Im Jahr 1974 erschien die Festschrift für Ludwig Raiser zum 70. Geburtstag mit dem Gesamtthema „Funktionswandel der Privatrechtsinstitutionen“. In „Die Aufgabe des Privatrechts“ von Ludwig Raiser, erschienen 1977, findet sich die Zusammenstellung von Aufsätzen zum Privat- und Wirtschaftsrecht aus der Zeit von 1949 bis 1975. Diese Aufsätze haben gemein, die tragenden Prinzipien und spezifischen Funktionen der Privatrechtsordnung innerhalb der Gesamtrechtsordnung aufzuzeigen. Ludwig Raiser betrachtete das Prinzip der Vertragsfreiheit unter ökonomischen Gesichtspunkten. Das Prinzip der Vertragsfreiheit sei in der marktwirtschaftlichen Wettbewerbsordnung in Gefahr. Bei privater Machtkonzentration würde anstelle einer wirklichen, materiellen Freiheit des wirtschaftlich abhängigen Marktteilnehmers, einen Austauschvertrag inhaltlich zu verhandeln und abzuschließen, in der Realität nur eine formale Freiheit bestehen.[17] Ludwig Raiser deutete die von ihm beobachtete

14 *Raiser,* Die Zukunft des Privatrechts, in: Die Aufgabe des Privatrechts, Seite 211, 212.
15 *Grunsky,* Vertragsfreiheit und Kräftegleichgewicht, S. 5.
16 *Raiser,* Die Zukunft des Privatrechts, in: Die Aufgabe des Privatrechts, Seite 221.
17 *Raiser,* Vertragsfreiheit heute, in: Die Aufgabe des Privatrechts, S. 50.

Machtkonzentration als systemimmanentes Problem, das nicht allein mit privatrechtlichen Mitteln zu beheben sei.[18] Für ihn bestand ein wichtiges Anliegen darin, der Gefährdung des Wettbewerbs durch Machtkonzentration auch mittels staatlicher Eingriffe zu begegnen.[19]

b) *Privatrechtstheorie*

Der Begriff Rechtstheorie bedeutet allgemein, dass Rechtsnormen und ihre Wirkungsweisen betrachtet werden und durch die genaue Betrachtung Wissen über die Rechtsordnung und Rechtswirklichkeit gewonnen wird. Im Mittelpunkt steht das Beobachten, Deuten und Vermuten. Daraus werden Erklärungsmuster und theoretische Ergebnisse gewonnen. Die Rechtstheorie des Privatrechts ist daher nicht unmittelbar auf die Lösung spezifischer Rechtsprobleme bezogen, sondern ist primär theoretischen Anforderungen verpflichtet. Seit den 1920er Jahren wird in der Rechtstheorie die theoretische Reflexion des Rechtssystems als Selbstbeschreibung unternommen. Die Rechtstheorie leiste ihren funktionalen Anteil an der juristischen Reflexion der Rechtspraxis, indem beispielsweise allgemeine Entwicklungen im Wissenschaftssystem für die Rechtswissenschaft aufbereitet werden.[20] Es werden drei Funktionen der Rechtstheorie genauer beschrieben. Erstens die oben eingangs beschriebene empirische Funktion als Wissensgewinnung durch systematische Beobachtung, zweitens die analytische Funktion als Begriffsklärung durch Untersuchung der Rechtssprache, der Struktur von Rechtsnormen und des Aufbaus der Rechtsordnung und drittens die normative Funktion als Rechtsinhaltsbestimmung durch Untersuchung des Geltungsgrundes des Rechts und der Methoden der Rechtsanwendung.[21] Neben den zuvor genannten Methoden der Rechtsanwendung, die sich auf das im positiven Recht enthaltene Ordnungsgefüge beziehen, werden für diese Untersuchung die spezifischen Methoden der „sozialwissenschaftlich-empirische[n] Analyse" zur Rezeption außerrechtlicher sozialer Normen[22] für die Generalklauseln relevant.

Für die Rechtstheorie ist die Einheit und Bindungsfähigkeit des Rechtssystems, die Leistung einer rekursiven Rechtspraxis und der gesellschaftlichen

---

18 *Raiser,* Die Zukunft des Privatrechts, in: Die Aufgabe des Privatrechts, S. 212.
19 *HKK-Hofer,* vor § 241, Rn. 42, S. 125.
19 *Vesting,* Rechtstheorie, S. 6.
20 *Vesting,* Rechtstheorie, S. 9.
21 *Rüthers,* Rechtstheorie, S. 15f.
22 *Ott,* Systemwandel im Wettbewerbsrecht, S. 403, 414.

Konventionsbildung, entscheidend.[23] Die Konventionsbildung hängt vom impliziten Wissen ab. Die moderne liberale Gesellschaft verändert sich, so dass das Recht auf implizite gesellschaftliche Wissensbestände verweisen muss.

In rechtshistorischer Perspektive wird die Rechtstheorie stets „in Zeiten des Umbruchs"[24] von Bedeutung, wenn es gesellschaftliche oder wirtschaftliche Änderungen zu erklären gibt. Dies gilt für die Privatrechtstheorie insbesondere im Hinblick darauf, dass „seit etwa 1965 eine kritische Jugend [...] nach der Vergangenheit und Zukunft dieser Ordnung fragte, nach ihrer sozialethischen Substanz und nach den Folgen und Grenzen des Wirtschaftswachstums [...]".[25] Dies geschah vermehrt auf die konjunkturellen Einbrüche beispielsweise 1966/1967 hin und in den 1970er Jahren sowie den frühen 1980er Jahren.

c) Prinzipien

Unter einem Prinzip kann inhaltlich ein allgemeines Argument verstanden werden. Die Privatrechtsordnung besteht aus formal-äußeren Ordnungsprinzipien, die als modellhafte Darstellungsinstrumente oder wesentliche Strukturelemente vorkommen. Ein Prinzip kann dagegen auch ein allgemeiner Rechtssatz mit allgemeingültigem Gehalt oder ein Optimierungsgebot sein.[26] Das BGB enthält prinzipielle Rechtssätze, die jeweils kontextabhängig Prinzipien im Sinne der beiden letzten inhaltlichen Verständnismöglichkeiten sind. Mit Blick auf die oben genannten, privatrechtlichen Nebengesetze stellt sich jeweils die Frage, ob diese als prinzipientreues Spezialrecht des Privatrechts und damit als sogenanntes Sonderprivatrecht anzusehen sind oder stattdessen als prinzipienbrechendes singuläres Recht.[27] Als prinzipientreues Spezialrecht des Privatrechts gelten das Handelsgesetzbuch (HGB) und das Gesetz gegen Wettbewerbsbeschränkungen (GWB). Es handelt sich folglich um Sonderprivatrecht.

aa) Grundsätze des Privatrechts

Aus der Verständnismöglichkeit des Prinzips als allgemeiner Rechtssatz ergibt sich, dass die Begriffe Prinzip und Privatrechtsgrundsatz vielfach synonym gebraucht werden.[28] Allgemeine Grundsätze des Privatrechts sind Abstraktionen,

---

23 *Vesting,* Rechtstheorie, Seite 14.
24 *Rüthers,* Rechtstheorie, Seite 17.
25 *Rüthers,* Rechtstheorie, Seite 20.
26 *HKK-Rückert,* vor §1, Rn. 115, S. 121.
27 *HKK-Rückert,* vor §1, Rn. 102, S. 106.
28 *Kauhausen,* Die Stunde Null, S. 67.

die für eine Reihe von Rechtsverhältnissen/-akten gelten. So entspricht der Begriff des Rechtsgeschäfts dem Grundsatz der Privatautonomie, da es bei jedem Rechtsgeschäft um die Verwirklichung des Grundsatzes der Privatautonomie geht. Der Einzelne erklärt seinen Willen zur Begründung, Änderung oder Aufhebung eines Rechtsverhältnisses. Die im Rechtsverkehr Beteiligten verfolgen ihren auf rechtliche Wirkung gerichteten Willen durch Setzung einer konkreten Regelung und die Rechtsordnung stellt die Akte zur Verfügung, in denen die privatautonome Gestaltung möglich ist. Die Rechtsgeschäfte wie Kaufvertrag, Forderungsabtretung, Eheschluss und Testament sind solche konkreten in der Rechtsordnung anerkannten Akte, in denen rechtlich gestaltet werden kann. Der Begriff des Rechtsgeschäfts ist die Abstraktion aller in der Rechtsordnung formierten Akttypen.[29]

bb) Rechtsinstitute des Privatrechts

Die Rechtsinstitute des Privatrechts haben spezifische rechtliche Funktionen und ihnen zugeordnete Rechtssätze. Der Vertrag ist ein solches Rechtsinstitut des Privatrechts. Als ein besonders bedeutendes Teilstück der Privatautonomie ermöglicht die Vertragsfreiheit die Ausgestaltung der Beziehung eines Einzelnen zu anderen durch einvernehmliche Vereinbarung. Die Regelungen über den Vertrag finden sich zum einen in den unter der Überschrift „Der Vertrag" stehenden §§ 145ff. BGB, die den Vertragsschluss regeln und eine Auslegungsregel in §157 BGB enthalten. Zum anderen sind weitere Regelungen über den Vertrag in den weiteren dem Institut zugehörigen Rechtssätzen enthalten. So gelten hinsichtlich der erforderlichen übereinstimmenden Willenserklärung die Regelungen über das Rechtsgeschäft und hinsichtlich der Rechtswirkungen die besonderen Normen für die einzelnen Vertragsarten (z.B. Schuldvertrag) und die einzelnen Vertragstypen (z.B. Kauf, Miete, etc.).

2. Diskussion in der privatrechtswissenschaftlichen Literatur

Als Überblick lässt sich aus dem bereits Dargestellten folgendes gewinnen: Das allgemeine Prinzip der Selbstbestimmung des Menschen beinhaltet das Prinzip der Privatautonomie und die maßgeblichen Vorstellungen von Freiheit, Selbstbestimmung und Eigenverantwortlichkeit des Menschen. Die Privatautonomie ihrerseits beinhaltet das Rechtsinstitut des Vertrages. Die Privatautonomie und die Vertragsfreiheit können jeweils als pars pro toto des allgemeinen Prinzips der

29 *Flume*, Das Rechtsgeschäft, S. 23.

Selbstbestimmung behandelt werden. Weiter wurde vorangestellt, dass mittels der privatrechtlichen Prinzipien wirtschaftliche Funktionen erfüllt werden.

a) Diskussion um die Geltung des Privatrechts

Das Prinzip gleicher Freiheit wird nun zur weiteren Verdeutlichung betrachtet, da es vielfach diskutiert wird. Eine in der privatrechtswissenschaftlichen Literatur zu verfolgende Diskussion nimmt dabei ihren Anfang bei der Frage der Selbstbestimmung.[30] Es kann anhand dieser Anfangsfrage gezeigt werden, was Prinzipien ausmacht. Denn Prinzipien dienen als nützliche Instrumente, um ein positives Recht darzustellen und es zugleich in Bewegung zu halten.[31] Im Weiteren geht es zunächst um die formal-äußeren Ordnungsprinzipien als modellhafte Darstellungsinstrumente, die Annahme axiomatisch-absoluter Inhalte und wie diese Annahme wiederum mit der erforderlichen Anpassungsfähigkeit/Elastizität des Rechts vereinbar ist.

Johannes Köndgen erörtert diese Anpassungsfähigkeit des Rechts durch Prinzipien mit Hinblick auf Josef Essers Monografie mit dem Titel „Grundsatz und Norm“ von 1956.[32] Josef Esser setzte sich in „Grundsatz und Norm“ mit der „Theorie der Rechtsprinzipien“ in der kontinentaleuropäischen, normgestützten Methode der Rechtsgewinnung auseinander.[33] Von den formal-äußerlichen Ordnungsprinzipien, wie sie in Aufbau- und Lehrprinzipien zu sehen sind, einmal abgesehen, ereile den Richter in der Anwendung von Prinzipien ein Legitimationsproblem bei der Rechtsgewinnung. Esser nimmt Anleihen bei der Methodenlehre des Case Law, da es dort praktische Notwendigkeit sei, auf allgemeine Rechtsgrundsätze zurückzugreifen. Die nicht normtextgebundene Rechtsfindung „in einem prinzipiell unabgeschlossenen Rechtssystem“ sei die Arbeit mit und an Rechtsprinzipien und damit vergleichbar mit dem „täglich Brot“ im Common Law. Esser ziehe die Möglichkeit letzter ethischer Wahrheiten in Betracht und gewinnt aus angelsächsischem Denken die Einsicht, dass die meisten Rechtsprinzipien Teil an der Positivität des Rechts haben. Nur eben nicht durch Deduktion aus gesetztem Recht, sondern durch Rückgriff auf die Natur der Sachen und in Auseinandersetzung mit dem je zur Entscheidung stehenden

30 *Westermann,* Vertragsfreiheit 1956 und heute, S. 57.

31 *Peczenik,* Principles of Law, in: Rechtstheorie, Bd. 2, 1971, S. 17ff.

32 Anm.: Köndgen ist Esser-Schüler.

33 *Köndgen,* Josef Esser – Grenzgänger zwischen Dogmatik und Methodologie, S. 113ff.

Problem. Prinzipien sind axiomatisch-absolut und Gegenstand rechtsdogmatischer Ableitung.[34]

Die folgende These Essers bezeichnet Köndgen für das Jahr 1956 als „bahnbrechend“:[35] „In ihrer ständigen Übung werden Prinzipien damit zu richterlichen Konstruktionen der Wirklichkeit, die eine permanente Anpassungsfähigkeit des Rechts an gesellschaftlichen Veränderungen ermöglichen. Zugleich entwickeln Prinzipien, sind sie erst einmal formuliert, ihr positives Eigenleben, indem sie sich von einem rhetorischem zu einem dogmatischen Prinzip wandeln, wie etwa der Vertrauensgrundsatz zum Abstraktionsprinzip.“[36]

Im Hinblick auf das allgemeine Prinzip der Selbstbestimmung ist hervorzuheben, dass die Begründung im Willen des einzelnen liegt und die rechtliche Entscheidung, soweit die privatautonome Gestaltung gilt, dem einfach zu folgen hat. Dies leitet über zum Wesen und Verhältnis der Selbstbestimmung zur Rechtsordnung und Gemeinschaftsordnung sowie der Geltung des allgemeinen Prinzips der Selbstbestimmung im Zivilrecht. Dazu werden zunächst drei Festschriftbeiträge zu „Hundert Jahre Deutsches Rechtsleben“, der Festschrift Deutscher Juristentag von 1960 ausgewertet. Der erste Beitrag „Vertragsfunktion und Vertragsfreiheit“ stammt von Ludwig Raiser, der zweite Beitrag „Rechtsgeschäft und Privatautonomie“ ist von Werner Flume und den dritten Beitrag „Das Bürgerliche Recht im Wandel der Gesellschaftsordnungen“ verfasste Franz Wieacker. Der letztgenannte Beitrag kann zusammen mit Franz Wieackers Vortrag von 1952 mit dem Titel „Das Sozialmodell der klassischen Privatrechtsgesetzbücher“ und dem Kapitel „Ausblick“ aus „Privatrechtsgeschichte der Neuzeit“ besser erfasst werden.

Raiser geht auf die Grundlagen von Privatautonomie und Vertragsfreiheit ein, indem er dem ethischen Axiom die politische Freiheit zur Seite stellt und das Gesellschaftssystem beschreibt, das einen herrschaftsfreien Raum für die selbstverantwortliche Bestimmung der Einzelnen belässt. Der herrschaftsfreie Raum ist einerseits im Verhältnis des Einzelnen zum Staat und andererseits im Verhältnis der Vertragsparteien untereinander bedeutsam, denn die Freiheit und die Gleichheit der Vertragsparteien vor dem Gesetz sind gleichermaßen wichtig.[37]

Flume macht die folgenden Ausführungen: „Privatautonomie nennt man das Prinzip der Selbstgestaltung der Rechtsverhältnisse durch den einzelnen nach

34 *Köndgen,* Josef Esser – Grenzgänger zwischen Dogmatik und Methodologie, S. 114f.

35 *Köndgen,* Josef Esser – Grenzgänger zwischen Dogmatik und Methodologie, S. 114.

36 *Esser,* Grundsatz und Norm in der richterlichen Fortbildung des Privatrechts, Rechtsvergleichende Beiträge zur Rechtsquellen und Interpretationslehre.

37 *Raiser,* Vertragsfunktion und Vertragsfreiheit, S. 105ff.

eigenem Willen. Die Privatautonomie ist ein Teil des allgemeinen Prinzips der Selbstbestimmung des Menschen." Flume beschäftigt sich mit der Privatautonomie als einem Prinzip der Gemeinschaftsordnung. Als Glied der staatlichen Gemeinschaft sei jedes einzelne Rechtssubjekt zu sehen, der Staat dagegen als eine Gemeinschaft von Menschen. Die Selbstbestimmung des einzelnen sei nach dem Grundgesetz auch im Hinblick auf die Gemeinschaft unabdingbar, weil ohne die Selbstbestimmung des einzelnen eine Gemeinschaft, wie sie vom Grundgesetz gewollt ist, nicht gegeben wäre. Da es sich bei der Privatautonomie um die Gestaltung von Rechtsverhältnissen handele, sei es selbstverständlich, dass Inhalt und Grenzen der Privatautonomie durch die Rechtsordnung bestimmt werden. Die Privatautonomie und im Besonderen die Vertragsfreiheit erforderten begrifflich die Rechtsordnung als Korrelat.[38]

In der Betrachtung des Geltungsgrundes der Selbstbestimmung finden sich Übereinstimmungen bei Flume und Raiser. Beide setzen sich mit der Ansicht Schmidt-Rimplers in „Grundfragen einer Erneuerung des Vertragsrechts, AcP 147(1941), S. 130 ff, auseinander.

Raiser spricht sich insofern gegen die These über das Verhältnis von Gesamtrechtsordnung und Vertragsordnung von Schmidt-Rimpler aus, als diese beinhaltet, dass das von den Parteien Gewollte von der Rechtsordnung deshalb anerkannt werden könne und mit Rechtsschutz ausgestattet werde, weil die Art des Zustandekommens des Vertrages eine Gewähr für die inhaltliche Richtigkeit des Vereinbarten biete. Eine aus Selbstbestimmung entstehende partikuläre Ordnung sei eine rechtliche Ordnung, wenn diese von der Gesamtrechtsordnung anerkannt und geschützt wird, also deren Voraussetzung erfüllt. Die Selbständigkeit der Vertragsordnung bedeute für das Rechtsleben eines Volkes ein Element der Beweglichkeit und ermögliche die dem Gesetzgeber verschlossene Anpassung an besondere wechselnde Lagen und Bedürfnisse. Dabei seien Unebenheiten und Widersprüche in Kauf zu nehmen, solange nicht Grundforderungen der Gerechtigkeit verletzt sind. Die Richtigkeitsgewähr beschränke sich darauf, dass es unseren Gerechtigkeitsvorstellungen entspricht, den Vertrag als Rechtsinstitut zu erhalten.[39]

Flume schreibt dazu ebenfalls ablehnend: „Die Gestaltung aus Selbstbestimmung in einem Rahmen, der nach der Rechtsordnung der Selbstbestimmung überlassen ist, ist einem rechtlichen Urteil, ob sie richtig ist, unzugänglich. Lässt man dies nicht gelten, so negiert man in Wirklichkeit die Selbstbestimmung als

38 *Flume,* Rechtsgeschäft und Privatautonomie, S. 141ff.
39 *Raiser,* Vertragsfunktion und Vertragsfreiheit, S. 117.

Wert, und wird die Privatautonomie als „Mittel zur Verwirklichung einer von der Gesamtheit her als gerecht und zweckmäßig verfügten Ordnung mediatisiert.“[40]

Flume als auch Raiser sehen die Anerkennung darin, dass die vertragliche Regelung in Selbstbestimmung der Vertragspartner durch die Rechtsordnung vorgesehen ist.[41] Flume wendet sich anschließend der Frage zu, wann Selbstbestimmung vorliegt. Die Rechtfertigung der Privatautonomie darüber, dass die Selbstbestimmung als ein Wert anerkannt wird, führt zu den folgenden Fragen: Erstens, besteht bei den kontrahierenden Rechtssubjekten eine Macht zur Selbstbestimmung, zweitens, ist die Regelung der Rechtsverhältnisse in beiderseitiger Selbstbestimmung, d.h. durch Vertrag, überlassen und, drittens, tritt durch die Macht des einen statt der beiderseitigen Selbstbestimmung eine einseitige Fremdbestimmung ein?[42]

Flume geht unter dem Aspekt „ewiges Dilemma“ der Privatautonomie in seinem Lehrbuch Allgemeiner Teil des Bürgerlichen Rechts, Band 2, Das Rechtsgeschäft, von 1965, darauf ein, dass die Privatautonomie durch die ungleiche Machtverteilung unter den Rechtssubjekten fraglich ist.[43] Der Vertrag sei ein Akt beiderseitiger Selbstbestimmung der Vertragsparteien. Durch die ungleich größere Macht des einen tritt statt der beiderseitigen Selbstbestimmung eine einseitige Fremdbestimmung ein. Für Vertragstypen, bei denen mit ungleicher Machtlage allgemein zu rechnen sei, werde die Regelung den vertragsschließenden Rechtssubjekten entzogen und das Rechtsverhältnis ganz oder teilweise durch unabdingbare Rechtsnormen bestimmt. Es verringert sich der von der Rechtsordnung der Selbstbestimmung überlassene Rahmen. Flume weist darauf hin, dass beim Verkehr mit Gütern und Leistungen im Allgemeinen wirtschaftlich ungleich starke Rechtssubjekte miteinander kontrahierten. Dies verringere aber nicht per se die Macht der Selbstbestimmung des wirtschaftlich unterlegenen Rechtssubjekts. Die Mechanismen des Marktes würden die wirtschaftliche Macht des an sich stärkeren Rechtssubjekts aufheben, da er in Wettbewerb treten müsse, um einen Partner für den Abschluss des Vertrages in Selbstbestimmung zu gewinnen. Er verweist auf die aufhebende Wirkung von Wettbewerbsbeschränkungen und Monopolen auf die Ordnung auf der Grundlage der Privatautonomie. Diese Problematik trete bei der Verknappung von Gütern zu Tage,

40 *Flume,* Rechtsgeschäft und Privatautonomie, S. 143.

41 *Flume,* Rechtsgeschäft und Privatautonomie, S. 147; Raiser, Vertragsfunktion und Vertragsfreiheit, S. 119 u. 127.

42 *Flume,* Rechtsgeschäft und Privatautonomie, S. 143.

43 *Flume,* Allgemeiner Teil des Bürgerlichen Rechts, Das Rechtsgeschäft, S. 10.

bei faktischer Monopolstellung für Güter und Leistungen notwendigen Bedarfs etc.[44]

Wie Flume befasst auch Raiser sich mit der Auswirkung ungleicher Machtverteilung auf den allgemeingültigen Gehalt der Selbstbestimmung. Seinen Beitrag „Vertragsfunktion und Vertragsfreiheit", bezeichnet er selbst als rechtstheoretische Studie zur Klärung der Vertragsfunktion.[45] Dort fragt er zum Abschluss, wie der Umfang der Vertragsfreiheit zu bestimmen sei. Dann geht er den Motiven, den „durchgehenden Kategorien, in denen sich der geschichtliche Wechsel niederschlägt und beobachten lässt", für die Schranken der Vertragsfreiheit nach. Nachdem er einige aufgezählt hat, nennt er zuletzt die Anforderung an eine materielle Vertragsgerechtigkeit. Diese Anforderungen an eine materielle Vertragsgerechtigkeit erörtert er näher. Er führt aus, welche Erkenntnisse zu den Anforderungen an eine materielle Vertragsgerechtigkeit vorliegen: a) Ein Vertrag sei als wirtschaftlicher Vorgang eingebettet in den volkswirtschaftlichen Zusammenhang; b) Erforderlich sei eine Wirtschaftsverfassung, die bewusst gestalte als rechtliche Institution; und folgert: c) Der Rechtsschutz für Verträge solle entfallen, wenn die Vertragsparteien von den Grundprinzipien dieser Wirtschaftsverfassung einen diesen zuwiderlaufenden Gebrauch machten. Denn der Vertrag, die Vertragsfreiheit und die Wettbewerbsfreiheit seien mit Inkrafttreten des GWB als funktional zusammengehörige Rechtsinstitute einer rechtlich verfassten Marktwirtschaft zu verstehen.[46]

Flume betrachtet den Marktmechanismus, den Wettbewerb und die aufhebende Wirkung von Wettbewerbsbeschränkungen in Zusammenhang mit der Macht zur Selbstbestimmung. Raiser unternimmt es, den Umfang der Vertragsfreiheit zu bestimmen. Er geht zudem auf die rechtliche Reaktionsweise von Vertragsfreiheit und GWB ein und unterzieht sie einer rechtstheoretischen Erörterung. Dies sieht folgendermaßen aus: Raiser hebt als Folge der funktionalen Zusammengehörigkeit der Rechtsinstitute Vertragsfreiheit und Wettbewerbsfreiheit hervor, Parteien könnten keinen Rechtsschutz mehr erlangen, wenn sie von den Grundprinzipien dieser Wirtschaftsverfassung einen ihnen zuwiderlaufenden Gebrauch machten. „Missbrauch der Vertragsfreiheit wird zum Nichtigkeitsgrund, der fortan dem Richter den nie ganz befriedigenden Rückgriff auf die ultima ratio des Sittenverstoßes in der Mehrzahl der Fälle ersparen kann."[47] Raiser stellt zwar klar, dass diese „rechtliche Reaktionsweise" nicht offensichtlich

44 *Flume,* Allgemeiner Teil des Bürgerlichen Rechts, Das Rechtsgeschäft, S. 10f.
45 *Raiser,* Vertragsfunktion und Vertragsfreiheit, S. 117.
46 *Raiser,* Vertragsfunktion und Vertragsfreiheit, S. 129ff.
47 *Raiser,* Vertragsfunktion und Vertragsfreiheit, S. 133.

ist und lediglich angedeutet werden könne. Das Gesetz enthalte die „missbräuchliche[n] Ausnützung einer Marktstellung" in § 22 GWB als Tatbestandsmerkmal, welches eine Voraussetzung dafür stelle, dass die Kartellbehörde eingreifen könne. Es sei aber anzunehmen, dass der Gesetzgeber, indem er das zuletzt genannte anordne, nicht das zuvor genannte ausschließen wollte. „Beide Reaktionsweisen brauchen sich in den Voraussetzungen nicht zu decken, ergänzen sich aber in der Wirkung." „Im Übrigen aber hat sich der Missbrauchsgedanke, dessen Anwendungsfall im Zivilrecht zunächst nur der Missbrauch subjektiver Rechte, also der Rechtsmissbrauch gewesen war, schon seit längerem zum Gedanken des Missbrauchs von Rechtsformen und Rechtsinstituten erweitert." Als Schranke der Parteiautonomie gelte dies in den Fällen, in denen die vom Gesetz ausgebildeten Typen von Handelsgesellschaften sinnwidrig verwendet oder juristische Personen als nur scheinbar selbständig Wirtschaftssubjekten vorgeschoben werden. Raiser stellt daraufhin folgendes fest: Zu klären wäre, wie rechter Gebrauch und Missbrauch der Vertragsfreiheit als eines Rechtsinstituts der rechtlich verfassten Marktwirtschaft zu unterscheiden sei. Im Falle des Missbrauchs der Vertragsfreiheit solle die Anerkennung durch die Rechtsgemeinschaft zu versagen sein. Raiser wagt in diesen letzten Ausführungen 1960 einen Ausblick. Diese Frage der Vertragsgerechtigkeit bedürfe der Bearbeitung durch die Zivilrechtsdogmatik, da brauche es neue Erkenntnisse.[48]

Flume nimmt in seinem Lehrbuch in der Fußnote 10a Bezug zu einer Ansicht Raisers. Diese Fußnote findet sich zu Flumes Aussage, es sei selbstverständlich, dass das Rechtsgeschäft der Begriff ist, an dem sich die Normen des BGB am meisten orientierten. Flume hält die Regelungen in den §§ 145ff. BGB für sachgerecht und ausreichend, da die Normen zum Rechtsgeschäft bezüglich der Willenserklärung und für die Rechtswirkungen die besonderen Normen für die einzelnen Vertragsarten (Schuldvertrag) und Vertragstypen (Kauf, Miete, etc.) gelten. „Entgegen Raiser FS Deutscher Juristentag 1960 I, S. 101ff, hat ungeachtet der Orientierung der Normen am Rechtsgeschäft der Vertrag eine zentrale Stellung im System des geltenden Zivilrechts."[49] Während Raiser mit seinem funktionalen Ansatz der Erörterung der Entstehungsweise eines Konsensualvertrages, der Interessenschwerpunkt der Rechtsgeschäftslehre, weniger Bedeutung zumessen möchte[50] und dafür zur Erörterung der Vertragsfunktion beiträgt, sieht Flume dafür keinen Bedarf[51]. Dagegen sieht Raiser sich darin bestätigt, dass

48 *Raiser,* Vertragsfunktion und Vertragsfreiheit, S. 134.

49 *Flume,* Allgemeiner Teil des BGB, Zweiter Band, Das Rechtsgeschäft, S. 601.

50 *Raiser,* Vertragsfunktion und Vertragsfreiheit, S. 105.

51 *Flume,* Rechtsgeschäft und Privatautonomie, S. 146f.

der funktionale Ansatz fruchtbarer sei für die Erfassung der Vertragsordnung, da die „Willenseinigung als rechtlich relevantes Faktum in ihrer Bedeutung für den Vertragsschluss immer mehr zurückgedrängt worden ist." Dazu bringt er zwei Beispiele, die durch Ausführungshandlungen „gelebte", ggf. als Vertragsverhältnis mit Rechtsschutz auszustattende, Beziehung mehrerer Parteien und ein modernes Massengeschäft, in dem typisierte Leistungen oder Dienste durch ein bestimmtes Verhalten ausgelöst werden und zur Gegenleistung verpflichten. Für die Bewertung als Vertrag sei aus rechtstheoretischer Sicht nur entscheidend, dass das Erfordernis der selbstgeschaffenen, nicht vorgegebenen oder auferlegten zwischenmenschlichen Ordnung gewahrt sei. Diese „verdünnte" Freiheit, die noch bestehen müsse, sei anzunehmen, „wenn allein die Freiheit besteht, sich auf die Inanspruchnahme einer gewissen typisierten Leistung einzulassen oder eben nicht."

Flume verweist darauf, dass der Individualismus und Liberalismus des 18. und 19. Jahrhunderts „nichts mit dem Prinzip der Privatautonomie zu tun" habe. Er macht in der Fußnote kenntlich, dass Raiser dies anders vertrete.[52] Flume schreibt, es sei nur so, dass man sich der Privatautonomie als eines Wertes seit dem 17. Jahrhunderts immer stärker bewusst wurde. „Für alle wirklich relevanten Geschäfte des Privaten – mit Ausnahme Arbeits- und Mietrechts – wie insbesondere für alle Geschäfte des Wirtschaftsverkehrs gilt, was die entscheidenden Punkte der Privatautonomie anbetrifft: das Ob des Geschäfts und die Preisbestimmung, der Grundsatz der Privatautonomie, nicht anders als im 19. Jahrhundert."

„Nicht das Wesen der Privatautonomie hat sich gegenüber dem 19. Jahrhundert gewandelt, aber das Verständnis für das Wesen der Privatautonomie scheint bei den Juristen im Schwinden, und insofern kann man allerdings mit Reinhardt sagen, dass sich unser Vertragsrecht in der Krise befindet."[53] Neben der Selbstherrlichkeit des Einzelnen meint Flume, sei es im 19. Jahrhundert selbstverständlich gewesen, dass „diese Selbstherrlichkeit nicht schrankenlos, sondern nur in der Rechtsordnung gelten konnte." „... insbesondere eine privatautonome

52 *Raiser,* Vertragsfreiheit heute, JZ (1958), S. 1ff.

53 Anm.: Flume verweist auf den Beitrag Rudolf Reinhardts, der sich bereits 1955 u.a. mit dem Gegengewichtsprinzip befasst und im ersten Satz die Formulierung „Privatrecht in einer Krise" enthält. Dieser vertritt die Auffassung, viele Ausnahmen von der Regel zu konstatieren reiche als Rückzug ins Formale der Selbstbestimmung nicht, es müssten materielle Kriterien gefunden werden. *Reinhardt,* Die Vereinigung subjektiver und objektiver Gestaltungskräfte im Vertrag, in: Festschrift Walter Schmidt-Rimpler zum 70. Geburtstag 1955, erschienen 1957, S. 115, 131.

Gestaltung durch Vertrag werde nur da zugelassen, wo sich die Vertragspartner, und zwar jeder mit der Macht zur Selbstbestimmung, gegenüberstehen. Seit Ende des 19. Jahrhunderts haben sich die Fälle einseitiger Machtlagen erheblich vermehrt." Einschränkungen und Versagen der Anerkennung der privatautonomen Gestaltung durch Vertrag wären die Folgen.[54]

Aus dem vorgenannten lässt sich schließen, dass es Flume um ein geschlossenes System der Privatrechtsordnung und der Erhaltung des BGB-Systems geht, während Raiser ein offenes System vertritt und eine neue Systematisierung unter Beachtung der Grundprinzipien der sozialen Marktwirtschaft anstrebt.

Über den Bedeutungsverlust der Privatautonomie sind sich Raiser und Flume im Ergebnis einig. Flume spricht vom immer kleiner werdenden Rahmen für die privatautonome Gestaltung und dem unveränderten Wesen des Prinzips der Privatautonomie.[55] Raiser führt in dem von Flume in Bezug genommenen Beitrag „Vertragsfreiheit heute"[56], in dem Raiser sich mit dem „Sinn und der Möglichkeit der Vertragsfreiheit in unserer Zeit" befasst, folgendes aus: Obwohl die Parteiautonomie 1958 einen vergleichsweise kleinen Spielraum und sich stark gewandelt hätte, bleibe der Vertrag als Gestaltungsmittel zum Ausgleich privater Interessen erhalten. Die starke Wandlung des Prinzips äußert sich für Raiser darin, dass der Vertrag zwar als Gestaltungsmittel nach wie vor die Regel ist. Der Einzelne ist regelmäßig frei in der Wahl des Zeitpunkts, des Partners, ob er einen Vertrag abschließt und welchen Inhalt seine Vereinbarung haben soll. Jedoch wird der Ausgleich der Interessen nicht allein den Vertragsparteien überlassen. Dies ist der rechtlichen Kontrolle unterstellt. Gerechtigkeit kann nunmehr auch über die Barriere geschlossener Verträge hinweg durchgesetzt werden.[57]

Wieacker widmet sich in seinem Beitrag von 1960 zur Festschrift zunächst der Überlegung, in welche Zeit die Geburtsstunde im Jahr 1860 des Deutschen Juristentages fiel und verweist auf seinen Vortrag von 1952 mit dem Titel „Das Sozialmodell der klassischen Privatrechtsgesetzbücher". Als „Sozialmodell" bezeichnet Wieacker die Interdependenz zwischen dem Geist der Rechtsordnung und der Struktur ihrer Gesellschaft.[58] Das BGB sei an dem Selbstbild der bürgerlichen Unternehmerklasse als Repräsentanten der gesamten Gesellschaft und als

---

54 *Flume,* Rechtsgeschäft und Privatautonomie, S. 146f.

55 *Flume,* Rechtsgeschäft und Privatautonomie, S. 147.

56 *Raiser,* Vertragsfreiheit heute, JZ 1958, S. 1f; wieder abgedruckt in: Die Aufgaben des Privatrechts, S. 38, 40.

57 *Raiser,* Vertragsfreiheit heute, wieder abgedruckt in der Sammlung: Die Aufgabe des Privatrechts, S. 45 u. 49.

58 *Wieacker,* Das Bürgerliche Recht im Wandel der Gesellschaftsordnungen, S. 6.

Pioniere des Fortschritts orientiert. Die Autonomie der sittlichen Persönlichkeit und die Vereinbarkeit von Freiheit und Gleichheit seien in die Konzeption des BGBs aufgenommen worden, obgleich der „Abendglanz des Hochkapitalismus" schon bestanden hätte.[59] „Die Wirtschaftsverfassung und die Art staatsbürgerlicher Ethik, die dieser Schöpfung des europäischen Liberalismus zu Grunde lag, ist vielfach zerfallen"[60] und damit seien der Gestaltungsanspruch des bürgerlichen Rechts und seine Rechtsideale verschwunden. Aus Wieackers Diskussionsbeiträgen von 1960 und 1952 ergäben sich hinsichtlich des Wesens und Verhältnisses der Selbstbestimmung zur Rechtsordnung und Gemeinschaftsordnung ein klarer Rückgang an Bedeutung. Diese Einschätzung trifft sich mit den Ansichten von Flume und Raiser. Er betrachtet dies unter einem zuvor noch nicht genannten Aspekt, wenn er ausführt, die „Strukturverlagerung" der modernen Wirtschaftsgesellschaft habe zu der Verlagerung von früheren Regelungsbereichen aus der „Mitte" des Privatrechts in die Randgebiete geführt. Es wäre eine Aufgabe, die „Aktualität der allgemeinen Zivilrechtstheorie" und die Einheit der Privatrechtsordnung dennoch zu erhalten. Die Züge der „Strukturverlagerung" richtig zu erfassen könne „bloße Korrekturen, unter Wahrung des abstrakten, allgemeinen und daher stationären Charakters der Dogmatik und des Systems des klassischen Privatrechts" erfordern. Möglicherweise erfordere dies, von „allgemeinen Begriffen und dem geschlossenen System zu einem elastischen Gefüge allgemeiner Maximen und ihrer mehr induktiven Fortbildung in Praxis und Lehre, auch zu einem offenen oder beweglichen System des Privatrechts" überzugehen. Die letztgenannte Möglichkeit hält Wieacker „aus einigen Gründen" für wahrscheinlicher.

Entgegen Flumes Ansicht von der Beständigkeit des Prinzips der Selbstbestimmung ist Wieackers Erklärungsansatz das Sozialmodell und ein damit verknüpfter Wandel des Prinzips Privatautonomie. Dies folgt aus den nachfolgenden Ausführungen: Die Aufgabe neue Rechtswerte zu ermitteln, falle der Rechtstheorie zu. Sie habe herauszuarbeiten, was die ethischen und wirtschaftlichen Ideale der heutigen (1952) Gesellschaft sind. Die liberale Erwerbsgesellschaft bestand aus Wirtschaftssubjekten, „deren Beziehung durch das Modell des individuellen Vertrages symbolisiert, meist auch wirklich gestaltet wurde. Die Privatrechtsordnung werde (1952) nicht mehr „als Aggregat von subjektiven Rechten, von Willensmacht der Individuen" angesehen.[61]

59 *Wieacker,* Das Sozialmodell der klassischen Privatrechtsgesetzbücher, S. 9.
60 *Wieacker,* Das Sozialmodell der klassischen Privatrechtsgesetzbücher, S. 23.
61 *Wieacker,* Das Sozialmodell der klassischen Privatrechtsgesetzbücher, S. 20.

Die Geltung des allgemeinen Prinzips der Selbstbestimmung im Zivilrecht bespricht Wieacker im Zusammenhang mit den Rückwirkungen der Sozialstaatlichkeit auf das Privatrecht. Er stellt auf den wirtschaftlich Unselbständigen ab, der heute in allen europäischen Ländern das Gros und den uniformen Typus der Bevölkerung ausmache.[62]

Zur Fortentwicklung des Rechts sei gleichwohl das „Baugesetz der Gesellschaft der Zeit" von der Rechtsprechung zu beachten.[63] Die Rechtsprechung betrachte die Rechtsverhältnisse im Wesentlichen als „Sozialfunktion".[64]

In dem Kapitel „Ausblick" aus der Privatrechtsgeschichte der Neuzeit in der ersten Auflage von 1952 wie auch wortgleich in der zweiten Auflage von 1967 finden sich folgende Erläuterungen:

Die Vertragsfreiheit habe einen neuen Stellenwert. Unter den Prinzipien des klassischen Privatrechtssystems werde der Vertrag als streng intersubjektive Beziehung zwischen autonomen Rechtssubjekten verstanden. Der Vertrag werde dagegen (1952) nicht nur als privater Interessenausgleich begriffen, sondern habe daneben sowohl einen als gesamtwirtschaftliche Funktion in der Marktwirtschaft beschriebenen Wert als auch einen als gesamtgesellschaftliche Funktion beschriebenen Wert.

Die sozialstaatliche Solidarität erfordere einerseits eine Begrenzung des privaten Rechts durch das öffentliche Recht. Andererseits werde die Auffassung von intersubjektiven Vertragsbeziehungen sozialstaatlich-solidarisch durchdrungen. Die eigenständigen Freiheitsräume werden nicht nur begrenzt durch die Freiheitsräume anderer, sondern durch „Reflexe der sozialen Solidarität in den intersubjektiven Beziehungen zwischen den Rechtssubjekten".[65]

Das Gesellschaftsbild der Zeit zeige die Wohlfahrtsgesellschaft, die jene scharfe Trennung von öffentlicher Gewalt und Privatrechtsgesellschaft der altbürgerlichen Gesellschaft eingeebnet habe.[66] Es gehe nun um die sozialstaatliche Solidarität in einer „Funktionsgesellschaft" anstelle von vor staatlichem Eingriff zu bewahrenden „Freiheitssphären der sittlich autonomen Persönlichkeit" in der besitzbürgerlichen Unternehmergesellschaft. Die autonome Rechtssphäre des einzelnen bestehe in der Funktionsgesellschaft weiter. Die Verantwortung des Staatsbürgers für die kollektiven Gesellschaftsbedürfnisse führe jedoch zu den oben genannten Begrenzungen.

---

62 *Wieacker,* Das Sozialmodell der klassischen Privatrechtsgesetzbücher, S. 23.
63 *Wieacker,* Das Sozialmodell der klassischen Privatrechtsgesetzbücher, S. 27.
64 *Wieacker,* Das Sozialmodell der klassischen Privatrechtsgesetzbücher, S. 20.
65 *Wieacker,* Privatrechtsgeschichte, S. 623.
66 *Wieacker,* Privatrechtsgeschichte, S. 621.

Etwas anders beschreibt Wieacker dies in „Sozialmodell" von 1952, indem er das Pathos Wettbewerb dem Rechtspathos der Zusammenarbeit gegenüberstellt und sich von der Wirtschaftsordnung in der Erörterung gedanklich unabhängig macht. Dies kann nach dem Inkrafttreten des GWB 1958 und nachdem der Gedanke der rechtlich verfassten Wirtschaftsordnung bestimmend wurde, als überholt gelten. Zusammengefasst erörtert er 1952, bevor sich der „Paradigmenwechsel"[67] im Hinblick auf den engen Zusammenhang zwischen Vertragsrecht und Wettbewerb vollzog, folgendes:

In den Bewertungsmaßstäben des modernen Schuldrechts überwiegen die Funktionen der Kooperation. Die Zusammenarbeit mit gegenseitigen Pflicht- und Schutzbeziehungen, wo sie für die Erfüllung gesellschaftlicher Aufgaben genügt, kennzeichne die heutige Gesellschaft. Dieses Rechtspathos der Zusammenarbeit dränge das Pathos des Wettbewerbs zurück. Die Kooperation a) der einzelnen untereinander in Individualvertrag des bürgerlichen Rechts, b) in Betrieben, Gesellschaften, Gruppen und Verbänden mit den Trägern der öffentlichen Gewalt, sei zu betrachten, „die wiederum durch das Mandat der politischen Gruppenbildung der Gesellschaft ermächtigt sein müssen: dies scheint das Modell der privat- und sozialrechtlichen Grundbeziehung in der Gesellschaft unserer Zeit zu sein. Diese Gesellschaft ist, um es mit Stichworten zu bezeichnen, keine Vielheit von Subjekten, die sich erst durch individualvertragliche Selbstbeschränkung binden, sondern eine „Genossenschaft" von Rechtsgenossen." Kennzeichnend seien die „Rechtsgenossen, die einander schon durch gemeinsame Aufgaben verbunden sind." In der Fußnote 36 schreibt Wieacker hierzu auf Seite 30[68]: „Es bedarf keiner Beteuerung, dass dies der Versuch einer Wirklichkeitsanalyse ist und nicht das Bekenntnis zu alten trügerischen Wunschbildern politischer und sozialer Romantik, wie der totalen Wirtschaftsgesellschaft oder dem organischen Staat. Erst recht sind unsere Betrachtungen, vielleicht entgegen dem äußeren Anschein, von der vielverhandelten Auseinandersetzung um Soziale Marktwirtschaft und zentral geleitete Wirtschaft kategorial unabhängig. Die Juristen haben das wirklichkeitsgerechte Sozialmodell, in dem die Frage nach richtiger Wirtschaftsordnung erst gestellt werden kann, noch bereitzustellen.

Die 1952 vertretene Bedingtheit der richtigen Wirtschaftsordnung von der vorherigen Bereitstellung der wirklichkeitsgerechten Interdependenz zwischen dem Geist der Rechtsordnung und der Struktur ihrer Gesellschaft (Sozialmodell)

---

67 *Canaris,* Wandlungen des Schuldvertragsrechts – Tendenzen zu einer Materialisierung, AcP 200 (2000), S. 173–364, S. 293.

68 *Wieacker,* Das Sozialmodell der klassischen Privatrechtsgesetzbücher, S. 30.

durch den Juristen findet sich im Jahr 1960 nicht mehr. Kennzeichnend ist auch, dass der Begriff Genossenschaft 1960 entfällt und begrifflich durch die sozialstaatliche Solidarität in einer „Funktionsgesellschaft" ersetzt wurde.[69] Es ist überdies der moderne Wirtschaftsprozess, der ein anderes vertragsrechtliches Verständnis bedingt, da sich Regelungen zunehmend auf mehrseitige Geschäfte beziehen.

Im „Sozialmodell" aus dem Jahr 1952 wird für die Neuordnung des Privatrechts die Verantwortung für ein soziales Miteinander herausgestellt. Wie dies gelinge, hänge von der zu oft im Mangel liegenden zwischenmenschlichen Verständigung ab, da es um innere Ordnungsaufgaben gehe.[70] Im Festschriftbeitrag steht, inwiefern der heutige Gesellschaftszustand für die Funktionsschwäche einiger privatrechtlicher Grundbegriffe verantwortlich sein könnte, bleibe 1960 noch offen, da „ein geschlossenes System dieser modernen Gesellschaft noch gar nicht entworfen werden könnte". Daher können die Tendenzen des Privatrechts daraus noch nicht abschließend erklärt werden. Auffällig wären aber einerseits die „Sozialstaatlichkeit und Daseinsvorsorge" und andererseits die „Typizität und Arbeitsteiligkeit" für die Weiterentwicklung des Privatrechts.[71]

In den Beiträgen von Flume, Raiser und Wieacker wird der Bedeutungsverlust der Selbstbestimmung benannt, der mit dem Wandel in der Gemeinschaftsordnung einhergehe. Das letztgenannte Zitat Wieackers würde dagegen Flume nicht unterstützen, der am unveränderten Wesen der Selbstbestimmung festgehalten hat. Raiser untersucht die vorgenannten Diskussionsgegenstände in seinem Vortrag „Die Zukunft des Privatrechts", gehalten vor der Berliner Juristischen Gesellschaft am 21. April 1971[72] weiter und stellt seinen Systemansatz vor.

Raiser möchte mit dieser Untersuchung dem schöpferischen Beitrag des Rechts zum sozialen Wandel, der seit dem 2. Weltkrieg andauernden politischen und gesellschaftlichen Veränderungen, nachgehen. Seine Fragestellung lautet: „Ob sich das traditionelle Bild des Privatrechts als ein in sich geschlossenes Teilsystem unserer Rechtsordnung aufrechterhalten lässt, und wenn das verneint werden muss, welcher Platz nunmehr den Rechtsprinzipien und Rechtsinstituten, die wir

---

69 Anm.: Im Beitrag Reinhardts von 1955 wird von der Funktion als einheitlicher Zweck, „Sonderbeziehung unter den Rechtsgenossen, die das Prädikat gerecht verdient", S. 117, und „Spannung im Sozialkörper", S. 124, gesprochen.

70 *Wieacker,* Das Sozialmodell der klassischen Privatrechtsgesetzbücher, S. 26.

71 *Wieacker,* Das Bürgerliche Recht im Wandel der Gesellschaftsordnungen, S. 11.

72 *Raiser,* Die Zukunft des Privatrechts, in: Die Aufgabe des Privatrechts, S. 208ff.

herkömmlich dem Privatrecht zuweisen, im Gesamtsystem unserer Rechtsordnung zukommt."[73]

Raiser weist darauf hin, dass die Rechtslehre und Rechtsprechung dem kodifizierten BGB Prinzipien und Rechtsinstitute mit der Zeit hinzufügte. Das Privatrechtssystem sei ein flexibles System, welches offen sei für neue Inhalte und den wesentlichen gesellschaftlichen und politischen Änderungen zugänglich. Es sei gerade nicht als geschlossenes System anzusehen. In seiner Schrift über Grundgesetz und Privatrechtsordnung von 1966[74] habe er das Privatrecht noch zu unkritisch als in sich geschlossene Einheit behandelt, was ihn veranlasst hatte, die vorliegende Untersuchung zu unternehmen.[75]

So kommt Raiser zu dem zweiten Teil seiner Fragestellung, welche Bedeutung dem Privatrecht im Gesamtsystem unserer Rechtsordnung zukomme. Den Bürgern verblieben die Handlungsfreiheit und der Schutz einer privaten und vom Staat nicht kontrollierten Sphäre. Eine entsprechende politische Forderung würden die verschiedenen Gruppierungen der jungen Generation vertreten. Das ebenso dringlich geforderte Leistungssystem des Wohlfahrtsstaates hat neben der hinter dem Privatrecht stehenden Lebensgesinnung politische Akzeptanz. Die industrielle Gesellschaft bedürfe einer privatrechtlichen Ordnung und der institutionellen Seite der zum Staat verfassten, als Staat organisierten Gemeinschaft. Angesichts der vielfältigen Durchdringung von öffentlichem Recht und Privatrecht hält Raiser das Bild einer Ellipse mit zwei Brennpunkten für nützlich. Keiner der beiden Pole dürfe an Strahlkraft verlieren, weder öffentliches Recht, noch Privatrecht. Im Mittelbereich würden immer mehr Regelungsbereiche zu finden sein. Raiser ist es wichtig, dass die von den beiden Polen ausgehenden Regelungen ergänzungsbedürftig und unabgeschlossen sind.

Raiser klärt wie er „öffentlich" im Zusammenhang mit „Strukturwandel der Öffentlichkeit" verstanden haben will. Als „öffentlich" in diesem Sinn werde der Bereich der Arbeits- und Organisationswelt bezeichnet, der überwiegend von privaten juristischen Personen wie Verbänden und Organisationen gestaltet würde, aber politisch verantwortet werden müsse und staatlich kontrolliert werden könne. Raiser vermeidet bewusst von sozial statt von öffentlich zu sprechen. Er weist darauf hin, dass dem Begriff Sozialrecht eine gewisse Unschärfe im

73 *Raiser,* Die Zukunft des Privatrechts, in: Die Aufgabe des Privatrechts, S. 208.

74 *Raiser,* Grundgesetz und Privatrechtsordnung, in: Die Aufgabe des Privatrechts, S. 162–189, 172 f.

75 *Raiser,* Die Zukunft des Privatrechts, in: Die Aufgabe des Privatrechts, S. 219 u. S. 222, Fn. 18.

1971er Sprachgebrauch anhafte und dessen Verwendung dadurch ausscheide.[76] Hinter den Rechtsinstituten des Privatrechts stehen die Vorstellungen von Freiheit, Selbstbestimmung und Eigenverantwortlichkeit des Menschen. Es komme darauf an, ob in Zukunft von den Vorstellungen eine Überzeugungskraft ausgehe und „ob eine an diesen Leitbildern orientierte Gesellschaft bereit ist, dem Einzelnen einen, sei es auch beschränkten, Spielraum freien Erwerbs von und freier Verfügung über Vermögensgüter zuzubilligen“[77]. Raiser unternimmt einen kurzen Exkurs in das Zivilrecht des Ostblocks und beschreibt dessen Winkelexistenz und rein instrumentale Verwendung. „Von einem auch nur annähernden Gleichgewicht der Pole kann (im Zivilrecht des Ostblocks) also keine Rede sein.“ „Für die Bundesrepublik sind jene Leitbilder im Grundrechtskatalog mit Verfassungsrang bestätigt; für sie einzustehen heißt also auch das Fundament unseres politischen Gemeinwesens verteidigen. Aber gerade dieser Bezug auf die Verfassung muss sie vor einer einseitigen Ausdeutung bewahren; sie stehen unter dem Vorbehalt der demokratischen Teilhabe aller Volksschichten und der Wahrung sozialer Gerechtigkeit. Es ist offenbar, dass damit Zielkonflikte auftreten, die fallweise der politischen Entscheidung bedürfen.“[78]

Der Bereich der Wirtschaft in der Industriegesellschaft der BRD sei durchzogen von Zielkonflikten. Diese Zielkonflikte würden sich zwischen einerseits den Leitbildern Freiheit, Selbstbestimmung, Eigenverantwortung des Menschen und andererseits der demokratischen Teilhabe aller Volksschichten und der Wahrung sozialer Gerechtigkeit ergeben. Für Raiser spricht dies insofern gegen die ordo- bzw. neoliberale Konzeption, als diese die Wirtschaftsordnung mit der Privatrechtsordnung gleichsetze. Es sei im Jahre 1971 nicht mehr die in der ordo- bzw. neoliberalen Konzeption vorgesehene Gleichsetzung von Wirtschaftsordnung und Privatrechtsordnung und die Aussonderung einer Wirtschaftsgesellschaft als herrschaftsfreier, auf Gleichordnung aller Teilnehmer beruhender Privatrechtsgesellschaft aufrecht zu erhalten. Für das Privatrecht verblieben wichtige Aufgaben in dieser rechtlichen Ordnung. Es könne nur die Wirtschaftsordnung aufgrund der genannten erforderlichen staatlichen Regulierung nicht mit der Privatrechtsordnung gleichgesetzt werden. Dies wirkt sich ebenfalls auf das Verständnis des Privatrechts aus. Das Privatrecht müsse als offenes System verstanden werden, damit der eigene Fortbestand gesichert werden könne. Das Zusammenwirken zwischen privatrechtlichen und öffentlich-rechtlichen

---

76 *Raiser*, Die Zukunft des Privatrechts, in: Die Aufgabe des Privatrechts, S. 220.

77 *Raiser*, Die Zukunft des Privatrechts, in: Die Aufgabe des Privatrechts, S. 220.

78 *Raiser*, Die Zukunft des Privatrechts, in: Die Aufgabe des Privatrechts, S. 221.

Regelungen für den zuvor als „öffentlich" bezeichneten Bereich sei in der Industriegesellschaft wichtig. Die Rechtsinstitute des Privatrechts seien folglich veränderlich und je nach ihrer unterschiedlichen, gesellschaftlichen Funktion an angepassten Werten zu messen.[79]

Raiser stellt seine These voran, dass eine Abkehr von der formalen Allgemeingültigkeit zivilrechtlicher Normen erforderlich sei. Er untersucht die Veränderlichkeit der Funktionen eines Rechtsinstituts. Zunächst unterscheidet er, dass die Veränderlichkeit von Funktionen eines Rechtsinstituts als Funktionswandel in der Zeit betrachtet werden könne, es aber auch möglich sei, den Wandel je nach der Funktion in dem gesellschaftlichen Lebensbereich zu beschreiben. Raiser will zeigen, „dass der Grad der Privatheit und der Öffentlichkeit eines solchen Lebensbereichs auch zu rechtlich relevanten Unterschieden in der Funktion und der Handhabung privatrechtlicher Rechtsinstitute führen muss, die es deutlicher als bisher zu erkennen gilt."[80] Die klassische Aufgabe des Privatrechts hätte darin bestanden, die Freiheits- und Machtsphären gegeneinander abzugrenzen und für Interessenkonflikte Lösungen bereitzustellen. Die klassische Handhabung der Normen und Rechtsinstitute als auf die Einzelperson und ihren Handlungs- und Gestaltungswillen bezogene Rechtsprinzipien wird dort weiterhin ihren Zweck erfüllen, wo nur die beteiligten Privatpersonen in ihrer privaten Lebenssphäre von den Rechtsfolgen betroffen sind. Raiser stellt erstens fest, dieses Verständnis des Privatrechts als formales Ordnungssystem ohne eigene Wertung sei im Jahre 1971 nicht mehr zureichend, wenn ein Öffentlichkeitsgehalt gegeben ist. Zweitens könne das Kriterium der Öffentlichkeit so viel Gewicht erlangen, dass, wie im Recht der wettbewerbsbeschränkenden Verträge neben dem privatrechtlichen auch das verwaltungs- und strafrechtliche Instrumentarium zur Sicherung der vom Recht erstrebten Ordnung eingesetzt werden muss." Es folgt die Erklärung eines Systemansatzes. Die Untergliederung nach Bereichen des gesellschaftlichen Lebens und deren Graden der Privatheit oder Öffentlichkeit ergäbe je nach typischer Situation eine Veränderung der Funktionen der Rechtsinstitute und ihre rechtliche Bewertung. In der Industriegesellschaft gibt es typisierte Gruppeninteressen, die öffentliche Bedeutung haben. Ein Beispiel dafür ist das Arbeitsrecht, das von einem typischerweise dem Arbeitgeber gegenüber machtunterlegenem Arbeitnehmer ausgeht. Die Privatautonomie erfährt in diesen Bereichen hinsichtlich des Zustandekommens von Verträgen und deren inhaltlicher Gestaltung Einschränkungen. Zu beobachten ist eine Umbildung

---

79 *Raiser,* Die Zukunft des Privatrechts, in: Die Aufgabe des Privatrechts, S. 222.
80 *Raiser,* Die Zukunft des Privatrechts, in: Die Aufgabe des Privatrechts, S. 223.

der zentralen Rechtsinstitute teils mit und teils ohne die Hilfe des Gesetzgebers unter dem Leitprinzip der sozialen Verantwortung. Es kommen daher Grundsätze zur Geltung, die vom Gedanken der sozialen Verantwortlichkeit geprägt sind.[81]

Raisers Stellungnahme lautet dazu: „Die damit erworbene Elastizität und Wandlungsfähigkeit ist ein wesentlicher Garant dafür, dass das Privatrecht seinen Platz im Gefüge unserer Rechtsordnung auch dann behaupten wird, wenn der erstgenannte, rein private Lebensbereich noch weiter schrumpfen sollte." Als einen dritten Lebensbereich beschreibt Raiser den Wirtschaftsverkehr im engeren Sinne, an dem Unternehmen teilnehmen. Die marktwirtschaftliche Ordnung lässt den Wirtschaftsteilnehmern die Freiheit der geschäftlichen Disposition. Das Aushandeln von Verträgen wird als privat betrachtet. Bei der marktwirtschaftlichen Wettbewerbsordnung handele es sich aber um eine öffentliche Institution, die gegen „Entartungs- und Vermachtungserscheinungen" aller Art abzusichern sei. Das GWB sähe zu diesem Zweck privatrechtliche und öffentlich-rechtliche Sicherungsmittel vor. Raiser sieht darin das Erfordernis, die Vertragsfreiheit „material" statt „formal" zu verstehen.[82]

Raiser hält seinen Systemansatz nicht für neu. Die Rechtsprechung mache es so und seine Aufgabe bestünde darin, dies bewusst zu machen.[83] Er beschreibt es als sein Hauptziel, das Privatrecht als wertvollen Teil der Gesamtrechtsordnung zu erhalten. Er sieht für die Lebenskraft des Privatrechts mehrere Bedrohungen. Das Privatrecht der liberalen Epoche könne nicht als „geschichtslos" und unpolitisch rechtstechnisch weiterverwendet werden. Es diente politisch der Stabilisierung der bürgerlichen Gesellschaft. „Demgegenüber kommt es darauf an, den Wertgehalt der Privatrechtsnormen, ihre Funktion im jeweiligen Gesellschafts- und Wirtschaftssystem und das unterschiedliche Maß öffentlich-politischer Verantwortung, das mit ihrer Verwendung in verschiedenen Lebensbereichen verbunden ist, herauszuarbeiten. In dem Grade, in dem es gelingt, diese Einsichten allgemein bewusst zu machen, wird sich das Privatrecht als ein offenes, bewegliches System von Rechtsprinzipien und Rechtsinstituten, die nicht mit geschichtlich wechselnden Gesellschaftsformen, aber mit der Humanität des Menschen verbunden sind, auch in die Zukunft hinein behaupten und fortentwickeln."[84]

81 *Raiser,* Die Zukunft des Privatrechts, in: Die Aufgabe des Privatrechts, S. 227.
82 *Raiser,* Die Zukunft des Privatrechts, in: Die Aufgabe des Privatrechts, S. 227.
83 *Raiser,* Die Zukunft des Privatrechts, in: Die Aufgabe des Privatrechts, S. 229.
84 *Raiser,* Die Zukunft des Privatrechts, in: Die Aufgabe des Privatrechts, S. 230.

Als Ausgangspunkt für die bisherige Darstellung der Diskussion in der privatrechtlichen Literatur wurden die folgenden Überlegungen gewählt: Die Prinzipien halten das Recht beweglich, elastisch und entwicklungsfähig. Als formal-äußere Ordnungsprinzipien dienen sie als modellhafte Darstellungsinstrumente.

Nach den zusammengefassten Diskussionsbeiträgen kann folgendes gesagt werden:

Für die Rechtswissenschaften ist die Annahme axiomatisch-absoluter Inhalte und wie diese Annahme wiederum mit der erforderlichen Anpassungsfähigkeit/Elastizität des Rechts vereinbar ist, bedeutend. Für das Recht stellt sich die Frage nach der Rechtssicherheit. Denn die Prinzipien werden allgemein einerseits als beständige, der Rechtssicherheit dienende allgemeingültige Grundsätze und andererseits als inhaltlich veränderbare allgemeingültige Grundsätze dargestellt, die während längerer Zeiträume einen Funktionswandel vollziehen. Ein sich während längerer Zeiträume ereignender Funktionswandel wird nach überwiegender Ansicht im Jahr 1960 auf die sich verändernden sozialen Bedingungen in der Rechtsgemeinschaft zurückgeführt. Darüber hinaus wird die Interdependenz von Rechts- und Wirtschaftsordnung allgemein angenommen.[85]

Im Besonderen fällt auf, dass die Ansicht Wieackers von der Bedingtheit der richtigen Wirtschaftsordnung von der vorherigen Bereitstellung der wirklichkeitsgerechten Interdependenz zwischen dem Geist der Rechtsordnung und der Struktur ihrer Gesellschaft (Sozialmodell) durch den Juristen sich 1960 nicht mehr finden lässt. Die angesprochene Auseinandersetzung um die Soziale Marktwirtschaft und die zentral geleitete Wirtschaft hat nach der Kapitalismusrestauration, der Wiederherstellung des Marktsystems und der eindeutigen Befürwortung der sozialen Marktwirtschaft zum Ende der Wiederaufbauzeit bis 1960 zunächst wenig Raum. Zusätzlich wird die Einschätzung, bei der Betrachtung des Sozialmodells und der Rechtsprinzipien von der Entscheidung für die eine oder andere Wirtschaftsordnung kategorial unabhängig zu sein, ab 1960 allgemein nicht mehr vertreten. Es wird dagegen die enge Verflechtung von Rechts- und Wirtschaftsordnung in den Festschriftbeiträgen und der Untersuchung Raisers aufgezeigt.

Aus den Beiträgen lässt sich folgender Überblick gewinnen:

85 Anm.: Die Interdependenz von Rechts- und Wirtschaftsordnung ist zentral im Werk Walter Euckens. *Eucken,* Grundsätze der Wirtschaftspolitik, herausgegen von seiner Frau 1952, S. 14 ff u. 304ff.

Die Prinzipien sind nach überwiegender Ansicht im Jahr 1960 wie eine Wirklichkeitskonstruktion der Rechtswissenschaften zu verstehen. Sie werden je nach rechtstheoretischem Verständnis und der zugeschriebenen rechtstheoretischen Funktion a) der Wirklichkeit inhaltlich angepasst oder b) in ihrer Geltung angepasst oder c) in ihrer Anwendung begrenzt oder erweitert.

Dieser Funktionswandel der Prinzipien kann als eine Änderung im Ablauf der Geschichte verstanden werden. In der zuletzt zusammengefassten Untersuchung von Raiser geht es um eine weitere Verständnismöglichkeit von dem Funktionswandel der Prinzipien. Es wird von Raiser vertreten, je nach gesellschaftlichem Lebensbereich bei zeitlich zusammenfallendem Gebrauch des Rechtsinstituts, für dieses unterschiedliche Funktionen anzunehmen und damit einen Funktionswandel bezogen auf den Grad von „Privatheit“ und „Öffentlichkeit“ anzuerkennen.[86]

Soweit zu gehen, würde bedeuten, sich von der formalen Allgemeingültigkeit zivilrechtlicher Grundsätze abzuwenden und das Erfordernis anzuerkennen, mittels der Prinzipien das Recht je nach gesellschaftlichem Lebensbereich beweglich, elastisch und entwicklungsfähig zu halten. Die Anerkennung dieses Erfordernisses geht zusammen mit dem Verständnis des Zivilrechts als offenes Teilsystem der Gesamtrechtsordnung. Weiterhin heißt es bei Raiser, die Rechtslehre und die Rechtsprechung hätten dem kodifizierten BGB Prinzipien und Rechtsinstitute mit der Zeit hinzugefügt. Die vorgenannten Annahmen sind wiederum bedeutsam im Hinblick auf die Rechtssicherheit und die Rechtsquellenlehre.

Das vorangestellte Zitat von Flume dagegen enthält im Jahre 1979 die folgende Stellungnahme zur Bedeutung der Privatautonomie: „... immer noch ist die Privatautonomie das wesentliche Strukturelement unserer (Privat-) Rechtsordnung.“ Ganze Bereiche seien der Privatautonomie zwar zu einem erheblichen Teil entzogen. „Die Einschränkung des Bereichs für das Wirken der Privatautonomie sollte aber auch nicht überschätzt werden.“[87] Flume will das Prinzip der Selbstbestimmung in der Anwendung begrenzt wissen, lehnt dagegen eine inhaltlich Anpassung oder eine Anpassung in der Geltung ab. Ein Bedeutungsverlust über den sich verengenden Geltungsbereich wird damit von Flume zwar attestiert, indessen hält er am unveränderten Wesen, der Geltung und Beständigkeit der Privatautonomie fest und betrachtet sie als wesentliches Strukturelement unserer Privatrechtsordnung. Die Privatrechtsordnung sei ein geschlossenes Teilsystem der Gesamtrechtsordnung. Dazu sind zwei Anmerkungen zu machen:

---

86 *Raiser*, Die Zukunft des Privatrechts, in: Die Aufgabe des Privatrechts, S. 223.

87 *Flume*, Das Rechtsgeschäft, 1.–3. Auflage, S. 16.

Zum einen ist das Lehrbuch Allgemeiner Teil des BGB, Das Rechtsgeschäft, Band 2, in der ersten Auflage 1965 erschienen. Im Abgleich mit der 3. Auflage von 1979 ergeben sich, auf den maßgeblichen 37 Seiten minimale redaktionelle Anpassungen und Ergänzungen durch aktuellere Literatur in insgesamt neun Fußnoten. Die Stellungnahme zu Raisers Ansicht im Festschriftbeitrag von 1960 zur Vertragsfunktion und der unglücklichen Ausrichtung des BGB am Rechtsgeschäft findet sich weiterhin.[88] Es liegt daher nahe, das Zitat in seiner Aktualität zusammen mit dem Vorwort zur Erstauflage auf Dezember 1964 zu datieren und die dritte, ergänzte Auflage in den hier maßgeblichen Aussagen überwiegend als Nachdruck anzusehen.

Zum anderen wird in einem Artikel aus dem Jahr 2008 auf das Lehrbuch Allgemeiner Teil des BGB, Band 2 mit den folgenden Worten verwiesen: „Der Band „Das Rechtsgeschäft" stammt zwar von 1965, ist aber immer noch eine juristische Denkschule sondergleichen. Wer die juristische Kraft der „anderen Meinung" kennenlernen will, der lese dieses Buch."[89] Darin klingt an, dass Flumes Ausführungen längerfristig Bestand haben und nicht allgemein geteilt werden. Dies liegt darin begründet, dass er sich in den Traditionen der Historischen Rechtsschule auf die historische Entwicklung der Privatautonomie besinnt und innerhalb des Systems des BGB die einschlägigen Regelungen fortentwickelt.[90] Entgegen des im Jahr 1965 aktuellen Zeitgeistes, auf die Sozialmodelle abzustellen und die Privatautonomie mit dem Liberalismus und Individualismus des 18./19. Jahrhunderts zugunsten eines neuen Leitprinzips der sozialen Verantwortung in der Geltung zurückzunehmen, lehnt er einen Neubau des BGB-Systems ab und hält an der Rechtsgeschäftslehre fest. Flumes Anliegen sei es, anhand der Rechtsgeschäftslehre die Grundregeln der Privatautonomie in ihren vielfältigen Auswirkungen systematisch darzustellen und als Ergebnis der geschichtlichen Entwicklung der letzten zweihundert Jahre zu erfassen und nutzbar zu machen.[91] Hans Brox bezeichnet dies als ein wissenschaftlich hochstehendes und verdienstvolles Werk und Wieacker bemerkt dazu, Flume habe Rechtsgeschäft und Vertrag als Charta der Privatautonomie in imponierender Geschlossenheit dargestellt.[92]

---

88 *Flume,* Das Rechtsgeschäft, 1. – 3. Auflage, S. 601.

89 *Prantl,* Der Kolumbus der Rechtswissenschaft, Süddeutsche Zeitung v.12.09.2008, S. 16.

90 *Flume,* Das Rechtsgeschäft, S. 601.

91 *Brox,* Fragen der rechtsgeschäftlichen Privatautonomie, in: JZ 1966, S. 761, 767.

92 Anm.: Wieacker stellt in der Buchbesprechung zu Larenz den traditionellen Aufbau des Handbuchs Enneccerus- Nipperdey Flumes Ansatz gegenüber, vgl. *Wieacker,* Karl Larenz, Allgemeiner Teil des deutschen bürgerlichen Rechts, in: Archiv für juristische Praxis 1968, (168), S. 525.

Werner Lorenz schrieb in seiner Buchbesprechung, Flumes „Rechtsgeschäft" sei darauf angelegt, sowohl die wissenschaftliche Richtigkeit als auch die praktische Brauchbarkeit dieses Begriffs zu erweisen. „Dieses Unternehmen gewinnt besondere Bedeutung in einer Zeit, die durchaus gekennzeichnet ist, dass sie nicht selten bereit ist, ohne Not den Boden „bewährter Lehre und Überlieferung" zu verlassen. Vom erdrückenden Ballast solcher Literatur befreit, die eher epigonenhaft als weiterbauend ist, führt Flume auf weiten Strecken ein Zwiegespräch mit den Vertretern klassischer Lehre des vorherigen Jahrhunderts."[93] Die Privatautonomie als Grundprinzip und wesentliches Strukturelement der Privatrechtsordnung herauszustellen, ist danach für 1965 gegenläufig und bemerkenswert.[94] Es ist anzunehmen, dass Flume, der dem Ordnungssystem des Privatrechts große Bedeutung für die systemimmanente Fortentwicklung zumisst und mit romanistischen Bezügen den Bogen zur besseren Verdeutlichung der geschichtlichen Entwicklung weiter schlägt als andere, im Jahr 1979 nicht dazu übergehen würde, Zeitgeist beflissen verfassungsrechtliche oder außerrechtliche Wertungen in die Bestimmung des Wesens der Privatautonomie mit einzubeziehen. Dies spräche für eine längerfristige Aktualität des Zitats: „Für die heutige Zeit gilt wie je, dass die Privatautonomie ein individualistisches Prinzip ist, es ist die Anerkennung der Selbstbestimmung des Einzelnen in der Gestaltung seiner Rechtsverhältnisse [...]"[95]

b) Diskussionslinien zwischen Mitte der 1950er Jahre und Ende der 1970er Jahre

Eine nähere Untersuchung der Diskussionslinien findet sich in der Habilitationsschrift mit dem Titel „Kompensation gestörter Vertragsparität", ein Beitrag zum inneren System des Vertragsrechts von Günther Hönn, die im Sommersemester 1980 vom Fachbereich Rechts- und Wirtschaftswissenschaften der Johannes Gutenberg Universität Mainz angenommen wurde. Hönn geht es um eine Standortbestimmung des geltenden Rechts; die Entwicklungslinien zeigt er nur im ersten Kapitel zum besseren Verständnis der Fragestellung auf. Er konzentriert sich auf die Sichtung der unstreitigen gesetzlichen Regelungen zur Kompensation gestörter Vertragsparität als funktionale Äquivalente. In seiner Einleitung nennt Hönn mit Franz Böhm, Ludwig Raiser und Werner Flume

---

93 *Lorenz,* Werner Flume, Allgemeiner Teil des Bürgerlichen Rechts, Zweiter Band, in: Archiv für juristische Praxis 1966, (166), S. 502.

94 *HKK-Rückert,* §§1–240, vor § 1, Rn. 108, S. 112.

95 *Flume,* Das Rechtsgeschäft, S. 15; in Klammern Gesetztes wurde hinzugefügt.

Autoren grundlegender Arbeiten zum Vertragsrecht. Franz Böhm wird wegen seiner Untersuchung der Vertragsfreiheit „als Voraussetzung einer herrschaftsfreien Wirtschaftsordnung“ genannt. Weiter unten wird in Hönns Studie aber darauf hingewiesen, dass Böhm „in erster Linie die Institution des gewerblichen Wettbewerbs wirtschaftsverfassungsrechtlich analysiert“ habe. Kurt Biedenkopf und Ernst-Joachim Mestmäcker hätten diese Betrachtungsweise detailliert auf den Vertrag erstreckt.[96] Privatautonome Selbstbestimmung sei das zentrale Thema. Das Wirtschaftsrecht wird für das privatrechtliche Handeln immer bestimmender, „sei es durch ein zunehmend verfeinertes Kartellrecht, sei es über eine scharfe Banken- und Versicherungsaufsicht“. [...] „Überhaupt wird das Geschehen in der gewerblichen Wirtschaft in steigendem Maße gesetzlichen Begrenzungen und Kontrollen unterworfen.“ [...] Als Ausgangspunkt wird von ihm die „schlichte Feststellung“ vorangestellt, dass der „Raum für ein dem früheren Vertragsmodell entsprechendes Verhalten () sich anscheinend verengt (hat)“.[97]

Er fasst in seinem ersten Kapitel die offenen Fragen des Vertragsrechts zusammen. Zur empirischen und normativen Funktion des Vertrages führt er näher aus, dass die rechtssoziologischen kritischen Untersuchungen um die Jahrhundertwende vom 19. zum 20. Jahrhundert von Max Weber, Karl Renner und Anton Menger stammen. Seitdem habe sich viel gewandelt. Unter der empirischen Funktion versteht Hönn die Folgen eines Vertrages in der Rechtswirklichkeit. Die empirische Funktion des Vertrages beleuchte die Rechtssoziologie, die auf die Dogmatik zurückwirke, so dass die „normativen Zwecke in der Tatsachenwelt verwirklicht“ würden. Dabei bestehe Uneinigkeit über den Einfluss des sozialen und rechtlichen Wandels auf Bedeutung und Funktion von Vertrag und Privatautonomie. Als weiterer Aspekt zähle zu der empirischen Funktion des Vertrages, dass er ein Wirtschaftssystem westlicher Prägung erst ermögliche. „[...] erst mangelnde Kongruenz der normativen Ordnung des Vertragsgeschehens und der Wirtschaftsordnung einerseits und des realen Vertragsgeschehens andererseits machen die empirische Funktion des Vertrages zum rechtsdogmatischen Problem“. Es gehe um die Frage, „welchen Beitrag der Vertrag im Rahmen der Gesamtordnung leistet und welchen Prinzipien er dabei folgt“. Insofern um den „Geltungsbereich des Vertrages und sein Wertmustermodell“ im objektiven Sinn.[98]

96 *Hönn,* Kompensation gestörter Vertragsparität, S. 31.

97 *Hönn,* aaO, S. 8 f.

98 *Hönn,* aaO S. 17f.

Nach dem bisher gewonnenen Überblick befindet sich die Vertragsfunktion in der Diskussion von Mitte der 1950er Jahre bis in die 1970er Jahre hinein. Überwiegend ist dies der Fall wegen ihrer normativen und weniger wegen ihrer empirischen Funktion. Zwischen 1971 und 1979 sind in der Rechtstheorie die Diskussionen um die empirische Funktion in bestimmten Quellen zu finden. Dies deutet sich in der oben näher dargestellten Untersuchung von Ludwig Raiser mit dem Titel „Die Zukunft des Privatrechts" von 1971 bereits an.[99] Ludwig Raiser gelangt dort zu einem „empirisch soziologischen Institutionenbegriff"[100].

Nach Hönn mache die normative Funktion den „eventuellen Funktionswandel des Vertrages aus". Als Beispiel dafür, dass die normative Funktion „im Brennpunkt steht", nennt er die Festschrift für Ludwig Raiser mit dem Titel „Funktionswandel der Privatrechtsinstitutionen". Die Diskussion um die normative Funktion lässt sich mit Hönns Worten folgendermaßen einteilen: „Teils wird dabei nur eine Einschränkung des Geltungsbereichs der Vertragsfreiheit konstatiert, teils jedoch auch eine Änderung des privatrechtlichen und vertragsrechtlichen Systems, namentlich durch eine Auflösung oder doch Relativierung individualistischer Strukturen". Für die erste Ansicht führt er Flume[101] (Bonn), Merz[102], Kollmar[103], Oftinger[104] an. Für die zweite Ansicht Wieacker[105] (Freiburg/Göttingen), Reinhardt[106] (Marburg), Ludwig Raiser[107] (Tübingen), Bärmann

---

99 *Raiser,* Die Zukunft des Privatrechts, S. 208–234, S. 219ff.

100 *Hönn,* aaO, S. 35.

101 *Flume,* Das Rechtsgeschäft, Heidelberg 1979, S. 15 ff.

102 *Merz,* Privatautonomie heute-Grundsatz und Rechtswirklichkeit, Karlsruhe 1970, S. 14.

103 *Kollmar,* Das Problem der staatlichen Lenkung und Beeinflussung des rechtsgeschäftlichen Verkehrs, Tübingen 1961, S. 130ff.

104 *Oftinger,* Die Vertragsfreiheit, in: Die Freiheit des Bürgers im Schweizer Recht, Zürich 1948, S. 315 ff, insb. S. 324ff.

105 *Wieacker,* Das Sozialmodell des klassischen Privatrechtsgesetzbücher und die Entwicklung der modernen Gesellschaft, Karlsruhe 1953, S. 24ff.

106 *Reinhardt,* Die Vereinigung subjektiver und objektiver Gestaltungskräfte im Vertrag, in: Festschrift zum 70. Geburtstag von Walter Schmidt-Rimpler 1955, Karlsruhe 1957, S. 115, S. 118ff.

107 *Raiser,* Vertragsfreiheit heute, in: JZ 1958, 1 ff, 2, in: Die Aufgabe des Privatrechts S. 38–61, 39.

(erst Heidelberg/ab 1954 Mainz)[108], Coing[109] (Frankfurt am Main), Fabricius[110] sowie weiterhin Schwimann, von Hippel und Friedmann. Die Vertreter der zweiten Ansicht lassen sich weiter unterteilen in diejenigen, die „eine konsequente Fortentwicklung des liberalen Vertragsrechts von der formalen zur materiellen Vertragsfreiheit“ sehen und diejenigen, die darin wie Kramer[111] „die Krise des bisherigen Vertragsrechts“ erblicken.[112] Gegen die letztgenannte Auffassung, die von Reinhardt, Kollmar, Kötz[113] und Zweigert geteilt wird, wenden sich Flume, Bydlinski[114] (Bonn/Wien) und Zöllner[115].

c) Zeitgeistargument ab Mitte der 1950er Jahre

Als Vertreter der zweiten Ansicht unterscheidet Reinhardt beispielsweise nach dem Gegengewichtsprinzip danach, ob die individuelle Gestaltungskraft vorliegt, der Vertragsmechanismus voll aus sich heraus funktioniert und mithin der Individualwille die Richtigkeitsgewähr sichern könne. Für den Fall, dass der Vertragsmechanismus allein nicht voll funktioniere, der Staat Ordnungskräfte einsetze, um Waffengleichheit oder Gegengewicht herzustellen, bleibe immerhin noch die Einheit im Zweck erhalten. Die Einheit im Zweck sei für die individuelle Gestaltungskraft wie für die überindividuellen Ordnungskräfte die „Sonderbeziehung unter den Rechtsgenossen, die das Prädikat gerecht verdient“ Die entscheidende Frage für ihn lautet, wie verhalten sich nun beide Gestaltungskräfte zueinander. In Anbetracht der Schwierigkeit der Aufgabe, hier bezieht er sich auf Oftinger als ein Vertreter der ersten Ansicht, sei es verständlich, sich auf formale Positionen zur Selbstbestimmung zurückzuziehen und einfach die Vertragsfreiheit als die Regel und „hoheitliche Gestaltung im Sinne der Beschränkung der individuellen Freiheit als Ausnahme“ zu deklarieren. Die Suche nach

---

108 *Bärmann*, Typisierte Zivilrechtsordnung der Daseinsvorsorge, Karlsruhe 1948, S. 86ff, 95f.

109 *Coing*, Bemerkungen zum überkommenden Zivilrechtssystem, in: Vom deutschen zum europäischen Recht, Festschrift für Dölle I, Tübingen 1963, S. 25ff, 32f.

110 *Fabricius*, Individualismus und Kollektivismus im Recht des Arbeitskampfes – Auflösung individualistischer Grundstrukturen in der Privatrechtsordnung? In: Zeitschrift für Arbeitsrecht und Sozialrecht, Wien 1968, S. 65ff.

111 *Kramer*, Grundfragen der vertraglichen Einigung, S. 35ff, S. 65ff.

112 *Hönn*, Kompensation gestörter Vertragsparität, S. 17.

113 *Kötz*, Gutachten A zum 50. DJT, 1974, S. 36.

114 *Bydlinski*, Privatautonomie und objektive Grundlagen des verpflichtenden Rechtsgeschäftes, Wien 1967, S. 132ff.

115 *Zöllner*, Zivilrechtswissenschaft und Zivilrecht, AcP 176 (1976), S. 221, 222f.

den „materiellen Kriterien, die sich von den geschützten Werten her bestimmen lassen", sei hingegen gerade wegen diesbezüglich bisheriger „Unbekümmertheit" in Individualismus, Liberalismus und Kapitalismus im vergangenen 19. Jahrhundert als Rechtfertigung des 1955er Rechts geboten.[116]

Friedrich Kübler zeigt bevorzugt in seinen eigenen Abhandlungen, indem er Flumes Beitrag mit dem Titel „Richter und Recht" zum 46. Deutschen Juristentag von 1966 zitiert, ebenfalls, warum ein solch formelles Rechtsverständnis nicht dem Zeitgeist entspricht. Er nimmt verschiedentlich Bezug auf die folgenden Zitate Flumes: Die Rechtsanwendung habe „noch immer nach dem Denkmodell der Subsumtion im Sinne eines syllogistischen Schlusses zu erfolgen"(K 29)[117] oder Anpassung des Privatrechts an veränderte Verhältnisse sei als „politische Aufgabe der Rechtssetzung [...] in die ausschließliche Zuständigkeit des parlamentarischen Gesetzgebers"(K 11) zu verweisen.[118]

Unter Zeitgeist kann in diesem Zusammenhang das Selbstverständnis in der Gesellschaft in einem historischen Moment verstanden werden. Der Zeitgeist kann darüber erfasst werden, wie die zeitgenössische Wahrnehmung von einer Norm ist, wie die zeitgemäßen Sollenssätze lauten würden und wie die Vorstellungen und Erwartungen in Bezug auf das künftige Gemeinwohl mit einer gesellschaftlich anerkannten Norm sind, die den zeitgemäßen Sollenssätzen entspricht. Ein gesellschaftlicher Wandel wird auf diese Weise als fortschrittlich prognostiziert, aber ob er auch vollumfänglich eintritt, ist noch für sich festzustellen. Zu diesem Thema führt Kübler aus, Gesellschaft beruhe in einem gewissen Maße auf Überzeugungen, Einstellungen und Erwartungen ihrer Mitglieder.[119] Bei der Entscheidung über die weitere Entwicklung der Sozialexistenz kommen sowohl den Massenmedien wie den Bildungseinrichtungen politisch Schlüsselpositionen zu.[120]

---

116 *Reinhardt,* Die Vereinigung subjektiver und objektiver Gestaltungskräfte im Vertrag, S. 115ff, 132.

117 *Kübler,* Über die praktischen Aufgaben zeitgemäßer Privatrechtstheorie, in: Juristische Studiengesellschaft Karlsruhe, Heft 119, S. 39.

118 *Kübler,* Kodifikation und Demokratie, in: JZ (1969), S. 645, 649.

119 *Kübler,* Kommunikation und Verantwortung, eine verfassungstheoretische und rechtspolitische Skizze zur Funktion professioneller und kollegialer Autonomie in Presse, Funk und Hochschule, S. 8.

120 *Kübler,* Kommunikation und Verantwortung, eine verfassungstheoretische und rechtspolitische Skizze zur Funktion professioneller und kollegialer Autonomie in Presse, Funk und Hochschule, S. 8.

II. Entwicklungslinie eines zeitgemäßen Theorieansatzes zwischen 1960 und 1975

Der Paradigmenwechsel hin zur engen Verknüpfung von Wirtschaft und Recht wird von denjenigen, die über den Funktionswandel der Privatrechtsinstitutionen nachdenken, rechtstheoretisch zu erklären versucht. Die Mitbeachtung der Funktion liefert den Schlüssel zum Verständnis des Paradigmenwechsels und die Erklärung zum progressiven Rechtsverständnis. Im Erkenntnisinteresse steht daneben, wie die gesellschaftlichen Umbrüche und wirtschaftliche Krisen, die Verknüpfung von Wirtschaft und sozialer Frage, rechtstheoretisch reflektiert werden.

1. Kübler als „Repräsentant des progressiven Flügels der Zivilrechtslehrer"

Für die genannte Reflexionsfrage der Privatrechtstheorie, wie die gesellschaftlichen Umbrüche und soziale Normen rezipiert werden, wurde der Ansatz Küblers ausgewählt, da er als „Repräsentant des progressiven Flügels der Zivilrechtslehrer"[121] angesehen werden kann.

In dem Festschriftbeitrag mit dem Titel „Privatrecht und Demokratie"[122] erörtert Kübler, inwiefern Richter in der Rechtsprechungspraxis nach zeitgemäßem Verständnis auf Privatrechtstheorie angewiesen sind. Der bisherige Erklärungsansatz der „logischen Deduktions- und Subsumtionsoperationen", der von Flume weiterhin verfochten wird, reiche für sich nicht aus. Normen ließen sich immer weniger als formale Rechtssätze in einem „stabilen, widerspruchsfreien Gefüge" mit zugeordneten „eindeutigen Aussagen und Anweisungen" nach ihrem Wortlaut und ihrer Stellung im abstrakten System verstehen. Die Rechtsordnung als stabiles widerspruchsfreies Gefüge sei fiktiv. Juristische Methodenlehre und Rechtsdogmatik bedürften eines neuen Erklärungsansatzes, um die Rechtspraxis als rechtlich begründet erscheinen zu lassen. Es werde auf Sachverhalt und Kontext der Normen typisiert zurückgegriffen. Die Vorstellungen des Rechtsanwenders als eine „Konstruktion der Wirklichkeit" werden bedeutend. Kübler erklärt die Institutionen mit Raiser als „Handlungsschemata und auf Dauer angelegte Beziehungsformen" und zugleich das „damit Gemeinte" mit Esser als dasjenige, dass „nur teilweise durch reale, weitaus mehr durch

121 *Brüggemeier,* Zeitgemäße Privatrechtstheorie als Aufgabe, in: ARSP 1978, S. 87.

122 *Kübler,* Privatrecht und Demokratie, in: Funktionswandel der Privatrechtsinstitutionen, S. 697f.

die Vorstellungselemente bestimmt“ sei. Die „Funktionsweise eines konkreten Lebensbereiches“ interessiere.[123]

Für Kübler bietet das pluralistische Modell einer repräsentativen Demokratie den zuvor als erforderlich benannten rechtstheoretischen und gesellschaftlichen Erklärungsansatz.[124]

a) Entwicklungslinie des Erklärungsansatzes in Fortsetzung der Arbeiten anderer

Die Bindung des Privatrechts an die repräsentative Demokratie und das pluralistische Modell ist von Kübler im Zeitraum 1960 bis 1975 mehrfach behandelt worden. Der Endpunkt dieser Entwicklungslinie kann in dem Beitrag von 1975 mit dem Titel „Über die praktische Aufgabe zeitgemäßer Privatrechtstheorie“ von 1975 gesehen werden, dem die Überlegungen aus einem Vortrag für die Karlsruher Studienstiftung sowie aus Kolloquien über Methodenfragen in Konstanz, in denen lebhaft diskutiert wurde und an denen u.a. Esser mehrfach teilnahm, zu Grunde liegen. Für Essers kritische Anmerkungen von November 1974 bedankt sich Kübler in der Einleitung.[125] Neben dem wissenschaftlichen Austausch mit Esser und bereits genannten erfolgten Bezugnahmen auf dessen Arbeiten, sind Bezüge auf die Arbeiten Ludwig Raisers zentral.

aa) Autoritäres System und demokratisches Gesetz

Als Ausgangspunkt seines Erklärungsansatzes ist die Erörterung in seinem Beitrag „Der deutsche Richter und das demokratische Gesetz“ von 1962 zu sehen. Kübler legt dar, wie unterschiedlich die Beantwortung der abstrakten Frage nach der Verbindlichkeit demokratisch sanktionierter Gesetze ausfallen kann. Unter soziologischen und zeitgeschichtlichen Aspekten betrachtet er, wie Rechtsquelle und Rechtserkenntnisquelle von der Reichsgründung bis zur Machtergreifung und in der frühen Nachkriegszeit unterschiedlich begrifflich erfasst wurden. Zu seiner Verwendung des Begriffs „autoritär“ im Zusammenhang mit der problematischen Haltung der Richter gegenüber den demokratischen Gesetzen führt er aus: „Das autoritäre System hält an der überkommenden Trennung von Staat und Gesellschaft fest und versucht, die in Bewegung geratene Gesellschaft vom

---

123 *Kübler*, Privatrecht und Demokratie, in: Funktionswandel der Privatrechtsinstitutionen, S. 697.

124 *Kübler*, Privatrecht und Demokratie, in: Funktionswandel der Privatrechtsinstitutionen, S. 697, 720.

125 *Kübler*, Über die praktische Aufgabe zeitgemäßer Privatrechtstheorie, S. 5f.

Staat her zu befrieden und zu ordnen (Staat über Partei); es verbündet sich mit den etablierten Mächten (Kirche, Großbesitz, Berufsbeamtentum) und ihren konservativen Wertvorstellungen."[126]

Die Pluralisierung der Gesellschaft und die Wahrnehmung der Aufgabe des Reichstages, Gesetze zu machen, förderte die Problematisierung der Verbindlichkeit von Gesetzen unter der Richterschaft.[127]. Als ein noch weiter zurückreichendes Gegensatzpaar wird von Kübler genannt: Die „unsachliche, parteiische Politik" und die „sachkundige und sachliche Rechtspflege".[128] Kübler legt das Gegenteil von „unpolitisches Richten" anhand von veröffentlichten Selbstzeugnissen der Richter in der Deutschen Richterzeitung und exemplarischen Urteilen dar. Seine Feststellung zielt auf die soziologische Erklärbarkeit richterlichen politischen Verhaltens in verschiedenen geschichtlichen Epochen bis zur Machtergreifung, das er mit „je autoritärer der Staat, desto gesetzestreuer der Richter"[129] kennzeichnet.

Kübler nimmt die Bundesverfassungsrichter explizit aus der Betrachtung heraus und stellt fest, nach 1945 sei die staatsautoritäre Tradition abgeschnitten gewesen. Er gelangt über seine Beispiele von außergesetzlichen Wertmaßstäben, die der überwiegenden richterlichen primären Sozialisierung bis 1959 entsprachen, zu der Feststellung, dass „zumindest für einen großen Teil der Richter", „der Weg jedoch nicht zur sozialen Wirklichkeit" zurückführte, „sondern weiter aus ihr hinaus: an die Stelle des als Illusion entlarvten ruhenden Pols des den gesellschaftlichen Gärungen entzogenen Staates trat die Utopie eines außer Raum und Zeit gelegenen archimedischen Punktes, von dem aus der Richter die virulent gewordene Gesellschaft unter Kontrolle zu halten versucht." Er führt aus: „Der schillernde Begriff des Konservativen meint wohl regelmäßig eine Einstellung, der bei aller traditionellen Bindung ein Moment der Elastizität, der Anpassungsfähigkeit und damit des Rationalen, der Wirklichkeit zugewandten innewohnt.". Die von ihm beschriebene Vorstellung der Richter kontrastiert zu diesem Begriff des Konservativen; sie ist reaktionär. Diese kennzeichnet er in Ergänzung zu Dahrendorffs Terminologie als „utopisch-autoritär" und als „Flucht rückwärts

126 *Kübler,* Der deutsche Richter und das demokratische Gesetz, in: AcP 162 (1962), S. 104, 106.

127 *Kübler,* Der deutsche Richter und das demokratische Gesetz, in: AcP 162 (1962), S. 104, 110ff.

128 *Kübler,* Der deutsche Richter und das demokratische Gesetz, in: AcP 162 (1962), S. 104, 111.

129 *Kübler,* Der deutsche Richter und das demokratische Gesetz, in: AcP 162 (1962), S. 104, 106.

in die regressive Utopie einer urtümlichen, heute mannigfach zivilisatorisch verzerrten Sozialordnung".[130].

Kübler schätzt das „Misstrauen des Richters gegen die Gesellschaft" und sein daraus folgendes, „ständig belastetes Verhältnis zum demokratischen Gesetz" für 1962 weiterhin vorhanden und politisch bedeutsam ein. Er weist kurz darauf hin, inwieweit dies Thema der Justizreform sei. Nach seinem geschichtlichen Abriss käme es zum „offenen Konflikt zwischen richterlichen und gesetzgeberischen Vorstellungen" nur in politischen Krisen und erheblicher sozialen Verschiebungen wie etwa bei der Auflösung autoritärer Strukturen, der Staatskrise von Weimar, der Bedrohung des Mittelstandes durch Inflation und der Änderung der überkommenden rechtlichen Ordnung der Familie. Er schließt mit der Frage, „ob die Justiz der demokratisch legitimierten Führung wiederum den Gehorsam versagen würde, wenn eine politische oder soziale Krise gesetzgeberische Maßnahmen notwendig machte, die etwa auf eine rigorose Eigentumsverteilung oder auf die Beschneidung der Macht des Berufsbeamtentums zielen?"[131]

bb) Methodische Vorgehensweise

In diesen Ausgangsüberlegungen stehen mangelnder Gesetzesgehorsam und Missachtung der Gewaltenteilung im Mittelpunkt. Kübler, der in Tübingen von Raiser promoviert wurde, leistete seine Assistentenzeit und Habilitation mit Unterbrechung ebenfalls bei Raiser.[132] Er beschreibt Raisers Vorgehensweise zur Lösung von Rechtsproblemen, indem er zunächst feststellt, dass dieser sich von der „überlieferten Selbstbeschränkung konstruktiver Begrifflichkeit" in gewissem Maße freigemacht habe. Die methodische Vorgehensweise sei in vier Schritte unterteilbar. „Zunächst wird der wirtschaftliche Sachverhalt ermittelt, die sich anschließende rechtssoziologische Interpretation ergibt erste Wertungsaspekte, auf deren Basis die rechtspolitische Aufgaben ausformuliert wird; und sie fungiert wiederum als Wegweiser für die dogmatische Erarbeitung des systemgerechten Problemlösung".[133]

---

130 *Kübler,* Der deutsche Richter und das demokratische Gesetz, in: AcP 162 (1962), S. 104, 125f.

131 *Kübler,* Der deutsche Richter und das demokratische Gesetz, in: AcP 162 (1962), S. 104, 127f.

132 *Kübler,* Vortrag vom 8. Juni 2007, veröffentlicht unter Privatrechtsdogmatik und System, Ludwig Raiser, in: Deutschsprachige Zivilrechtslehrer, S. 292.

133 *Kübler,* Vortrag vom 8. Juni 2007, veröffentlicht unter Privatrechtsdogmatik und System, Ludwig Raiser, in: Deutschsprachige Zivilrechtslehrer, S. 299.

Diese rechtspolitische und rechtssoziologische Betrachtung findet sich ebenfalls bei Kübler. Zur Erarbeitung seines rechtstheoretischen und gesellschaftlichen Erklärungsansatzes geht er in seinen weiteren Abhandlungen zwischen 1969 und 1975 auf die Aspekte der rechtlichen Geltung, Verbindlichkeit, Berechtigung und Begründbarkeit wiederholt ein. Sein Bemühen gilt einer zeitgemäßen Zivilrechtstheorie und dem Bedarf an einer Erklärung und Rechtfertigung der gesamtgesellschaftlichen Bezüge des Privatrechts. Zur Rechtfertigung bedürfe die Praxis der Theorie, die Theorie andererseits zur eigenen Rechtfertigung wiederum der Praxis. Zentral ist die Thematik von Theorie und Praxis unter anderem auch im Hinblick auf die einstufige Juristenausbildung[134] sowie Kommunikation und Verantwortung in Presse, Funk und Hochschule[135].

In seiner Abhandlung „Kodifikation und Demokratie" von 1969 untersucht Kübler, ob zu dieser Zeit „Kodifikation als ein Instrument rechtlicher Gestaltung und Ordnung" verfügbar sei. Er sieht einen entscheidenden Unterschied, der bisher kaum beachtet worden sei, darin, dass es kein Organ mehr gäbe, welches nicht dem politischen Prozess unterläge und am Gesetzgebungsverfahren beteiligt sei. Im Interesse aller läge, dass der „empfindliche Prozess möglichst gleichmäßigen ökonomischen Wachstums und der fortgesetzten Integration aller zur wirksamen Sanktion befähigten Gruppen" störungsfrei abliefe. Langfristige Ordnungsaufgaben, „denen die Kodifikationen zuzurechnen sind, würden verdrängt, die legislatorische Intervention sei möglich, wenn „die sie hemmende Kräfte durch die Gefahr ökonomischer und sozialer Störungen neutralisiert" würden. „Drohende Rezession und Beschäftigungslosigkeit zwingt widerstreitende Interessen über Nacht zu Kompromissen, die sich im Straf- oder Familien- oder Haftpflichtrecht in Jahrzehnten nicht erreichen lassen."[136]

cc) Normsetzungsfunktion

Nach Skizzierung von Struktur- und Funktionsveränderung erörtert er, inwiefern noch „Kodifikationsdenken" im Sinne einer engen Bindung des Richters ans Gesetz zeitgemäß in der demokratisch verfassten Industriegesellschaft sei.

---

134 Kolloquium über Methodenfragen in Konstanz und der von ihm am 5. Dezember 1974 gehaltene Vortrag „Über Aufgaben und Bedingungen einer zeitgemäßen Privatrechtstheorie", veröffentlicht in 1975 unter dem Titel „Über die praktischen Aufgaben zeitgemäßer Privatrechtstheorie" in: Juristischen Studiengesellschaft Karlsruhe, Heft 119, S. 5.

135 Seminar im WS 1972/1973, veröffentlicht unter: Kommunikation und Verantwortung, in: Konstanzer Universitätsreden, 63, 1973, S. 26ff.

136 *Kübler*, Kodifikation und Demokratie, in: JZ (1969), S. 645, 648f.

Er stellt voran: „Die Transformation des bürgerlichen Obrigkeitsstaates in eine auf Offenheit verfasste Industriegesellschaft“ habe „die Epoche der großen Gesetzbücher beendet“. Das Kodifikationsideal habe verschiedene Facetten. Das „Restaurierungswerk an der äußeren Einheit der Gesetzesbücher“ habe in den fünfziger Jahren stattgefunden. Sie wären aber „in einer völlig veränderten Umwelt zu Anachronismen geworden“. Er sei für eine Erhaltung „durch vorsichtige Anpassung in der traditionellen Form“. Wichtig sei, sich „dieser Veränderung im Gefüge unserer Rechtsordnung bewusst zu werden“. Der Blick auf die Rechtswirklichkeit sei wichtig, nicht der Erhalt einer „zur Fassade verkümmerten“ Kodifikation, die diesen Blick verstelle und „damit gefährliche Ideologisierungen“ ermögliche und begünstige. Er zeichnet die Diskussion um die richterliche Gesetzesbindung und die Generalklausel nach.[137]

Zu dem legislatorischen Instrument der Generalklausel, im Wirtschaftsrecht beispielsweise § 22 GWB, und der generellen Kritik führt er aus: Diese Generalklauseln dürften nicht an „den Ordnungsbedürfnissen und -idealen einer vergangenen Epoche gewogen und für zu leicht befunden“ werden. Er äußert die Ansicht: „Die Stabilität und Rationalisierung der sich ausdifferenzierenden Rechtsordnung der Industriegesellschaft werden nicht durch formallogische Subsumtion, sondern durch den „denkenden Gehorsam“ des Richters gewährleistet, der sich der Kontinuität auch des ungeschriebenen Regelrechts kritisch einfügt.“ Sein Ergebnis ist, dass der fragmentarische und periodische Charakter des Gesetzes zur Normalität geworden sei. Die von der Legislative der Bundesrepublik Deutschland erlassenen Gesetze seien an einem anderen Maßstab zu messen. Aufgrund dieses Ergebnisses zitiert er Raiser[138], der als Aufgabe der Juristen die „wachsame Kontrolle politischer, gesellschaftlicher und wirtschaftlicher Macht“ benennt, die „noch nicht voll als die dem Juristen in unserem politischen Gemeinwesen zugewiesene Rolle erkannt“ sei.[139]

b) Küblers eigenes gesellschafts- und rechtstheoretisches Erklärungsmodell

In „Privatrecht und Demokratie“ stellt Kübler sein eigenes Erklärungsschema vor, welches er als pluralistisches Modell einer repräsentativen Demokratie bezeichnet. Das Gesetz bilde nicht mehr die „bloße, auf langfristige Verbindlichkeit

137 *Kübler,* Kodifikation und Demokratie, in: JZ (1969), S. 645, 648f.

138 *Raiser,* Aufgabe und Verantwortung des Juristen in unserer Gesellschaft, Tübinger Festschrift für Eduard Kern, 1968, wieder abgedruckt in: Die Aufgabe des Privatrechts, S. 190, 204.

139 *Kübler,* Kodifikation und Demokratie, in: JZ (1969), S. 645, 650f.

angelegte Rahmenordnung der sozialen Abläufe, sondern übernimmt zunehmend steuernde und redistributive Aufgaben".

aa) Vorteile des Erklärungsmodells

Das Privatrecht in ein „derartiges gesellschafts- und rechtstheoretisches Erklärungsmodell" einzuordnen, beinhalte die folgenden Vorteile:

Durch den „Anschluss an die demokratische Verfassungstheorie" stehen die „Postulate von Freiheit und Gleichheit" als Bezugsrahmen zur Verfügung. Zunächst heißt dies ein elastischer Bezug. Bei „kritischer Theorie" würden die mit diesen Postulaten genannten Anforderungen heraufgesetzt, bei „realistischer Theorie" abgesenkt. Es komme dennoch zu einer Verknüpfung mit dem „Anspruchsniveau der klassisch-liberalen Vorstellungen". „Gleiche Freiheit und freie Gleichheit erschöpfen sich nicht mehr in der privatautonomen Beteiligung an den ökonomischen Austauschprozessen [...]". Vielmehr bezeichne „gleiche Freiheit und freie Gleichheit" zugleich die „Chancen, durch Selbstorganisation die im Ergebnis disproportionale Funktionsweise herkömmlicher Verteilungsmechanismen zu korrigieren". Die „Einwirkung auf den politischen Prozess" und darüber auf die „Inhalte hoheitlicher Anordnung", ermögliche „solidarische Selbstbestimmung" anstelle von „fremdbestimmter Herrschaft". Der einheitliche Bezugsrahmen leiste langfristig einen Beitrag zur „strukturelle[n] Harmonisierung historisch heterogener Rechtsmaterien".[140]

Interessengesetzgebung, die konkrete Ziele verfolgt, bedeute zumindest latente Instrumentalität des Privatrechts. Es werde „das parlamentarische Gesetz als Abbild und Ergebnis des Wettbewerbs der organisierten Interessen" zum „allein verbindliche[n] Indiz einer gerechten Regelung". Durch die gewandelten Aufgaben sei dieses Verständnis unerlässlich. Den „ideologischen Vorbehalten" der Vertreter, die darin einen „Anschlag auf die traditionelle Substanz und Eigenständigkeit des Privatrechts" sehen, müsse entgegengehalten werden, dass ein „freiheitsverbürgendes Wirkungsgefüge einer auf Dezentralisation der Entscheidungsbefugnisse angelegte Rechtsordnung" fiktiv sei.[141]

Das differenzierte rechtstheoretische Erklärungsmodell des repräsentativ-demokratischen oder pluralistischen Ansatzes stelle auf den Marktmechanismus ab, dies aber nicht nur. Nach klassischer wie auch nach erneuerter liberaler Theorie bestimme der Marktmechanismus die Richtung und den Ablauf der gesellschaftlichen Entwicklung. Dieses Erklärungsmodell werde weder aufgehoben

140 *Kübler,* Privatrecht und Demokratie, S. 697, 720.
141 *Kübler,* Privatrecht und Demokratie, S. 697, 721.

noch obsolet. Der sich selbst steuernde politische Prozess des demokratisch verfassten Gemeinwesens überlagere und relativere diesen Erklärungsansatz und gelange zu differenzierteren Erklärungen. Kübler beruft sich darauf, „schon im historischen Ursprung[...]" sei in der „modernen Demokratie" der Versuch zu sehen, „die konkurrenzwirtschaftliche Verteilung des Sozialprodukts durch politische Veränderung ihrer rechtsförmigen Randbedingungen zu korrigieren". Er verweist in Fußnote 105 auf Mestmäckers Ausführungen zur Bedeutung des demokratischen Gesetzgebungsprozesses fürs Arbeitsrecht, die in dessen Abhandlung „Macht - Recht -Wirtschaftsverfassung"[142] zu finden sind. Es bestünde „partielle funktionale Äquivalenz von Markt und Abstimmungsverfahren, von Vertragsschluss und Stimmrechtsausübung".[143]

Dies sei ein wichtiger Aspekt für Verbands-, Betriebs- und Unternehmensverfassung. Das Privatrecht und die Demokratie seien strukturell und politisch vereinbar. Einer seiner Verweise in der Fußnote 107 lautet: „Auf der anderen Seite drängt sich zunehmend der Eindruck auf, dass auch sozialistische Systeme auf Dauer nicht ohne privatrechtliche Kategorien auszukommen vermögen; dazu eingehend Reich, „Sozialismus und Zivilrecht".[144]

bb) Nachteile des Erklärungsmodells

Die Nachteile schildert er als Schwächen und Defizite, die von der demokratietheoretischen Literatur geschildert werden. Er verweist in Fußnote 108 auf Scharpf und Badura und die bei beiden vorhandenen zahlreichen Hinweise auf das einschlägige Schrifttum der USA. Die Ausführungen zu den Nachteilen der Pluralismustheorie enthält implizit ein Bekenntnis zur US-amerikanischen politischen Soziologie. Die „herrschaftsfreie Kommunikation" der „Frankfurter kritischen Theorie" wird nicht genannt. Eine Auseinandersetzung mit diesem Ansatz findet sich bei Mestmäcker in dessen Abhandlung, die auf einen Vortrag zur Hundertjahrfeier des Vereins für Socialpolitik, gehalten am 5. September 1972 in Bonn, zurückgeht und die Kübler zuvor zitiert. Kübler nimmt hingegen in „Kommunikation und Verantwortung" von 1973 zu den Ansätzen Habermas' Stellung.

Im Einzelnen nennt Kübler, dass die Größe der Organisationen eine Rolle spiele, da die Apathie der Mitglieder mit der Mitgliederzahl wachse und ein

142 *Mestmäcker,* Macht-Recht-Wirtschaftsverfassung, in: Die sichtbare Hand des Rechts, S. 9, 20; erstmals abgedruckt in: ZHR 136 (1973), S. 97ff, insbes. S. 106.

143 *Kübler,* Privatrecht und Demokratie, S. 697, 722.

144 *Kübler,* Privatrecht und Demokratie, S. 697, 723.

Mangel an Rückbindung der Verbandsspitze an die Basis zu befürchten sei. Die Nichtrepräsentierbarkeit von Interessen, Vertretung von Nichtbetroffenen im Hinblick auf beispielsweise künftige Generationen zeige die Grenzen der theoretischen Absorptionsfähigkeit des pluralistischen Modells auf. Privatrecht habe die Aufgabe, die Funktionsbedingungen dieses soziopolitischen Systems im Sinne seiner normativen Prämissen zu verbessern. Dies verweise auf das generelle Problem, dass das Ordnungsgefüge nicht reibungslos arbeite. Als weitere Defizite nennt er, dass wirtschaftliche Macht in politische Herrschaft umgesetzt werden könne. Als Ziele rechtlicher Instrumentarien nennt er Dezentralisation, Transparenz und Kontrolle. Diese seien für Vertrags-, Wettbewerbs-, Betriebsverfassungs-, Gesellschafts- und Unternehmensrecht vorgegeben. Schließlich erkennt er einen begrenzten Erklärungswert darin, dass „die Existenzbedingungen einer demokratisch verfassten Industriegesellschaft verlangen mehr Vernunft (oder Rationalität) und Verantwortung, als der Mechanismus des pluralistisch-politischen Prozesses (mit Sicherheit) zu erzeugen vermag". Er warnt vor „Entdifferenzierung und damit Ineffizienz: die moralischen Appelle bleiben diffus und ohne die erwartete Wirkung, wenn sie nicht minuziös auf die realen Funktionsbedingungen des Gemeinwesens eingestimmt sind. Das Ethos des Juristen umfasst die Notwendigkeit seiner eigenen Aufklärung: es ist dies das Ethos des Staatsbürgers, und zugleich das einer zur Praxis berufenen Sozialwissenschaft". An dieser Stelle verweist Kübler auf seinen akademischen Lehrers Ludwig Raiser und dessen Abhandlung über die Aufgabe und Verantwortung des Juristen in unserer Gesellschaft von 1968.[145]

2. Zeitgeistbedingte Ausführungen und Interesse an Privatrechtstheorie

Zu den Ausführungen, die aus den gesellschaftlichen Umbrüchen heraus erklärbar sind, kann Küblers Überzeugung gezählt werden, das Zivilrecht sei dem Gemeinwohl verpflichtet und keinesfalls wertfrei und unpolitisch. Dazu gehören weiter die auf die Rechtswirklichkeit gerichteten Erläuterungen, Theorie und Praxis bedürfen einander zur Rechtfertigung der jeweiligen Ziele. Schließlich sind entsprechend der zeitgenössischen Forderung nach Hierarchieabbau zu

145 *Kübler*, Privatrecht und Demokratie, S. 697, 725; *Raiser*, Aufgabe und Verantwortung des Juristen in unserer Gesellschaft, in: Die Aufgabe des Privatrechts, S. 190–207.

egalitär und antiautoritär Hinweise enthalten, unterschiedliche Fähigkeiten und Pflichten berechtigten zu abgestuften Befugnissen und Kompetenzen.[146]

Die rechtstheoretische Bearbeitung der Frage, wie der Ungleichgewichtslage unter Beibehaltung der Vertragsfreiheit Rechnung zu tragen ist, findet allgemein Beachtung unter den Zivilrechtslehrern. Die vielfältigen rechtstheoretischen Ansätze zu dem Themenkreis, wie das subjektive Recht und sein Verhältnis zur freiheitlichen Wirtschaftsordnung beschaffen sind, haben im Untersuchungszeitraum Konjunktur.

III. Durchsetzungsmöglichkeit der rechtstheoretischen Überzeugungen

Die bisher behandelten rechtstheoretischen Ansätze machen deutlich, dass bestimmte Zivilrechtslehrer aufeinander Bezug nehmen und bestimmte Überzeugungen zu einer bestimmten Zeit von mehreren geteilt werden und der Bestand durch weitere Arbeiten unterschiedlich ausgebaut wurde. Das Beispiel einer wichtigen Überzeugung (zumindest von 1955 bis 1968) fasst Biedenkopf als tief verwurzelte Grundidee der Schüler Böhms und Kronsteins folgendermaßen zusammen: „[…] dass enge Beziehungen bestehen zwischen dem Privatrecht, seinen Strukturen, seinen Funktionsweisen und seinem Auftrag in einer freiheitlichen Ordnung." Um einen Überblick zu gewinnen, wer sich unter den Zivilrechtslehrern zunächst als Lernender vertraut machte mit den bisher in Bezug genommenen theoretischen Ansätzen seines akademischen Lehrers, wird folgender Ausgangspunkt gewählt:

Für Abhandlungen zum Thema subjektives Recht, Institutsmissbrauch und das Verhältnis von wirtschaftlicher Macht und Privatrecht sollte mit Martin Wolff begonnen werden, der vermutlich die Befassung mit der Frage, „inwieweit Institutionen […] durch überzogenen wirtschaftlichen und politischen Gebrauch ihrem eigentlichen Sinn entfremdet und zum Schaden der Allgemeinheit missbraucht werden können" an seine Schüler Heinrich Kronstein (Promotion 1924) und Ludwig Raiser (Promotion 1931) weitergab.[147] Damit findet sich schnell die Verbindungslinie Frankfurter Schule (Böhm, Kronstein, Mestmäcker u.a.), paralleles Verständnis von Privatrecht und ordoliberaler Ansatz[148]

146 *Kübler,* Kommunikation und Verantwortung. Eine verfassungstheoretische und rechtspolitische Skizze zur Funktion professioneller und kollegialer Autonomie in Presse, Funk und Hochschule, S. 30ff.

147 *Fikentscher,* Wirtschaftsrecht, Band II, S. 44.

148 *Biedenkopf,* Heinrich Kronstein, S. 187, 189.

bzw. sogenannter Freiburger Schule (Eucken, Böhm, Miksch u.a.) zur Tübinger Rechtswissenschaftlichen Fakultät ab 1955.

Die Betrachtung der Diskussionsbeiträge zur Selbstbestimmung seit der Nachkriegszeit rechtfertigt den Kreis bereits im ersten Schritt zu erweitern. Die akademischen Lehrer der rechtswissenschaftlichen Fakultäten im Südwesten, insbesondere jedoch Tübingen, sowie der Universitäten Bonn, Frankfurt am Main, Mainz und Marburg und diejenigen, die zwischen 1959 und 1974 ihre erste Professuren Inne hatten, sind auch deshalb von Interesse, da sich die Zahl der rechtswissenschaftlichen Fakultäten in der Bonner Republik von 1960 bis 1980 verdoppelte.[149] Mithin hatten die bis Mitte der 1960er Jahre hinein erworbenen Kenntnisse von den Überzeugungen der akademischen Lehrer vorzügliche Bedingungen, sich weiter auszubreiten. Dies voraus geschickt, ergibt sich das folgende Bild:

Für diese Arbeit sind insbesondere die Einflüsse folgender akademischer Lehrer der Rechtsfakultäten Tübingen, Bonn, Frankfurt am Main, Mainz und Marburg und der Geburtsjahrgänge 1885 bis 1912 interessant, die nach Geburtsjahr sortiert sind.

1. Erfahrene Lehrstuhlinhaber in der ersten Wiederaufbauzeit

Walter Schmidt-Rimpler (1885–1975) war, nach der 1945 zunächst übernommenen Vertretung einer ordentlichen Professur an der Universität in Münster, ab 1946 ordentlicher Professor an der Univ. Bonn und emeritiert 1953. Er betreute das Habilitationsvorhaben von Fritz Brecher (1915–2003) und Fritz Rittner (1921), der zuvor bei ihm promoviert hatte. Seine Zivilrechtsmethodik zum Problem der rechtsgeschäftlichen Privatautonomie, seine Überlegungen zur Legitimationsgrundlage der Vertragsfreiheit, die Lehre von der Richtigkeitsgewähr durch den Vertragsmechanismus, wurde vielfach aufgegriffen, teils weiterentwickelt und von ihm selbst begrifflich erklärt in der Festschrift für Ludwig Raiser im Jahr 1974.

Für die Rechtswissenschaftliche Fakultät der Universität in Frankfurt am Main ist zunächst Franz Böhm (1895–1977) zu nennen, der dort von 1947 bis 1962 wirkte und unter anderem Ernst-Joachim Mestmäcker (1926) sowohl bei seiner Promotion als auch Habilitation betreute.

---

149 *Schäfer*, Playground of ideologists? Family law in West Germany after 1968, S. 131f; Der Beitrag behandelt u.a. die Auswirkungen und Folgen steigender Zahlen an Abiturienten-, Studenten- und akademischer Lehrer für die Hochschullandschaft und Wissenschaft, insbesondere die „linken" Wissenschaftler um Josef Esser.

Weiterhin ist Heinrich Kronstein (1897–1972) zu nennen, der neben seiner Zugehörigkeit zu dem Lehrkörper der Georgetown University in den USA in Frankfurt am Main eine ordentliche Professur ab 1955 inne hatte, jedoch bereits 1965 emeritiert wurde. Von Fikentscher wird er als einer der Begründer des Neoliberalismus gesehen. Kronstein selbst hätte hingegen Wert darauf gelegt, nicht zu den Vertretern des Neoliberalismus gezählt zu werden.[150] Zur abhängigen juristischen Person, für ihn zählte die Thematik zur Lehre vom Rechtsmissbrauch, hatte er bereits 1932 vor seiner Flucht in die USA in Deutschland veröffentlicht. Als führender Kartellrechtler betreute er Ernst Steindorff (geb. 1920), der habilitierte, Kurt H. Biedenkopf (geb. 1930) und Eckard Rehbinder (geb. 1936), die promoviert wurden und habilitierten, und schließlich Günther Hönn (geb. 1939), der promoviert wurde.

Rudolf Reinhardt (1902–1976) war nach der Entnazifizierung weiterhin an der Universität in Marburg tätig, wurde 1954 erneut zum ordentlichen Professor benannt und ab 1959/1960 erneut Rektor; vormals war er bereits zwischen 1942 und 1945 Rektor in Marburg gewesen. Seine Schüler Peter Erlinghagen (1932) und Spiros Simitis (1934) wurden bei ihm promoviert. Folgende Schüler betreute er bei Promotion als auch bei Habilitation: Klemens Pleyers (1921), Dietrich Schulz (1928), Walther Hadding (1934) und Konstantin Simitis (1936).

Bartholomyczik (1903–1975) war von 1956 bis zu seiner Emeritierung 1970 Professor an der Universität in Mainz. Als seine Schüler sind u.a. Robert Knöpfle (1931–1998), der wie Harms und Heckelmann bei ihm habilitierte, sowie Jürgen Damrau (1937) zu nennen, der bei ihm promovierte. Für Damrau folgte 1974 die Habilitation an der Universität in Mainz bei Otto Mühl (1911–2006) und 1977 eine ordentlich Professur an der Universität in Konstanz, ebenda wurde er 2002 emeritiert.

Ludwig Raiser (1904–1980) war nach 1945 zunächst Professor an der Universität Göttingen, danach ab 1955 ordentlicher Professor der Universität in Tübingen und ab 1968/1969 ebenda Rektor. Er emeritiert 1973. Er betreute u.a. die Forschungsarbeiten von Friedrich Kübler (1932–2013) und Claus Ott (1937) hinsichtlich Promotion und Habilitation. Seine Doktoranden waren ferner Wolfgang Grunsky (1936), Jürgen F. Baur (1937), Sohn von Prof. Fritz Baur, Tübingen, und Manfred Wolf (1939–2007).

Josef Esser (1910–1999) war in der Nachkriegszeit zunächst seines Amtes in Innsbruck enthoben, 1948 wurde die Enthebung rückgängig gemacht, so dass er eine außerordentliche Professur in Innsbruck hatte, von der aus er zu November

150 *Fikentscher*, Wirtschaftsrecht, 2. Band, S. 44, Fn. 64.

1949 auf eine ordentliche Professur an die Universität in Mainz wechselte. 1961 folgte er einem Ruf nach Tübingen. An der Rechtswissenschaftlichen Fakultät in Tübingen betreute er u.a. die Promotion von Roland Dubischar (1935), die Habilitationen von Eike Schmidt (1939) und Hans-Leo Weyers (1934) und sowohl die Promotion als auch Habilitation von Johannes Köndgen (1946).

Fritz Baur (1911–1992) war nach 1945 zunächst im Justizdient und im Justizministerium in Stuttgart und dann ab 1954 als ordentlicher Professor an der Universität in Mainz tätig. Ab 1956 ging er an die Universität in Tübingen und emeritiert ebenda 1977. Seine Schüler waren u.a. Manfred Wolf (1939–2007), Wolfgang Grunsky (1936), die beide bei ihm habilitierten, und Rolf Stürner, dessen Promotion und Habilitation er betreute.

Helmut Coing (1912–2000) wurde in der Nachkriegszeit zunächst 1948 ordentlicher Professor an der Universität in Frankfurt am Main, dann 1955 Rektor und schließlich von 1964 bis 1980 Direktor des Max-Planck-Instituts für europäische Rechtsgeschichte in Frankfurt am Main sowie Gastprofessor in den USA. Als eine zusammen mit Dieter Simon von ihm betreute Habilitation kann die von Hans Erich Troje (1934) aufgezählt werden. Er betreute unter anderem Dieter Grimm (1937) und ferner Norbert Reich (1937–2015) bei seiner Dissertation und Habilitation.

2. Erste Professuren ab 1959 der 1920er Jahrgänge

Für die ersten Professuren 1959 der 1920er Jahrgänge sind die Rechtsfakultäten in Tübingen (Steindorff), Köln (Pleyer), Freiburg im Breisgau (Rittner) sowie Saarbrücken (Mestmäcker) zu nennen. Im nächsten Schritt war für Mestmäcker 1963 Münster und für Steindorff 1964 München an der Reihe. Im Detail lässt sich dies folgendermaßen nachzeichnen:

Steindorff (1920) war kurz Privatdozent in Frankfurt am Main, ab 1959 hatte er seine erste Professur in Tübingen inne, folgte 1964 einem Ruf nach München, wo er emeritierte. Seine Schüler aus der Tübinger Zeit waren Thomas Raiser, Neffe von Ludwig Raiser, der 1962 bei ihm noch in Tübingen promovierte und Jürgen F. Baur (1937), der in München bei ihm habilitierte. Weitere Schüler waren u.a. Belke (1936) und Koppensteiner mit ihren Promotionen und Hopt (1940) mit Promotion und Habilitation in München.

Fritz Rittner (1921) war kurze Zeit Privatdozent. Ab 1959 bis zu seiner Emeritierung war er Professor in Freiburg im Breisgau.

Mestmäcker (1926) trat seine erste Professur 1959 in Saarbrücken an und wechselte 1963 an die Universität Münster. Sein erster Doktorand wurde Ulrich Immenga (1934), der bei ihm während seiner Zeit in Münster Promotion und

Habilitation abschloss. Wernhard Möschel (1941) promovierte bei ihm in Münster. 1967 wurde Mestmäcker Gründungsrektor der Universität in Bielefeld, wo er 1969 eine Professur innehatte. Immenga trat seine erste Professur 1970/1971 in Bielefeld an, wechselte an die Universität in Lausanne und dann 1974 an die Universität in Göttingen. In Bielefeld wurde Möschel von Mestmäcker bei seinem Habilitationsvorhaben betreut, der seine erste Professur als Nachfolger Ludwig Raisers in Tübingen antrat und bis zur Emeritierung beibehielt. Unter den weiteren Schülern Mestmäckers waren Bernd Rebe (1939–2013) während seiner Habilitationszeit in Bielefeld, während der er ab 1975 erst als wissenschaftlicher Rat und dann als Professor an der Technischen Universität Hannover lehrte und Dieter Reuter (1940) als weiterer Habilitant, der zunächst Lehrstühle vertrat, zunächst an der Universität in Bonn, dann an der Freien Universität Berlin, bis er dort 1974 ordentlicher Professor wurde und die Professuren in Tübingen 1978 und in Kiel 1985 folgten, wo dieser u.a. die Habilitation von Michael Martinek (1950) betreute. 1979 war Mestmäcker Direktor des Max-Planck-Institut für ausländisches und internationales Privatrecht Hamburg und ab 1980 Professor an der Universität in Hamburg (I), 1994 ebenda emeritiert.

3. Erste Professuren ab 1963 der 1930er Jahrgänge

Die Neugründung in Bielefeld verschaffte des Weiteren folgenden bereits zuvor genannten Wissenschaftlern der Jahrgänge 1936 und 1937 die erste bzw. im Falle Wolfgang Grunskys (1936) die zweite Professur. Dazu zählen Eckard Rehbinder (1936), Jürgen Damrau (1937) und Dieter Grimm (1937).

Die Neugründung in Bremen war für Roland Dubischar (1935) ab 1971 und Eike Schmidt (1939) ab 1974 die erste Wirkungsstätte. Beide hatten Esser als akademischen Lehrer.

Nach Hamburg gingen mit Claus Ott und Jürgen F. Baur zwei, anlässlich ihrer ersten ordentlichen Professuren aus dem Jahrgang 1937, die Ludwig Raiser als akademischen Lehrer hatten. Für Baur hatte Steindorff in München die Habilitation betreut, Ott hatte außer in Tübingen zwischenzeitlich zwei Jahre an der Berkeley University geforscht. Norbert Reich (1937–2015), dessen akademischer Lehrer Coing war, ging zwar auch nach Hamburg, hatte seine erste Professur an der Hochschule für Wirtschaft und Politik (HWP) inne, wechselte dann aber 1978 zunächst an die Universität Hamburg II und dann 1982 nach Bremen.

Friedrich Kübler (1932), dessen Promotion und Habilitation von Ludwig Raiser betreut wurde, ging zunächst wie Spiros Simitis (1934) an die Reformfakultät in Gießen, wechselte dann an die Neugründung Konstanz, wo Konstantin Simitis (1936) seine erste ordentliche Professur inne hatte, und schließlich

1976 nach Frankfurt am Main. Ebenda betreute Kübler Heinz-Dieter Assmann (geboren 1951) während dessen Promotionsvorhabens, der außer an ihn seine Danksagung zur Dissertation (1980) wegen der ihm zu Teil gewordenen institutionellen und intellektuellen Unterstützung an Rudolf Wiethölter richtet.[151] Küblers rechtstheoretisches Erklärungsmodell, welches hinsichtlich der strukturellen Verknüpfung von Privatrecht und Demokratie in der Tradition Ludwig Raisers steht, wird in Assmanns Dissertation weiterentwickelt.[152] Anschließend habilitiert Assmann bei Kübler.

In Frankfurt am Main erhielt der Kronstein-Schüler Kurt Biedenkopf (1930) bereits 1963 seine erste Professur, wechselte aber 1964 an die Universität in Bochum, wo er von 1967 bis 1969 Rektor war. Von 1968 bis 1970 war er Vorsitzender der Mitbestimmungskommission der Bundesregierung. Danach erfolgte ein Wechsel zunächst in die Wirtschaft und dann in die Politik. Er war ab 1973 bis 1977 Generalsekretär der CDU und später Mitglied des Deutschen Bundestages. Als CDU- Politiker bekleidete er das Amt des Ministerpräsidenten von 1990 bis 2002 im Freistaat Sachsen.

Spiros Simitis (1934) wechselte zum Sommersemester 1970 an die Universität in Frankfurt am Main. Hans-Leo Weyers (1934) und Hans Erich Troje (1934) wurden beide 1971 Professoren der Universität in Frankfurt am Main und Manfred Wolf (1939) im darauf folgenden Jahr. Als Manfred Wolfs Schüler haben Jochen Marly(1960), Jens Dammann (1973) und Thomas Pfeiffer(1961) habilitiert.

Robert Knöpfle (1931) wurde Professor in Regensburg, Walther Hadding (1934) ab 1971 ordentlicher Professor und Günther Hönn (1939) ab 1981 Professor auf Zeit der Universität Mainz. Ab 1982 folgte für Günther Hönn eine ordentliche Professur an der Freien Universität Berlin (FU). Im Jahr 1984 schließlich wechselte Hönn an die Universität in Saarbrücken, ebenda wurde er von 1992 bis 2000 Präsident. Bernd Rebe (1939) war von 1979–1981 Vizepräsident in Hannover und ab 1983 Präsident der Technischen Universität in Braunschweig. Ab 1999 hatte er ebenda eine Professur an der TU Braunschweig inne.

---

151 *Assmann*, Wirtschaftsrecht in der Mixed Economy, Danksagung.

152 Anm.: Wirtschaftsrecht in der Mixed Economy: Auf der Suche nach einem Sozialmodell für das Wirtschaftsrecht lautet der volle Titel. Seine Fragestellung ist, wie gesellschaftliche Differenzierung, rechtliche Reaktion auf sozioökonomisch-politische Entwicklung und Integrierbarkeit sozialer Teile theoretisch begründet werden können, S. 40, 44.

Zweiter Teil: Wirtschaft und Privatrechtstheorie von 1967 bis 1982

I. Wirtschaft

Die Wirtschaft kann als „planlose, spontan hergestellte Ordnung (abstrakte Struktur) ohne Zielhierarchie, die mehr als jede denkbare Organisation Wissen verarbeitet“[153], dargestellt werden. In der Wissenschaft werden die mehrdeutigen Begriffe Wirtschaftsordnung und Wirtschaftsverfassung verschieden verwendet.

II. Wirtschaftsordnung

Eine Begriffsklärung zur Wirtschaftsordnung hat zunächst darauf zu verweisen, dass oftmals die konkreten historischen Gegebenheiten, der Aufbau und der Ablauf des wirtschaftlichen Gesamtprozesses in einer bestimmten Volkswirtschaft, betrachtet werden sollen. Eine konkrete Wirtschaftsordnung ergibt sich aus der tatsächlichen, vielfältig strukturierten individuellen Gestalt einer Volkswirtschaft.[154] Der Begriff Wirtschaftsordnung kann dagegen normativ als die Gesamtheit aller geltenden Regeln für Aufbau und Ablauf des wirtschaftlichen Geschehens verstanden werden,[155] er kann eine realisierte Ordnung und deren historische Gegebenheiten beschreiben. Zu dieser Gesamtheit aller geltenden Regeln zählen die rechtlichen als auch die außerrechtlichen Regelungen, solange diese sich auf Aufbau und Ablauf des wirtschaftlichen Geschehens beziehen. Zur Bestimmung der Ordnungsform stellt die moderne Ordnungstheorie auf das gesamtwirtschaftliche Plansystem ab und fragt, ob es sich um eine dezentrale oder zentrale Planung der Wirtschaftsordnung handelt[156]. Es wurden folgende vier Grundtypen in der Literatur herausgearbeitet: 1. Die privatwirtschaftliche Marktwirtschaft mit dezentraler Planung und überwiegend privatem Eigentumsrecht, 2. die sozialistische Marktwirtschaft mit dezentraler Planung und gesellschaftlichem oder staatlichem Produktionsmitteleigentum, 3. die sozialistische Planwirtschaft mit zentraler Planung und Staatseigentum und 4. die zentral

153 *Wiethölter*, Privatrecht als Gesellschaftstheorie?, S. 645, 683. Anm.: Wiethölter gibt dies als Kurzfassung von Hayeks Verständnis von Wirtschaft wieder.

154 *Raiser*, Wirtschaftsverfassung als Rechtsproblem, in: Die Aufgabe des Privatrechts, S. 27.

155 *Rebe*, Privatrecht und Wirtschaftsordnung, S. 32, 33.

156 *Hensel*, Grundformen der Wirtschaftsordnung, S. 25.

gelenkte Privatwirtschaft mit zentraler Planung und privaten Eigentumsrechten.[157] Im Unterschied zum normativen Begriff der Wirtschaftsordnung umfasst der Begriff der Wirtschaftsverfassung nur wirtschaftsregelnde Rechtsnormen.[158]

III. Wirtschaftsverfassung

Unter Wirtschaftsverfassung kann allgemein die durch politische Entscheidung festgelegte Grundkonzeption einer Wirtschaftsordnung verstanden werden.

Unter den weiten rechtswissenschaftlichen Begriff der Wirtschaftsverfassung fallen alle Rechtsmaterien, die im Zusammenhang mit der Wirtschaft stehen, wie das wirtschaftsregelnde Privatrecht und das Wettbewerbsrecht, während der enge rechtswissenschaftliche Begriff ausschließlich die konstituierenden Normen der Staatsverfassung über die Wirtschaftsordnung erfasst.[159] Im Folgenden wird der Begriff der Wirtschaftsverfassung weit verstanden. Zur Wirtschaftsverfassung zählen danach die einschlägigen Bestimmungen des Grundgesetzes und die wirtschaftlich relevanten übrigen Regelungen, insbesondere das die wirtschaftlichen Entscheidungsträger unmittelbar und tatbestandlich präzise bindende Wettbewerbsrecht und die nicht abdingbaren wirtschaftlich erheblichen Normen, Institutionen und Rechtsgrundsätze des Privatrechts.[160]

IV. Methoden und Gegenstände

Für die Behandlung des Themas sind die Untersuchungsgegenstände der Wirtschaftstheorie und der Rechtsgeschichte bedeutsam. Die Ereignisse in der Geschichte werden von der Wissenschaft beobachtet. In der Volkswirtschaftslehre dienen die gemachten Beobachtungen, dem Zweck Wirtschaftstheorien zu entwerfen, Daten zu sammeln und anhand dieser Daten die Wirtschaftstheorien zu überprüfen. In der Rechtsgeschichte sind diese Ereignisse dann Untersuchungsgegenstände, wenn ein aktuelles Argumentationsbedürfnis besteht. Das aktuelle Argumentationsbedürfnis stammt aus der Gegenwart und steht im Zusammenhang mit dem geltenden Recht. Im gegenwärtigen Rechtsdenken wird der theoretische Horizont erweitert, wenn die historische Sichtweise herangezogen wird[161] und Ursachen für die Weiterentwicklung bis zur Gegenwart gefunden

157 *Thieme*, Wirtschaftsordnung, in: Vahlens Großes Wirtschaftslexikon, S. 2377.
158 *Rebe*, Privatrecht und Wirtschaftsordnung, S. 28ff, insbes. 33.
159 *Rebe*, Privatrecht und Wirtschaftsordnung, S. 29.
160 *Rebe*, Privatrecht und Wirtschaftsordnung, S. 21.
161 *Ogorek*, Rechtsgeschichte in der Bundesrepublik, S. 12, 31.

werden. Was eine rechtshistorische Betrachtung leiste, kann anhand folgender Überlegungen aufgezeigt werden. Ursprünglich wurden Ideen entwickelt, welche für die geltende Rechtsordnung rezipiert wurden. Coing führt dazu aus, wenn die Entwicklung der Ideen mit dem Zusammenhang der Rechtsordnung verglichen werde, zeige der Abgleich, inwiefern sich die entwickelten Ideen verwirklichen ließen. Das gewonnene Ergebnis solle nur nicht so verstanden werden, als sei alles zum Besten. Die Verwirklichungsannahme täusche, da ständiges Fortschreiben der politökonomischen Entwicklung neue Probleme bringe und die Ideenentwicklung weiter gehe[162]. Bezogen auf das Modell einer Wettbewerbswirtschaft bedeutet dies, dass bei neuen Organisationsformen Ordnungsideen und Ordnungsgrundsätze des GWB eventuell aktualisierungsbedürftig sein können und nicht unverändert angewandt werden.[163] Die daraus resultierende Aufgabe der Aktualitätsüberprüfung stelle sich immerzu aufs Neue.[164] Die gleichermaßen als Ergebnis der untersuchten Ereignisse zu verstehende Wirtschaftstheorie wie die legislative Reaktion in Form des GWB können gerade erst erneuert sein. Die Untersuchungsgegenstände haben sich im Zweifel bereits verändert, während die gewonnenen Erkenntnisse rezipiert werden.

V. Verhältnis der durch Wettbewerb gesteuerten Wirtschaft zum Recht

1. Wirtschaftsmodelle

Ein Wirtschaftsmodell wird aus Annahmen konstruiert und erfasst nicht jede Einzelheit der Volkswirtschaft, sondern ist auf das Wesentliche reduziert. Über die Auswahl der Annahmen werden für irrelevant gehaltene Einzelheiten ausgesondert, um ein besseres Verständnis der volkswirtschaftlichen Realität zu erhalten. Dies stellt heraus, dass ein Modell über ökonomische Zusammenhänge zustande kommt, indem je nach Zweck des Modells die wesentlichen Merkmale der Realität zusammengestellt werden. Die soziale Marktwirtschaft ist ein von Vertretern des Neoliberalimus entwickeltes Modell einer Marktwirtschaft. Der Zweck des Modells der sozialen Marktwirtschaft ist es, aufzubauen auf dem Modell der freien Marktwirtschaft und dabei die Schwächen des Modells der freien Marktwirtschaft zu vermeiden. Als Schwächen des Modells der freien Marktwirtschaft gilt die Beeinträchtigung der Funktionsfähigkeit des Wettbewerbs

162 *Coing*, Epochen der Rechtsgeschichte in Deutschland, S. 118f.
163 *Coing*, Epochen der Rechtsgeschichte in Deutschland S. 119.
164 *Coing*, Epochen der Rechtsgeschichte in Deutschland S. 122.

(Mangel an funktionsfähigem Wettbewerb) aufgrund von wirtschaftlicher und politischer Machtkonzentration. Die beim Modell der sozialen Marktwirtschaft hinzutretenden Annahmen sind, dass der Staat die Aufgabe hat, sozial unerwünschte Auswirkungen der freien Marktwirtschaft zu korrigieren, Chancengleichheit zu schaffen, Konjunkturschwankungen entgegen zu wirken und Geldwertstabilität zu fördern.

2. Wirtschaftsrecht

Das Wirtschaftsrecht wird teils als das Sonderprivatrecht der gewerblichen Wirtschaft definiert, sofern es nicht zum öffentlichen Recht zählt. Dieser privatrechtliche Bereich des Wirtschaftsrechts wird in den Nebengesetzen über den Wettbewerb näher geregelt. Dazu gehören das Gesetz gegen Wettbewerbsbeschränkungen (GWB) und das Gesetz gegen unlauteren Wettbewerb (UWG). Als Untersuchungsgegenstand wurde für diese Arbeit das GWB ausgewählt und auf einen Vergleich mit dem UWG verzichtet. Fritz Rittner stellt in seinem Werk „Wirtschaftsrecht mit Wettbewerbs- und Kartellrecht" aus dem Jahr 1979 einen systematischen Grundriss des zu dieser Zeit geltenden Wirtschaftsrechts im Sinne der oben genannten engen Definition zusammen. Ein Werk, das nach einem weiten Verständnis des Begriffs Wirtschaftsrecht sämtliche privatrechtlichen, öffentlich-rechtlichen und strafrechtlichen Normen in ihrem Zusammenwirken beschreibt, liegt im Jahr 1979 noch nicht vor.[165]

Rittner verweist im Vorwort zu seinem Lehrbuch darauf, dass der Begriff Wirtschaftsrecht in den 1920er Jahren geprägt wurde und diese systematische Kategorie kaum verzichtbar sei.[166] Fikentscher weist im Vorwort des von ihm 1965 angelegten und 1982 abgeschlossenen Wirtschaftsrechts, Band II, Deutsches Wirtschaftsrecht, auf die Schwierigkeit hin, den Gegenstand des Wirtschaftsrechts zu erfassen.[167] Für ihn sind beispielsweise der gewerbliche Rechtsschutz wie das Urheberrecht ein eigenständiges Gebiet mit wirtschaftlicher Bedeutung, welches nicht zum Wirtschaftsrecht zählt, jedoch wegen der Nähe zum Wettbewerbsrecht in seiner Darstellung mitberücksichtigt werden müsse. Bedeutsam für diese Arbeit sind einerseits der Wettbewerb und andererseits das Machtgleichgewicht, die von Kilian als „wichtigste ökonomische Prämissen der juristischen Vertragsfreiheit"[168] benannt werden. Das Lauterkeitsrecht ergänzt

165 *Tilmann*, GRUR, Heft 12 (1979), S. 875.

166 *Rittner*, Wirtschaftsrecht, S. V.

167 *Fikentscher*, Wirtschaftsrecht Band 2, S. VIII.

168 *Kilian*, Kontrahierungszwang und Zivilrechtssystem, AcP 180 (1980), S. 47, 61.

beispielsweise das Diskriminierungsgebot des GWB, ist vorliegend aber nicht im Fokus.

3. Rechtliche Anforderungen an die Wettbewerbsordnung

Wiethölter kritisiert 1968, das GWB sei am „Gegensatz von Austauschverträgen [hier: Kartellverbot]“ einseitig orientiert.[169] Zehn Jahre später haben sich unter anderem Rinck und Harm Peter Westermann der Frage gewidmet, wie das Kartellrecht auf das allgemeine Privatrecht, auf vertragsrechtliche Grundsätze einwirkt.[170] Dies erfolgt unter Beachtung der auf Rechtsfunktionen aufbauenden Rechtstheorie. Der Schlüssel zum Verständnis, wie diese Einwirkung erfolgt, wird in der Diskussion zwischen 1968 und 1978 zum Teil in der Funktion gesehen. Wie oben dargestellt, wird in der Diskussion der wissenschaftlichen Literatur nach einem Meinungslager teils die Selbstbestimmung in der Geltung beschränkt und ansonsten weiterhin als Leitprinzip vorangestellt. Für diejenigen Rechtswissenschaftler außerhalb dieses Meinungslagers, die eine funktionale Unterschiedlichkeit beobachten und entsprechend das Privatrechtssystem anpassen möchten, gibt es im Recht gegen Wettbewerbsbeschränkungen zwei unterschiedliche Bereiche. Den Austauschvertrag und nach Wiethölter das Gegenteil. Wiethölter kommt 1968 zu seinen Aussagen im Hinblick auf die „beliebt-berüchtigte GmbH & Co.KG“ und mahnt an, das GWB sei unter Ausklammerung von Vergemeinschaftungs- und Dienstleistungsverträgen konzipiert und offenbare aufgrund der beiden genannten Ausrichtungen die Unzulänglichkeit einer nicht hinreichend entwickelten Rechtstheorie: „unser Recht schaut nach wie vor auf Rechtsformen, nicht auf Rechtsfunktionen [...]“ „Das GWB ist, scharf formuliert ein Papiertiger.“[171] Möschel äußert, Wiethölter habe das GWB „ohne große Übertreibung als Papiertiger gekennzeichnet“ und bleibt skeptisch, „ob die 2. Novelle aus dem Jahr 1973 [...] wirklich einen nachhaltigen Fortschritt brachte“. Dies ließe sich im Jahr 1975 noch nicht sicher beurteilen. Hinsichtlich der Fusionskontrolle stehe ein Zuspätkommen beinahe fest wie auch die Gefahr, in den noch relevanten Fällen werde die sogenannte Ministererlaubnis „politisch ausgespielt“, während im Hinblick auf die sog. Missbrauchsaufsicht eine Fortentwicklung zu einem Gefährdungstatbestand nötig gewesen wäre. Für ihn steht

---

169 *Wiethölter,* Rechtswissenschaft, S. 259.

170 *Rinck,* Einwirkungen des Kartellrechts auf das allgemeine Privatrecht, S. 476–488; *Westermann,* Sonderprivatrechtliche Sozialmodelle und das allgemeine Privatrecht, S. 150–195.

171 *Wiethölter,* Rechtswissenschaft, S. 259.

die „Glaubwürdigkeitskrise marktrationaler Ordnungsstruktur“ im Zusammenhang mit den Defiziten des vorhandenen Wettbewerbsbeschränkungsrechts. Als praktisches Beispiel wird das Verfahren nach § 22 GWB der Preiskontrolle bei marktbeherrschenden Unternehmen näher untersucht, nicht hingegen das durch die 2. Novelle erweiterte Diskriminierungsverbot.[172]

a) *Das Wettbewerbsbeschränkungsrecht zum Austauschvertrag*

Die Ausrichtung des GWB an der Binnenbeziehung eigenständiger Unternehmen mit gleichgerichteten Interessen, die gegen Außenseiter gerichtet sind, führte zum Kartellverbot. Die Wettbewerbsordnung wird nicht nur dahingehend rechtlich gestaltet. Das gesetzliche Vorhaben, das Konzept der Verbotsgesetzgebung einzuführen, wurde nur sehr kontrovers diskutiert während beispielsweise in zweiter und dritter Lesung der ursprünglich § 26 II GWB (seit 1958 in Kraft und von der ersten Kartellnovelle 1965 unberührt geblieben) ohne große Kontroversen einstimmig angenommen wurde.[173] Dabei steht der ursprüngliche § 26 II GWB mit der neuen Grundeinstellung zum Kartellproblem in Zusammenhang, denn auch den nicht marktbeherrschenden Kartellen wird die unterschiedliche Behandlung als ein Mittel des Organisationszwanges wegen des (vermuteten) kollektiven Machteinsatzes stets verboten.[174] Die öffentliche Diskussion um die zweite Novellierung dagegen behält die „brisanten Themen der Fusions- und Missbrauchskontrolle“ im Blick, die Möschel ordnungsbezogen betrachtete und nach dem Kriterium fortschrittlich bewertet.[175] Nachträglich erst im Fokus steht ein Aspekt, der unter dem Gesichtspunkt der ordnungspolitischen Fundierung bei Belke[176] Empörung über die Neufassung des § 26 II GWB durch die zweite Kartellgesetznovelle (nachfolgen mit § 26 II a.F. gekennzeichnet), heute § 20 I GWB, hervorrief.[177] Hinsichtlich des erweiterten Diskriminierungsverbots in § 26 II GWB a.F. spricht er vom „trojanischen Pferd in Form eines neuartigen Sozialschutzes vor der „bargaining power“ des Marktgegners“, welches in das GWB geschmuggelt worden sei. Wider seines

---

172 *Möschel,* Rechtsordnung zwischen Plan und Markt, S. 24ff.

173 *Derleder,* Diskriminierung zwischen Freiheit und Gleichheit, S. 74, 120.

174 *Belke,* Die Geschäftsverweigerung im Recht der Wettbewerbsbeschränkungen, S. 292.

175 *Belke,* Die vertikalen Wettbewerbsbeschränkungsverbote nach der Kartellgesetznovelle 1973, Teil 1, Grundlagen, in: ZHR 139 (1975), S. 227, 228.

176 Anm.: Belke, der von Steindorff promoviert wurde, veröffentlichte seine Dissertation in Tübingen 1966 unter dem Titel „Die Geschäftsverweigerung im Recht der Wettbewerbsbeschränkungen“.

177 *Belke,* Die vertikalen Wettbewerbsbeschränkungsverbote nach der Kartellgesetznovelle 1973, Teil 1, Grundlagen, in ZHR 139 (1975), S. 227–268.

Erwartens, hätten „die Erfinder dieser ohne Vorbild in den Raum gestellten Norm ihr Ordnungskonzept“ nicht offengelegt. Dass von dieser eine Gefährlichkeit ausgehen kann, die einem Papiertiger allgemein nicht zugetraut wird, kommt in einem Zeitungsartikel zum Ausdruck. Unter die Überschrift „Kosmetik vor allem in der Schußlinie“ setzt der anonyme Verfasser in der Frankfurter Allgemeinen Zeitung (FAZ) den Hinweis hinzu, „Erweitertes Diskriminierungsverbot kein Papiertiger“ und erklärt dies folgendermaßen: „Die Wirtschaft versucht offenbar, wissenschaftliche Gegenpositionen zum Bundeskartellamt in Sachen erweitertes Diskriminierungsverbot aufzubauen.“ Es wird verwiesen auf einen Kartellrechts-Experten, dessen Aufsatz im Sonderdienst „Blick durch die Wirtschaft“, der von der FAZ herausgegebenen Zeitung für Finanzen, Steuern, Recht und Management, an diesem Tag veröffentlicht wurde.[178] Auf der gleichen Zeitungsseite, oberhalb dieses Verweises von 226 Zeichen findet sich unter der Überschrift „Ölversorgung geringer als geplant“, wie sich die begrenzte Verfügbarkeit von Rohöl ausgewirkt hat. Nach Auskunft der Esso AG hätten Verbrauch, Bestände und Verarbeitung von Mineralöl 1973 vorhergesagte Sollzahlen nicht erreicht.[179] Was der Zeitungsleser der FAZ auf Seite 13 am 7. Januar 1974 mit einem Blick in Verbindung bringen kann, gehört nach einer Lesart ebenso inhaltlich zusammen. Bei der wissenschaftlichen Befassung mit dem erweiterten Diskriminierungsverbots wurde darauf hingewiesen, kontrovers sei es nicht diskutiert worden. Aus den wenigen Anhaltspunkten, die in der Berichterstattung gegeben wurden, wird vermutet, der Gesetzgeber hätte an die freien Tankstellen gedacht. Der Ausschussbericht selbst verweise auf einen Anwendungsfall, in dem die Berufung des Konkurrenzunternehmens auf Repartierung bzw. auf die vorrangige Versorgung des eigenen Vertriebsnetzes nicht allein ausreichend sein soll, um eine Lieferverweigerung sachlich zu rechtfertigen.[180] Benisch, der als stellvertretender Leiter der Abteilung Wettbewerbsordnung im BDI sein Verständnis des § 26 II a.F. darlegt, verweist darauf, dass die „Einfügung der Worte „und zumutbare“ (Ausweichmöglichkeiten)“, also die weitere Verschärfung im Mai 1973, auf die sozial-liberale Koalition zurückzuführen sei, welche die Klagen der freien Tankstellen berücksichtigt hätte, „die im damaligen Zeitpunkt Beschwerde über Versorgungsschwierigkeiten geführt“ hätten.[181]

---

178 FAZ Frankfurt, 6. Januar 1974, abgedruckt am Montag, 07.01.1974, S. 13.

179 FAZ von Montag, 07.01.1974, S. 13.

180 *Hirsch,* Markenartikelhersteller und Diskriminierungsverbot, S. 1559, 1560; Materiellrechtliche Vorschriften und Erläuterungen aus dem Bericht des Wirtschaftsausschusses des Bundestages, WRP 7–8 (1973) S. 376, 385.

181 *Benisch,* Das neugeregelte Diskriminierungsverbot, S. 123.

Im „Blick durch die Wirtschaft“ selbst findet sich der verkündete Artikel unter „Diskriminierungsverbot kein Papiertiger. Wenig Chancen für eine „restriktive“ Interpretation.“ Das Bundeskartellamt entfalte aufgrund des erweiterten Diskriminierungs- und Behinderungsverbots Aktivitäten, die in der Wirtschaft als sehr bedrohlich empfunden würden. Als Abwehrmaßnahme gelte es, wissenschaftlich zu belegen, dass die „zahlreichen unbestimmten Rechtsbegriffe“ als „juristischen Auslegungskünsten zugänglich“ nur denkbar eng zu verstehen seien. Die Bedeutung der Neufassung des Diskriminierungs- und Behinderungsverbots werde auch dadurch belegt, dass das Bundeskartellamt drei neue Beschlussabteilungen habe, die „für die Anwendung des Paragraphen 26 Absatz 2 (GWB a.F.) unabhängig von der betroffenen Branche ausschließlich zuständig sind.“ Als Reaktion der Wirtschaft sei unter anderem „Vor kurzem einem Hochschulprofessor für Wirtschaftsrecht, von dem bekannt ist, dass er früher eine restriktive Auffassung zum Diskriminierungsverbot vertrat, das Angebot gemacht [worden], einen wissenschaftlichen Aufsatz über den neuen Paragraphen 26 Absatz 2 [GWB a.F.] zu veröffentlichen.“ Statt des üblichen Verlagshonorars wäre ein weit höheres Sonderhonorar angeboten worden. Exemplarisch wird darauf verwiesen, dass Martin Hirsch, Rechtsanwalt in Stuttgart, das Bedürfnis nach enger Auslegung mit seiner Abhandlung im Betriebs-Berater[182] bediene und dies als Versuch zu werten sei, der Vorschrift „die Zähne zu ziehen“. Bis sich die Gerichte eingehender mit der gesamten Problematik befasst hätten, müsse (vorsorglich) gelten: Die neuen Abteilungen im Bundeskartellamt ließen für „restriktive(n) Interpretationsversuche kaum etwas erhoffen“, gerade im Hinblick auf die „Straffung des Vertriebssystems“. Angesichts der an Paragraphen 26 Absatz 2 (GWB a.F.) hängenden Bußgelddrohungen könnte ein solcher Rat sehr rasch teuer werden.[183]

b) Gesetzgeberische Vorgabe

Vom rechtlichen Verständnis her wird aus dem zunächst unter Billigung der Rechtsprechung als bloßes Willkürverbot kartellamtlich behandelten, aber im wissenschaftlichen Schrifttum immer weniger so verstandenen ursprünglichen Diskriminierungsverbot in § 26 II GWB[184], durch die zweite Novellierung ein

---

182 *Hirsch,* Markenartikelhersteller und Diskriminierungsverbot, BB, Heft 34 (1973), S. 1559–1560.

183 Blick durch die Wirtschaft von Montag, den 7. Januar 1974, S. 4.

184 *Belke,* Die vertikalen Wettbewerbsbeschränkungsverbote nach der Kartellgesetznovelle 1973, Teil 1, Grundlagen, in ZHR 139 (1975), S. 227, 255.

Gleichberechtigungsgebot mit erweitertem Anwendungsbereich. Dies könnte als gesetzgeberische Vorgabe an die Rechtsprechung gesehen werden, § 26 II GWB als weitreichenderes Gleichberechtigungsgebot statt als Willkürverbot zu behandeln, folglich einen verstärkten Schutz des Diskriminierten zu gewähren.[185] Adressaten sind in dieser Fassung Unternehmen und im Unterschied zu vorher auch Vereinigungen von Unternehmen, die im Unterschied zu vorher nicht erst bei Marktbeherrschung dem § 26 II GWB unterfallen, sondern schon bei abhängigkeitsbegründender Marktmacht. Der mit der zweiten Novellierung hinzugefügte Satz 2 lautete: „[...]soweit von ihnen Anbieter oder Nachfrager einer bestimmten Art von Waren oder gewerblichen Leistungen in der Weise abhängig sind, dass ausreichende und zumutbare Möglichkeiten, auf andere Unternehmen auszuweichen, nicht bestehen." Dies gilt heute nach § 20 I GWB in weiterentwickelter Form. Adressaten sind in der heutigen Fassung Unternehmen und Vereinigungen von Unternehmen, erfasst werden soll Verhalten, welches aufgrund relativer oder überlegener Marktmacht verboten ist. Dies ergibt sich aus folgendem Wortlaut: „[...] soweit von ihnen kleine oder mittlere Unternehmen als Anbieter oder Nachfrager einer bestimmten Art von Waren oder gewerblichen Leistungen in der Weise abhängig sind, dass ausreichende und zumutbare Möglichkeiten, auf andere Unternehmen auszuweichen, nicht bestehen (relative Marktmacht)." Darauf folgt in Satz 2 des heutigen § 20 I GWB eine gesetzliche Vermutung, wann eine Abhängigkeit anzunehmen ist. Im Weiteren wird zunächst der § 26 II GWB a.F. behandelt, der auf reale Abhängigkeiten abstellt und keine Einschränkung im Schutzbereich auf kleine und mittlere Unternehmen (KMU) enthält. Diese Einschränkung des Belieferungszwanges auf den spezifischen Mittelstandschutz der KMU erfolgte erst mit der fünften Novelle 1989.[186]

c) Vorrang der Wirtschaft oder des Rechts?

Im Hinblick auf die Frage, ob der Wirtschaft oder dem Recht wegweisende Stellung zukommt bzw. welche rechtlichen Anforderungen an die Wettbewerbsordnung gestellt werden, ist die Hinzufügung des vorgenannten Satz 2 und das Zustandekommen des erweiterten Diskriminierungsverbotes in

---

185 *Schmidt-Sayßen*, Zur Wechselwirkung von Wirtschaftsrecht und Bürgerlichem Recht, S. 205f. Anm.: Diese Auffassung nimmt die Fassung aus der Bundesratsdrucksache 265/71 S. 8 in Bezug, in der die abhängigkeitsbegründende Marktmacht ohne die weiteren Verschärfungen enthalten ist.

186 Änderungsgesetz zum GWB vom 22.12.1989 BGBl I S. 2486.

§ 26 II GWB a.F. interessant. Es bestätigt die Wechselwirkung von Wirtschaft und Recht. Die „Arbeitsteilung im Kartellrecht“, in der Weise, „rechtspolitische Diskussion über wirtschaftliche Fragen den Nationalökonomen zu überlassen“[187], folglich dem Juristen nur das Feld des Umsetzens zu belassen, ist nicht gänzlich in Frage zu stellen. Das Kartellrecht, als Gesetz gegen Wettbewerbsbeschränkungen bezüglich der Austauschbeziehung und des Wettbewerbs, könnte dennoch rechtstheoretisch beeinflusst sein. Denn das für die zweite Novelle maßgebliche Konzept des funktionsfähigen Wettbewerbs widmet sich der Frage „Wann schlägt eine Vorzugsstellung im Markt in ungebührliche oder übermäßige Marktmacht mit der Folge wettbewerbsschädlicher Marktstörung um?“ Die neue Definition der Marktbeherrschung sei auf diese volkswirtschaftliche Konzeption zurückzuführen. Die Erweiterung des Diskriminierungsverbots bezeichnet Belke hingegen als „ziemlich konzeptionslos“.[188] Notwendig ist hier die Erweiterung des Blickwinkels. Von der volkswirtschaftlichen Konzeption basierend auf volkswirtschaftlichen Annahmen lassen sich Wettbewerbsbeschränkungen allein nicht bewerten. Die Erklärungssätze finden sich erst, wenn die rechtliche Bewertung hinzugenommen wird. Mit Fikentscher lässt sich der entscheidende rechtliche Einfluss folgendermaßen erklären: Wann aus wettbewerbsnotwendigen Markteinfluss wettbewerbsschädlicher Einfluss auf den Markt wird, zeigt sich quantitativ. Wann die rechtliche Bewertung qualitativ ein verbotenes Verhalten bestimmt, also wie bei der genannten abhängigkeitsbegründenden Marktmacht neben der Steigerung des Markteinflusses, die auf wirtschaftlicher Grundlage erfasst wird, erlaubt von unerlaubt trennt, ist jeweils geltendes Recht.[189]

d) Strukturelle Nachteilsausgleichung

Belke erkennt, dass in der Erweiterung des Adressatenkreises eine Änderung der Schutzrichtung des Gesamttatbestandes liegt. „Noch deutlicher als bisher steht dieser im Dienst der gesellschaftspolitischen Freiheitsidee. Nach der Anlage seines Adressatenkreises, der auch Marktgiganten ohne überragenden Marktanteil erfasst, gibt das Gesetz zu erkennen, dass es Zielkonflikte zwischen ökonomischen und freiheitssichernden Funktionen des Wettbewerbs zugunsten der Freiheit der Marktteilnehmer entscheidet. In den Vertikalbeziehungen

187 *Schmoeckel*, S. 15ff, insb. Fn. 49 auf S. 17.

188 *Belke*, Die vertikalen Wettbewerbsbeschränkungsverbote nach der Kartellgesetznovelle 1973, Teil 1, Grundlagen, in: ZHR 139 (1975), S. 227, 256.

189 *Fikentscher*, Wirtschaftsrecht, Band II, S. 214f.

ist der Schutzzweck des § 26 II auf die Gleichheit der Marktchancen der gleichartigen Unternehmen in ihrem Verhalten zu dem Träger wirtschaftlicher Macht ausgerichtet. Der Gedanke des Machtausgleichs oder der Machtneutralisierung konkretisiert sich in drei Schutzdimensionen mit verschiedenen Gruppen von Schutzbegünstigten." Zur ersten Gruppe gehörten die Neuankömmlinge und Systemaußenseiter auf dem Markt, da marktmächtigen Unternehmen die Außenseiterdiskriminierung verboten ist. Zweitens solle die wirtschaftlich schwächere Marktgegenseite vor Ausbeutung, Übervorteilung und im Extremfall Existenzvernichtung geschützt werden, wenn die Vertragsparität gestört ist, indem marktmächtigen Unternehmen die Diskriminierung verboten ist. Als drittes werde der Schutz des wesentlichen Wettbewerbs gewährleistet, indem wirtschaftliche Machtträger in ihren negativen Machtauswirkungen durch das Verhaltensgebot begrenzt werden, also ihnen funktionsschädliche Diskriminierung verboten ist.[190]

Die rechtliche Anerkennung der gesellschaftspolitischen Funktion der Wettbewerbsfreiheit, die Aufrechterhaltung und Herstellung von Wettbewerb mit rechtstechnischen Mitteln, versorgt den Papiertiger, um im Bild zu bleiben, mit Zähnen und Klauen, zumindest für bestimmte Konstellationen in den Vertriebs- und Lieferbeziehungen, bei denen entweder die Anbieter- oder Nachfragemacht sowie das Abhängigkeitsverhältnis eine Rolle spielen.

Ob § 26 II GWB als ein rechtstheoretisch beeinflusster Bereich, in dem Recht wegweisende Stellung einnimmt, ausgemacht werden kann, darauf wird im Rahmen seiner dogmengeschichtlichen Entwicklung im Detail an späterer Stelle zurückzukommen sein. Vorerst geht es um die theoriebedingten Anforderungen an die Wettbewerbsordnung des bedingt „neuartigen Sozialschutzes" in Form eines Gleichbehandlungsgebotes in der Diskussion zwischen 1967 und 1982. So fügt Belke an: „Gewiß lässt sich über einen Sozialschutz wirtschaftlich abhängiger Anbieter und Nachfrager diskutieren, der über die bisherigen Vorstellungen von Mittelstandschutz im Sinne einer kooperativen Struktur- und Gegenmachtpolitik weit hinausgeht" und fügt hinzu, ob dann nicht besser eine „umfassende Sozialregelung angebracht gewesen wäre".[191] Voraus geschickt sei, dass zu den rechtstechnischen Mitteln der Kontrahierungszwang zählt. In der Marktwirtschaft ist der Kontrahierungszwang da üblich, wo „Monopolstellungen aus Gründen des Gemeinwohls rechtlich verliehen werden" und im Übrigen ebenso systemfremd

---

190 *Belke,* Die vertikalen Wettbewerbsbeschränkungsverbote nach der Kartellgesetznovelle 1973, Teil 1, Grundlagen, in: ZHR 139 (1975), S. 227, 259f.

191 *Belke,* Die vertikalen Wettbewerbsbeschränkungsverbote nach der Kartellgesetznovelle 1973, Teil 1, Grundlagen, in: ZHR 139 (1975), S. 227, 268.

„wie er dem planwirtschaftlichen System unentbehrlich und selbstverständlich ist".[192] Raiser begründet dies in Zusammenhang mit der Deckung eines lebenswichtigen Bedarfes damit, dass das „Sozialstaatsprinzip klar der Vertragsfreiheit übergeordnet" werde. Er verweist darauf, dass die Rechtsprechung § 826 BGB anwende und den von Hans Carl Nipperdey gewiesenen Weg beschreite, sofern der Unternehmer den abgewiesenen Kunden vorsätzlich sittenwidrig geschädigt habe und ihm damit schadensersatzpflichtig geworden sei.[193] Gerechtfertigt wird diese Rechtsfolge des Kontrahierungszwangs aus dem Gedanken des Monopolmissbrauchs[194] und über das im Interesse der Allgemeinheit stehende „Aufrechterhalten bzw. Herstellen des Wettbewerbs" unter den Voraussetzungen des § 826 BGB.[195] In der Folge der Konkretisierung des § 826 BGB wurden von der Rechtsprechung Fallgruppen herausgebildet, die ihrerseits die Grundlage des §26 II GWB von der Einführung bis zur zweiten Novellierung gebildet hätten. Andererseits würde eine an der Funktion des Wettbewerbs orientierte Konkretisierung des § 826 BGB ein typisiertes Schutzbedürfnis bei wirtschaftlicher Abhängigkeit herausbilden, so dass die Regelungen des GWB aufs BGB zurückwirkten.[196]

e) *Ein ausgewählter rechtstheoretischer Ansatz zur Verdeutlichung*

Der Vergleich der Rechtsfolgenseite, von Nichtigkeit eines geschlossenen Vertrages wegen unbilligen Inhalts mit Abschlusszwang, d.h. Zwang des marktbeherrschenden Unternehmens zur Begründung beispielsweise eines Liefervertrages, verdeutlicht: Eine „Emanzipation von den Fesseln des § 138 BGB" hält Raiser für möglich und geboten, er erachtet eine solche Ablösung von der Rechtsgrundlage des § 826 BGB 1958 hingegen wegen des „tieferen Eingriffs in die Vertrags- und Handlungsfreiheit" für bedenklicher.[197]

Sein Ausweg aus diesem Dilemma „zwischen zwei tauglichen, aber nur partiell verwendbaren Lösungen", nämlich erstens Vorrang des Sozialstaatspostulats vor der Privatautonomie, ausschließlich in den besonderen Bereichen, in denen die Bevölkerung auf besondere Güter angewiesen ist, und zweitens Anwendung der

---

192 *Raiser,* Vertragsfreiheit heute, erstmals abgedruckt in: JZ 1958, S. 1ff; nachgedruckt in: Aufgaben des Privatrechts, S. 52.

193 *Raiser,* Vertragsfreiheit heute, in: Aufgaben des Privatrechts, S. 52, 53.

194 *Raiser,* Vertragsfreiheit heute, in: Aufgaben des Privatrechts, S. 52, 53.

195 *Schmidt-Sayßen,* Wechselwirkung von Wirtschaftsrecht und Bürgerlichem Recht S. 159.

196 *Westermann,* Sonderprivatrechtliche Sozialmodelle und das allgemeine Privatrecht, S. 150, 176, 181.

197 *Raiser,* Vertragsfreiheit heute, in: Aufgaben des Privatrechts, S. 52, 53.

sehr schmalen Rechtsgrundlage des § 826 BGB, sei der Gleichheitssatz, der die privatrechtliche Vertragsfreiheit beschränke. Er habe diese Lösung bereits 1947 in seinem Aufsatz über den Gleichheitsgrundsatz skizziert. Adressaten seien die „Unternehmer in marktbeherrschender Stellung [...], wenn sie einzelne Kunden gar nicht oder nur zu wesentlich ungünstigeren Bedingungen als alle übrigen zu beliefern bereit sind". Dieser „indirekte Kontrahierungszwang" schütze den wirtschaftlich angewiesenen Unternehmer hinreichend, der willkürlich benachteiligt werde. Ihm sei dieser Gedanke aus dem Wirtschaftsrecht schon lange vertraut, im seit 1958 in Kraft getretenen, ursprünglichen § 26 II GWB findet er ihn wieder. „Die im Sozialstaatspostulat anerkannte Forderung nach sozialer Gerechtigkeit ermöglicht und verlangt es, dem Missbrauch wirtschaftlicher Macht durch willkürliche Diskriminierung mit dem Gleichbehandlungsgebot entgegenzutreten. Der [ursprüngliche] §26 II GWB hat dieses Gebot endgültig auch für den privaten Rechtsverkehr positiviert."[198]

Bedeutsam in den Ausführungen Raisers ist wegen des „öffentliche Charakter des Marktes und des ihn regulierenden Rechts", „Privatrecht als Marktregelungsrecht" wahrzunehmen.[199] So führt Raiser aus, dass im marktwirtschaftlichen System und auf Märkten auf denen echter Leistungswettbewerb vorherrsche, der Vertragsfreiheit auch weiterhin der Vorrang vor dem Gleichheitsprinzip zukommen müsse. „Wer Marktmacht hat, missbraucht sie nicht nur dann, wenn er zu überhöhten Preisen oder unangemessenen Bedingungen liefert, sondern auch dann, wenn er einzelne Abnehmer willkürlich bevorzugt oder benachteiligt." Er schließt mit dem Hinweis ab, dass das Gebot sich nur an Träger wirtschaftlicher Macht richte und dem schwächeren Partner Schutz gewähre. „Damit fügt es sich als ein weiterer Baustein in das System einer Privatrechtsordnung ein, das von dem Spannungsverhältnis zwischen Freiheit und sozialer Gerechtigkeit beherrscht wird.[200] Die von Raiser skizzierte „durch ungleiche Machtverhältnisse gestörte Funktion der Vertragsfreiheit" werde „zwecks Herbeiführung eines gerechten Ausgleichs wiederherzustellen" gedacht. Dieser Auslegungsansatz ist einer unter mehreren, die eine strukturelle Ausgleichsfunktion im ursprünglichen § 26 II GWB sehen. Derleder dagegen bezweifelt dessen Geeignetheit und verzichtet auf wettbewerbliche Entmachtungserwägungen.[201]

---

198 *Raiser,* Vertragsfreiheit heute, in: Aufgaben des Privatrechts, S. 52, 54.

199 *Reich,* Zum Verhältnis von Markt und Recht, S. 485, 501f.

200 *Raiser,* Vertragsfreiheit heute, in: Aufgaben des Privatrechts, S. 52, 54.

201 *Derleder,* Wirtschaftliche Diskriminierung zwischen Freiheit und Gleichheit, S. 102ff, insb. S. 105f.

f) Zusammenfassung zu den rechtlichen Anforderungen

Die rechtlichen Anforderungen an die Wettbewerbsordnung sind unter dem Aspekt des Sozialschutzes beim Abhängigkeitsverhältnis theoriebedingt verschieden. Es geht inhaltlich um graduell unterschiedlich weite Entwicklungen, von der privaten Rahmenordnung aus zu dem, was Raiser theoretisch oben darlegt und Reich als „steuerndes und Aufgaben redistributiv wahrnehmendes" Zivilrecht bezeichnet.[202] In der Rechtstheorie wird die Vorarbeit sowohl für das Ausformulieren rechtspolitisch zu verfolgender Aufgaben als auch für die dogmatische Erarbeitung systemgerechter Problemlösungen geleistet. Als das wissenschaftliche Testament Ballerstedts bezeichnet Raisch die Auffassung, die Rechtswissenschaft habe dem Gesetzgeber richtungsweisend vorzugeben, welche Gestaltungsspielräume und Begründungszusammenhänge sowohl im Hinblick auf die lex lata wie bezüglich der künftigen Gesetzesänderungen, nach der Verfassung aber auch nach der Rechtslehre bestehen. Besorgt habe dieser sich gegenüber dem „antidogmatischen Affekt" gezeigt und „jeder Ideologie" eine Absage erteilt. Der Jurist habe allein der Frage, was ist gerecht nachzugehen.[203]

Eine Zusammenfassung des Vorgenannten kann lauten: Die Wirtschaft wird über Modelle, die auf die Funktionsfähigkeit des Wettbewerbs bezogen sind, erklärt, das Privatrecht über privatrechtswissenschaftliche Theorien, die Gerechtigkeit in den Austauschbeziehungen behandeln. In jedem Falle bedarf es neben volkswirtschaftlichen Konzeptionen einer rechtlichen Bewertung, um das Recht gegen Wettbewerbsbeschränkungen zu erklären, wie es im Zeitraum zwischen 1960 und 1973 elf Dissertationen hinsichtlich des ursprünglichen § 26 II GWB unter verschiedenen Gesichtspunkten monographisch unternommen haben.[204]

---

202 *Reich,* Zum Verhältnis von Markt und Recht, S. 485, 503f.

203 *Raisch,* Nachruf Kurt Ballerstedt, NJW 1978, S. 204.

204 Aus diesen ausgewählt wurden die Dissertationen von erstens *Belke*, Die Geschäftsverweigerung im Recht der Wettbewerbsbeschränkungen, grundlegend unter Rechtsvergleich mit französischem Recht, abgeschlossen im August 1965, veröffentlicht in den Tübingen 1966, betreut von Steindorff; zweitens *Derleder*, Wirtschaftliche Diskriminierung zwischen Freiheit und Gleichheit, veröffentlicht in Kiel 1967, und drittens *Schmidt-Sayßen,* Wechselwirkung von Wirtschaftsrecht und Bürgerlichem Recht, veröffentlicht in Bonn 1973, die beiden letzteren wurden durch Raisch betreut. Bei Schmidt-Sayßen ist der Zweitberichterstatter mit Ballerstedt angegeben.

4. Erforderliche Rechtsinstitute für einen funktionierenden Wettbewerb

Die Beantwortung der Frage, welche Rechtsinstitute für einen funktionierenden Wettbewerb erforderlich sind, steht im Zusammenhang mit der rechtstheoretischen Diskussion, jedoch unter dem Gesichtspunkt der empirischen Funktion des Vertrages. Die empirische Funktion des Vertrages, eine Wirtschaftsordnung westlicher Prägung erst zu ermöglichen, wird auf den Prüfstein gestellt, wo das reale Vertragsgeschehen kritischer Beobachtung ausgesetzt wird. Die Distanz zwischen Realität und Konzeption wird zu Beginn der 1970er Jahre zunehmend als breites Delta wahrgenommen. So heißt es bei Schlecht, der die Zielsetzung der zweiten GWB- Novelle aus Sicht der Bundesregierung darstellt, unter den Befürwortern der Marktwirtschaft sei dies teils wegen unzureichender Effizienz des Wettbewerbs und der wachsenden Marktmacht der Fall. „[...] die Marktwirtschaft [ist] zunehmend ins Gerede gekommen. Es wäre zu billig und leichtfertig, dies mit dem Spintisieren junger und extremer Linker abtun zu wollen.“[205]

5. Funktionale Bindung der Rechtsinstitute an wirtschaftliche Ordnungsregulative

Im Recht gegen Wettbewerbsbeschränkungen wurden die zwei unterschiedlichen Bereiche der horizontalen und der vertikalen wettbewerbsbeschränkenden Vereinbarungen ursprünglich gesetzlich getrennt behandelt. Zum einen geht es bei den horizontalen Auswirkungen um die „Binnenbeziehung“ mit gleichgerichteten Interessen. In diesem Bereich wird das organisatorische Kartellrechtsdenken langsam aufgegeben und die Erkenntnis, dass vertragsrechtliche Grundsätze eingeschränkt oder aufzugeben sind, entwickelt sich kontinuierlich. Zum anderen gibt es den Bereich, der des Vertragsrechtes als Ordnungsrahmen für den Interessenausgleich der Beteiligten weiterhin bedarf. Die Weiterentwicklung in der Literatur, die von dem Randgebiet „Recht gegen Wettbewerbsbeschränkungen“ auf den Kern des Zivilrechts zurückwirkt, betrifft die Austauschbeziehungen. Es ginge um die „Ausrichtung der Generalklauseln an objektive Maßstäbe, insbesondere an die Erfordernisse einer funktionsfähigen Wettbewerbsordnung“.[206] Konstantin Simitis’ Beitrag liegt zeitlich deutlich vor dem Untersuchungszeitraum, wird hinsichtlich der Objektivierung jedoch vielfach wegen Praktikabilität

---

205 *Schlecht,* Zielsetzung der zweiten GWB- Novelle aus Sicht der Bundesregierung, S. 1.
206 *Immenga,* Zivilrechtsdogmatik und Kartellrecht, S. 197, 207.

zustimmend[207] oder wegen Abstraktheit ablehnend[208] in Bezug genommen.[209] Weiterhin als zeitlich eher abschließender Beitrag zur Diskussion ist der aus der Festschrift für Franz Wieacker von Rinck aus dem Jahr 1978 zu nennen. Wieacker hatte die These von der Strukturverlagerung der Impulse und Probleme aus der Mitte des Privatrechts in die Randgebiete in seinem Diskussionsbeitrag 1960 genannt. Neben der Frage der Rückwirkung der Entwicklung im zivilrechtlichen, zeitgenössisch stark gepflegten Randbereich „Wirtschaftsrecht mit Einschluss des Kartellrechts" auf den Kernbereich des Bürgerlichen Rechts sieht Rinck im Diskussionsbeitrag Wieackers eine „große rechtsdogmatische Forderung" angelegt. Unter Rincks Annahme, dass „einige Einrichtungen des allgemeinen Privatrechts durch das GWB ohne formelle Änderung inhaltlich beeinflusst werden", müsste nach Wieacker ein neuer Rechtsgedanke stets „Richtigkeit durch seine Anwendbarkeit oder doch seine Vereinbarkeit mit den Prinzipien anderer Rechtsgebiete erweisen". Entsprechend zurückhaltend ist Rinck im Hinblick auf die Objektivierung anhand von § 26 GWB des Sittenbegriffs in § 826 BGB. Damit respektiere „das Kartellrecht eines der Prinzipien des allgemeinen Privatrechts, ganz im Sinne der Forderung von Franz Wieacker".[210]

Einen zeitlich zum Ende der Diskussion erscheinenden Beitrag stellt auch die Habilitationsschrift von Bernd Rebe „Privatrecht und Wirtschaftsordnung" dar. Behandelt wird die dem Zivilrecht zugrunde liegende Rechtsidee im Hinblick auf ordnungswirksame und am Gemeinwohl orientierte Normen und Grundsätze des Vertragsrechts. Die Interdependenz von Privatrecht und Wirtschaftsordnung steht im Mittelpunkt. Insbesondere werden die konkreten Konsequenzen der Wechselwirkung von Recht und Wirtschaft für das Vertragsrecht aufgezeigt. Seine Habilitationsschrift wurde im Sommersemester 1977 an der Universität Bielefeld angenommen. Literatur und Rechtsprechung wurden bis September 1977 berücksichtigt. Die Gesamtdarstellung des Wirtschaftsrechts von Norbert Reich „Markt und Recht, Theorie und Praxis des Wirtschaftsrechts in der BRD" kam im Oktober 1977 heraus und konnte damit bei Rebe keine Beachtung

207 *Mestmäcker,* Das Verhältnis des Rechts der Wettbewerbsbeschränkungen zum Privatrecht II, in: DB (1968), S. 835, 837 bzw. AcP 168 (1968), 235, 255.

208 *Belke,* Die Geschäftsverweigerung im Recht der Wettbewerbsbeschränkungen, S. 284; Raiser, Rechtsschutz und Institutionenschutz im Privatrecht, in: Die Aufgabe des Privatrechts, S. 124, 135.

209 Anm.: Die Marburger Dissertation „Gute Sitten und ordre public" von Konstantin Simitis, Erstberichterstatter Reinhardt, Mitberichterstatter Bruns, wurde 1960 veröffentlicht.

210 *Rinck,* Einwirkungen des Kartellrechts auf das allgemeine Privatrecht, S. 476, 488.

finden. Es besteht jedoch ein Bezug zu den Arbeiten Reichs, denn bereits in der Einleitung äußert Rebe sich zu dessen Habilitationsschrift „Sozialismus und Zivilrecht", die 1973 veröffentlich wurde. Weiterhin nennt er die Abhandlung Reichs „Zivilrechtstheorie, Sozialwissenschaften und Verbraucherschutz" von 1974 und weist darauf hin, dass Reich in seinen Differenzierungen aufgrund der ökonomischen Basis des Zivilrechts zur Privatautonomie bei der sozialistischen Zivilrechtstheorie anknüpfe.[211] Rebe steckt seine Aufgabe gegenüber der marxistischen Rechtslehre ab. Seine Motivation, dieses Thema zu untersuchen, beschreibt er folgendermaßen: „Diese Untersuchung wurde auch geschrieben, um der von marxistischer Seite behaupteten Parallelität von Privatrecht und Wirtschaftsordnung im Negativen eine Untersuchung der Interdependenz von Wirtschaftsordnung und Vertragsrecht gegenüberzustellen, die sich zwar der Funktionsschwäche privatrechtlicher Rechtsinstitute in einer vom liberalen Konzept sozial-wirtschaftlich-intellektueller Ebenbürtigkeit der Vertragspartner so radikal verschiedenen Rechtswirklichkeit bewusst ist, die aber andererseits der Tatsache Rechnung trägt, dass die täglich mit den Mitteln des Privatrechts koordinierte marktwirtschaftliche Ordnung der BRD ihren Bürgern ein Maß an Wohlstand, Freiheit und Partizipation gebracht hat, das es niemals zuvor in der deutschen Geschichte gegebenen hat und demgegenüber sich die ins Werk gesetzte Planwirtschaft – auch auf deutschem Boden wie ungelenke Gehversuche einer wirklichkeitsfremden Ideologie ausnehmen." Er hinterfragt die mit der Rechtsvergleichung osteuropäischer Staaten einhergehende Entgegensetzung von individual gerichtetem Vertragsrecht und dem auf Gemeinschaftsbedürfnisse ausgerichteten Wirtschafts- und Planvertrag und möchte das „Konzept der angeblichen reinen Privatnützigkeit des Privatrechts" revidieren, indem er die Gemeinwohlbelange des Vertragsrechts in sein Konzept miteinbezieht.[212]

In seiner Schrift untersucht er daher das Privatrecht in seiner 1977er Form in der damaligen „wettbewerbsgesteuerten Marktwirtschaft" darauf hin, ob es eine auf diese Wirtschaftsordnung bezogene Ordnungsfunktion hat. In der Aufgabenfassung liegt eine Beschränkung in „wettbewerbsgesteuert", die er mit dem Verweis, die Wettbewerbssteuerung sei das eine Marktwirtschaft konstituierende Ordnungsprinzip, begründet. Staatliche, regulative Maßnahmen seien notwendig, dagegen aber nicht systemspezifisch und bleiben daher für seine Untersuchung unbeachtlich. Insbesondere wird der „rechtliche Ordnungsbezug privatrechtlichen Handelns im Regelungsbereich von § 138 BGB nur

211 *Rebe,* Privatrecht und Wirtschaftsordnung, S. 164.
212 *Rebe,* Privatrecht und Wirtschaftsordnung, S. 164.

hinsichtlich des Schutzes ordnungsintegrativer Entscheidungen in der Wettbewerbsordnung“[213] untersucht. Dies bedeutet, nur die rechtlich strukturierten Verhaltenserwartungen des schuldrechtlichen Vertrages wie Zulässigkeit, Unzulässigkeit, Gebotensein und Verbotensein werden funktional betrachtet. Weiterhin vermeidet er es, einseitig die „soziale Diktatur der privaten Aneignung des gesellschaftlich erzeugten Produkts“ als Ordnungsbezug darzustellen (marxistische Rechtslehre). Vielmehr geht es ihm darum, wie sich das Privatrecht gemeinwohlorientiert verwirklicht. Die dahinterliegende Ordnungsfunktion soll als eigenständige Rechtsidee dargestellt werden. Der Untersuchungsgegenstand ist folglich der Bestand der ordnungswirksamen und gemeinwohlorientierten Normen und Grundsätze im Vertragsrecht. Dieser Bestand ist aus seiner Sicht „durchaus nicht unbeachtlich, wenn auch gemessen am rechtspolitisch Wünschbarem – bei weitem nicht ausreichend“.[214]

Es lohne sich, die funktionale Verschränkung von Vertragsfreiheit und marktwirtschaftlicher Ordnung zu untersuchen, denn „nach dem zweiten Weltkrieg habe der Gedanke einer rechtlichen Wirtschaftsverfassung einen so bestimmenden Einfluss gewonnen, dass sich […] für das wirtschaftsregelnde Privatrecht die Möglichkeit eines fruchtbaren Neuansatzes anbietet.“ Dahinter steckt seine Prämisse: „Funktionen und damit auch Funktionsausfälle privatrechtlichen Handelns lassen sich nur am Maßstab der systemspezifischen Wettbewerbsordnung klären, deren Infrastruktur durch die Summe der ständig abgeschlossenen Verträge integriert wird.“[215]

Die folgenden Fragen werden vorangestellt:

aa) „Welche Bedeutung und Konsequenz hat die Ausrichtung des Vertragsrechts an dem im Wettbewerb erkennbaren Ordnungsentwurf?“[216]

bb) „Ob und in welcher Weise Funktionsausfälle der vertraglichen Interessenkoordination schon auf der Ebene des Privatrechts verhindert werden könnten?“

Letztere Frage bezieht sich auf die Möglichkeit der privatrechtlichen Konfliktprävention und geht von der durch Wieacker 1960 im Festschriftbeitrag diagnostizierten „Funktionsschwäche der Rechtsinstitute“[217] aus.

---

213 *Rebe,* Privatrecht und Wirtschaftsordnung, S. 196.
214 *Rebe,* Privatrecht und Wirtschaftsordnung, S. 4.
215 *Rebe,* Privatrecht und Wirtschaftsordnung, S. 8.
216 *Rebe,* Privatrecht und Wirtschaftsordnung, S. 7.
217 *Wieacker,* Das bürgerliche Recht im Wandel der Gesellschaftsordnung, S. 1–18, 7.

In der Rezension von Eckard Rehbinder[218] finden sich kritische Bemerkungen zu den oben gemachten Ausgangsüberlegungen, die sich zunächst auf den neoliberalen Theorieansatz von Wirtschaftsverfassung und den Umstand, dass die regulative Politik ausgeklammert bleibt und als Untersuchungsgegenstand das „ordnungspolitische Leitkonzept für richterlicher Gemeinwohlentscheidungen" allein interessiert, beziehen. Außerdem vermisst Rehbinder erstens eine Behandlung der ökonomischen Preis- und Wettbewerbstheorie, zweitens die Klärung des Verhältnisses von Rechtswissenschaft und Soziologie und drittens wegen Rebes eigenen struktural-funktionalen Ansatzes einen Vergleich mit anderen systemtheoretischen Varianten aus der soziologischen Theorie.[219]

Rehbinder verweist darauf, dass Ernst Steindorff gedankliche Vorarbeit in dem Festschriftbeitrag „Politik des Gesetzes als Auslegungsmaßstab im Wirtschaftsrecht"[220] geleistet habe. Rebe sei sich auch mit Manfred Wolf[221] darüber einig, dass das Vertragsrecht im Einklang mit der Wettbewerbsordnung zu interpretieren sei.[222]

a) Zur funktionalen Bindung

Rebe stellt voran, das Vertragsrecht habe beschreibbare Funktionen für die Wettbewerbsordnung. Infolge dieser funktionalen Bindung dürften die Normen und Institute des Privatrechts nur zusammen mit den Regulativprinzipien der Wettbewerbsordnung verstanden werden.

Rehbinder schreibt dazu, Rebe stimme Mestmäcker und Raiser methodisch zu, indem er es ablehnt, dass es eine unmittelbare Gemeinwohlbindung des subjektiven Rechts gibt. Die Gemeinwohlbindung des subjektiven Rechts sei nach der funktionalen Methode bestimmbar. Dafür müsse das subjektive Recht überindividuell gedacht werden.[223]

---

218 *Rehbinder,* Rezension zu: Bernd Rebe, Privatrecht und Wirtschaftsordnung, in: ZHR 143 (1979) S. 349–352.

219 *Rehbinder,* Rezension zu: Bernd Rebe, Privatrecht und Wirtschaftsordnung, in: ZHR 143 (1979), S. 349.

220 in: Festschrift für Karl Larenz zum 70. Geburtstag, 1973, in: Paulus/Diederichsen/ Canaris (Hrsg.), S. 217–244.

221 *Wolf,* Vertragsrecht und Sozialwissenschaften, in: Horn/Tietz, Sozialwissenschaften in Studium des Rechts, Band 1: Zivil- und Wirtschaftsrecht 1977, S. 4–21.

222 *Rehbinder,* Rezension zu: Bernd Rebe, Privatrecht und Wirtschaftsordnung, in: ZHR 143 (1979) S. 349f.

223 *Rehbinder*, Rezension zu: Bernd Rebe, Privatrecht und Wirtschaftsordnung, in: ZHR 143 (1979) S. 349f.

b) Bestimmung des rechtlichen Maßes an subjektiver Wettbewerbsfreiheit

Rebes systematisch-dogmatische Auffassung ermöglicht es, das rechtlich vorgezeichnete Maß an subjektiver Wettbewerbsfreiheit aus dem GWB zu gewinnen. Für gebundene Vertragspartner müsse anbieterseitig in Bezug auf künftige Tauschvorgänge eine Marktorientierungsfähigkeit inhaltlich erhalten bleiben.[224] Dies sei für den Anbieter der unverzichtbare Kern seiner wirtschaftlichen Entscheidungsfreiheit. Die Beschränkung der Inhaltsfreiheit sei unzulässig, wohingegen die Ausschließlichkeitsbindungen, die sich auf die Abschlussfreiheit beziehen, grundsätzlich zulässig seien.[225] Dies sei interessant, da im Verbraucherrecht die Wertung im Vergleich mit dem GWB umgekehrt sei und die unterschiedliche Beurteilung von Inhalts- und Abschlussfreiheit wettbewerbsrechtlich, jedoch nicht vertragsdogmatisch erklärt werden könnten.[226]

Rehbinder entwickelt hierzu eine Gegenansicht und hinterfragt, warum die Bindung durch die „Politik des Gesetzes" nicht aufgelockert werden kann, wo doch die unterschiedliche Behandlung nicht vertragsdogmatisch zu erklären sei und der „Intensität" und den „Schutzlagen" entsprochen werden könnte, indem eine mäßige Beschränkung von Abschluss- und Inhaltsfreiheit bei den Wettbewerbsverboten miteinander gekoppelt wird.[227]

c) Thesen Rebes zur wechselbezüglichen Abhängigkeit

Für seine Schrift gehe es aus juristischer Sicht „um die modifizierenden Rückwirkungen wirtschaftlicher Ordnungsregulative auf den Inhalt von Rechtsnormen. Da diese wirtschaftlichen Ordnungsregulative ihrerseits von der rechtlich

224 Anm.: Heute sind die schwarzen Klauseln in Art. 4 Gruppenfreistellungs VO Nr. 330/2010 zu beachten. Liegen sog. Kernbeschränkungen vor, lässt dies die Privilegierungen der Gruppenfreistellungsverordnung in Art. 2 entfallen. Mit der Rechtsangleichung auf europäischer Ebene fallen seit 2005 vertikale Wettbewerbsbeschränkungen wie Vertriebsbindungen unter § 1 GWB, so dass die §§ 14 ff GWB a.F. entfallen sind.

225 § 15 GWB hatte Inhaltsbindungen zum Gegenstand, während § 18 GWB Abschlussbindungen enthalten hatte; vgl. Gesetzestext des Gesetzes gegen Wettbewerbsbeschränkungen vom 4.4.1974, in: Bundesgesetzblatt, Jahrgang 1974, Teil I, Nr. 38, Ausgabe: Bonn, den 10. April 1974; Drittes Gesetz zur Änderung des Gesetzes gegen Wettbewerbsbeschränkungen vom 28.06.1976, in: Bundesgesetzblatt, Jahrgang 1976, Teil I, Nr. 75, Ausgabe: Bonn, den 2. Juli 1976; *Niederleithinger / Schmidt*, Kommentar zum Kartellrecht, 5. Auflage von 1977, § 15, Rn. 71, 72.

226 *Rebe*, Privatrecht und Wirtschaftsordnung, S. 192.

227 *Rehbinder*, Rezension zu: Bernd Rebe, Privatrecht und Wirtschaftsordnung, in: ZHR 143 (1979) S. 349, 351.

mitkonstituierten Wirtschaftsordnung abhängen, stehen rechtliche und nichtrechtliche Verhaltenssätze in einer wechselbezüglichen Abhängigkeit." Dies ergäbe eine strukturelle Parallelität von Vertragsrecht und Wettbewerbsordnung. Dabei seien dogmatische, methodische und privatrechtstheoretische Fragen zu klären. Seine Erklärungsansätze im Einzelnen:

Aus dem Ordnungsbezug von Normen können für den Einzelfall anwendbare rechtliche Kriterien gewonnen werden, vorausgesetzt, die Interdependenzebenen werden je nach Erkenntnisziel auseinander gehalten und die Disparität zwischen subjektiver Vertragsfreiheit und ökonomischem Funktionszusammenhang wird beachtet, so dass der Erhalt der Freiheit bei der Operationalisierung subjektiver Rechte hinreichend gewährleistet wird.

Die Vertragsfreiheit als subjektives Freiheitsrecht und das dahinterstehende universelle Menschenbild stehen im Gegensatz zu den Voraussetzungen, die der ökonomische Funktionszusammenhang in einer verkehrswirtschaftlichen Ordnung erforderlich macht. An dieser Stelle fügt Rebe folgendes Argument an: Die missbräuchliche Berufung auf eine individualethisch begründete Freiheit zum Aufbau und zur Ausnutzung wirtschaftlicher Machtposition solle verhindert werden.

Hinsichtlich des Ordnungsbezuges subjektiver Rechte fügt er hinzu: Es gehe darum, den prinzipiellen Freiheitsgehalt im Rahmen einer methodisch legitim vermittelten wirtschaftlichen Ordnungsbindung zu wahren. Insofern seien die Interessenjurisprudenz und Wertungsjurisprudenz in Bezug auf die Erforschung der Gemeinschaftsinteressen unergiebig. Da es um das Einwirken von Regulativprinzipien der Wettbewerbsordnung auf das Privatrecht gehe, seien die Rechtsinstitute des Privatrechts zu ermitteln, die „Schleusen" und „Kontaktstellen" zur Wirtschaftsordnung darstellen. Der BGB-Gesetzgeber hätte an einigen Stellen den Schutz des sozial Schwächeren, nach Ansicht einzelner daneben auch den Schutz der öffentlichen Ordnung, zum erklärten Regelungszweck gemacht (§§ 138, 826 BGB).[228] Auch die Lehre vom Rechtsmissbrauch zähle zu dem Schutz des sozial Schwächeren. Der Schutz der wirtschaftlichen Entscheidungsfreiheit gehöre in den Schutzbereich von § 138 I BGB. Aus wettbewerbstheoretischer Sicht sei dies „zugleich Voraussetzung für die Aktionsfähigkeit der einzelnen Wirtschaftsbeteiligten in einer Wettbewerbsordnung". Maßgeblich sei der Umfang der ordnungsgeforderten Entscheidungsfreiheit. Nur welchen Maßstab setzt die Wettbewerbsordnung? Auf diesen Maßstab seien „Umfang und Grenzen der

228 *Rebe,* Privatrecht und Wirtschaftsordnung, S. 96ff, 111.

wirtschaftlichen Entscheidungsfreiheit" zu beziehen. Es handele sich um die Frage nach dem rechtlich vorgezeichneten Maß an subjektiver Wettbewerbsfreiheit. Rebe verweist auf das GWB, da es den „Schutz subjektiver Wettbewerbsfreiheit durchgängig als zentralen Ordnungsgesichtspunkt zum Gegenstand" habe und das GWB die für die Konstituierung der Wirtschaftsordnung in der BRD strukturprägende Vorschriften enthalte. Durch die ordnungsfunktionale Bindung eines Rechts könne die Ausübung des Rechts als Missbrauch eingeordnet werden und die Rechtsausübung für unzulässig erklärt werden.

Die funktionale Methode und die Lehre von der Wirtschaftsverfassung hätten folgende Konstruktionsfunktion für das wirtschaftsregelnde Recht:

aa) Durch die funktionale Methode werde die Verbindung zwischen der subjektiven Rechtsausübung und der Gesamtordnung hergestellt.

bb) Die Lehre von der Wirtschaftsverfassung besage, dass die Wirtschaft keinem „Selbstlauf" zu überlassen sei, sondern rechtlich geregelt werden müsse. Es ergäbe sich ein inhaltliches Bekenntnis, da es um eine in bestimmter Weise ausgestaltete Form der Wirtschaftsordnung gehe, nämlich einer freiheitlich, dezentral gesteuerten Verkehrswirtschaft. Es bedürfe der Freiheit zum wirtschaftlichen Planen der einzelnen Wirtschaftsbeteiligten, zugleich sei ein „strukturierendes Binden" der Freiheit erforderlich. Denn die Freiheit erlaube es den Mächtigen „die Wettbewerbsregulierung des Marktes für sich ungestraft zu ignorieren."

cc) Das Kriterium zur wettbewerbsbewahrenden Regulierung der subjektiven Handlungsfreiheiten und der „Funktionen dieser Rechte für die Erhaltung der marktwirtschaftlichen Ordnung" sei die Systemstabilisierung. Es sei danach zu fragen, ob die systemstabilisierende Wirkung zu bejahen oder zu verneinen sei. Die typischen Formen der Rechtsausübung, die nicht systemstabilisierend seien, könnten untersagt werden. Einerseits wird der Bezug zwischen Privatrechtsordnung und Wirtschaftsordnung über den Schutz ordnungsintegrativer Entscheidungen und andererseits über den Schutz ordnungsbewahrender Institutionen hergestellt (Lehre vom institutionellen Rechtsmissbrauch). Letzteres beispielsweise in dem Fall, dass unter Ausnutzung einer überlegenen Vertragsposition eine unangemessene Beschränkung der wirtschaftlichen Bewegungsfreiheit der anderen Vertragspartei herbeigeführt wird. „Soweit hier ordnungsbezogene Zulässigkeitskriterien zur Abgrenzung des Missbrauchs angewendet werden sollen, ergeben sich die gleichen Erwägungen wie zu § 138 I BGB." Falls die Belastungen Dritte treffen, findet die Richtigkeitslehre Schmidt-Rimplers Anwendung. Rebes Kurzfassung dieser Lehre: „Vertragsfreiheit ist nur dort legitimiert, wo die Richtigkeitsgewähr gegeben ist." Bei eigener Betroffenheit werde eine Abwehrreaktion ausgelöst, wenn das wirtschaftliche Risiko ungleich verteilt sei oder zu hoch werde. Falls Dritte das Risiko trügen, entfiele die Richtigkeitsgewähr. Des Weiteren sei die Kopplung der Lehre vom Rechtsmissbrauch an das wirtschaftliche Risiko interessant, da dies auch aus wettbewerbstheoretischer Sicht eine Schlüsselgröße sei, „wenngleich eine wettbewerbstheoretische Präzisierung dieses Merkmals nur schwer möglich" sei.[229]

Rehbinder lobt in seiner Schlussbetrachtung, Rebe habe den Theorieansatz Steindorffs zur „Politik des Gesetzes" weiterentwickelt und diese Theorie auf ihre systematisch-dogmatische Tragweite hin ausgelotet. Rehbinder preist den theoretischen Wert, vermag aber zur praktischen Relevanz keine Einschätzung abzugeben. Neben GWB, UWG und AGB- Gesetz gäbe es Fälle, für die nicht besprochen wurde, ob die gesetzesnahe – GWB- Konkretisierung des § 138 BGB akzeptabel wäre. Rehbinder formuliert daraufhin als aufgeworfene, aber bisher unbeantwortete Fragen: Ob die Lehre vom institutionellen Rechtsmissbrauch praktische Bedeutung für diese anderen Fälle hat und die Risikobelastung Dritter in konkreten Fällen als Kriterium für den Missbrauch überzeugend ist?[230]

Nach der Aktionsfähigkeit der einzelnen Wirtschaftsbeteiligten, die es zum Schutze des Wettbewerbs zu erhalten gilt, zu fragen, verweist bereits auf eine gewisse systematisch-dogmatische Auffassung. Denn die Erörterung eines rechtlich vorgezeichneten Maßes an subjektiver Freiheit bedarf der Grundannahme einer sogenannten Rahmenordnung, wie sie von Rebe beschrieben wird, indem er die Verfassungsnormen als „äußeren Rahmen für gestaltende Staatseingriffe in die Wirtschaftsordnung" nennt, „innerhalb dieses Rahmens jedoch die Inhalte der Vertragsfreiheit durch das Privatrecht selbst und durch die das Privatrecht mitprägenden Ordnungsstrukturen, die im Wettbewerbsrecht zum Ausdruck kommen, bestimmt"[231] werden. Die von Rebe vorangestellte Frage, welche Bedeutung und Konsequenz es habe, das Vertragsrecht an dem im Wettbewerb erkennbaren Ordnungsentwurf auszurichten, fügt sich hier an. Nach Rebes entwickelter Theorie lässt sich dies differenziert beantworten. Für den Schutz ordnungsintegrativer Entscheidungen und das Verständnis des §138 BGB einerseits und für den Schutz ordnungsbewahrender Institutionen und die Lehre vom institutionellen Rechtsmissbrauch andererseits ist dies von großer Bedeutung und voller Konsequenzen. Die weitere Frage nach der Verhinderungsmöglichkeit von Funktionsausfällen auf der Ebene des Privatrechts wird ebenfalls bejaht

229 *Rebe,* Privatrecht und Wirtschaftsordnung, S. 228.

230 *Rehbinder,* Bernd Rebe, Privatrecht und Wirtschaftsordnung, Rezension, in: ZHR 143 (1979) S. 349, 352.

231 *Rebe,* Privatrecht und Wirtschaftsordnung, S. 7.

und in der Lösung dann weiter ausdifferenziert, wenn das wirtschaftliche Risiko Dritte oder die Allgemeinheit trifft.

6. Zivilrechtstheoretische Aufgaben nach Reich

Die Zivilrechtstheorie von Reich ist in Zusammenhang mit den von ihm wissenschaftlich bearbeiteten Themen zu betrachten. Seine Forschungsarbeit zur Dissertation bezieht sich auf die soziologische Jurisprudenz und den Rechtsrealismus im amerikanischen Rechtsdenken.[232] Darauf folgt eine größere Werksphase, aus der Aufsätze, Sammelbände und seine Habilitationsschrift entstehen. In dieser Werksphase ist sein Thema die Entwicklung des sowjetischen Zivilrechts im Zeitraum von 1917 bis 1965.[233] Als Untersuchungsgegenstand dient Reich die Theorie des Zivilrechts in der Sowjetunion in historischer Perspektive. Der Sozialismus in all seinen Spielarten richte sich gegen das Privateigentum an Produktionsmitteln.[234] Die Kernfrage ist folglich, ob ein sozialistisches Zivilrecht anstelle eines bürgerlichen Zivilrechts denkbar ist.[235] Die Beschäftigung mit den sozialistischen Prämissen, die den bürgerlichen Wissenschaften widersprechen, rücke den politökonomischen Bezug ins Rampenlicht. Daher könnten Rückschlüsse aus der Erforschung der Etappen sowjetischer Zivilrechtsentwicklung getroffen werden. Dieses andere rechtstheoretische Erkenntnisinteresse des sozialistischen Rechts ermögliche daneben auch Beobachtungen, die sich auf das bürgerliche Privatrecht beziehen lassen.[236] Reich erarbeitet die folgenden allgemeinen Aussagen: Das Zivilrecht sei ökonomisch, politisch und ideologisch ausgerichtet und komme strukturell in jeder Gesellschaft vor, die den Warenverkehr kennt, unabhängig von der historischen Gesellschaftsform. „Die Ablösung des Zivilrechts vom Privatrecht ist möglicherweise die wichtigste Erkenntnis, die die moderne sowjetische Zivilistik der allgemeinen Rechtstheorie und der Rechtsvergleichung zu bieten hat."[237] Die Vermögensverhältnisse einer bestimmten Gesellschaftsform, das Äquivalenzgesetz und der Warenaustausch geben dem Zivilrecht seine spezifische „polit-ökonomische Verankerung".[238] In seiner

---

232 *Joerges*, Homo sapiens, homo faber, homo ludens, homo europeus. Ein zweiter Versuch, Norbert Reich zu ehren, S. 913–925, S. 915; Schriftenverzeichnis Norbert Reich, S. 935–952, S. 935.

233 *Joerges*, Norbert Reich, S. 916; Schriftenverzeichnis Norbert Reich, S. 935.

234 *Reich*, Sozialismus und Zivilrecht, S. 27.

235 *Reich*, Sozialismus und Zivilrecht, S. 29.

236 *Reich*, Sozialismus und Zivilrecht, S. 23f.

237 *Reich*, Sozialismus und Zivilrecht, S. 337.

238 *Reich*, Sozialismus und Zivilrecht, S. 337.

Einleitung zur Habilitationsschrift „Sozialismus und Zivilrecht" stellt Reich den Bezug zur Rechtstheorie der BRD her. Bis auf wenige Ausnahmen, befasse sie sich nicht mit den ökonomischen, politischen und ideologischen Ausrichtungen des Zivilrechts. Es werde in der Zivilrechtstheorie und der neuzeitlichen Rechtsgeschichte der tiefgreifende Konflikt von traditionellen zivilrechtlichen Prinzipien und Institutionen mit sozialistischen Lehren in den späten 1960er und frühen 1970er Jahren vereinzelt behandelt. Ohne Anspruch auf Vollständigkeit und unter Hinweis auf die unterschiedliche Akzentuierung nennt Reich in Fußnote 20 auf Seite 24: Coing, Epochen der Rechtsgeschichte in Deutschland von 1967, Ramm, Einführung in das Privatrecht I von 1970, Raiser, Grundgesetz und Privatrechtsordnung von 1966, Wiethölter, Rechtswissenschaft von 1968, Mückenberger, Legitimation durch Realitätsverleugnung, KJ, von 1971 (Ripert, Aspects jurisdiques du capitalisme moderne von 1951).[239]

Soziale Fragen hätten wenig Auswirkung auf die zivilrechtlichen Prinzipien und Institutionen. Denn die Freiheitsideologie und die sozialethische Substanz der Privatrechtsordnung würden in der kapitalistischen Gesellschaft vorsichtig reformiert und mit sozialem Recht überlagert, wie die Diskussion um Grundeigentum und Mietrecht in der BRD zeige.[240] Am 10. Juli 1972, anlässlich seiner Antrittsvorlesung im Rahmen seines Habilitationsverfahrens, referiert Reich über „Anton Menger und die demokratische Rechtstheorie".[241] Die demokratische Theorie, in der das Recht aufgrund einer existenziell ausreichenden Partizipation aller Glieder der Gesellschaft an den vorhandenen materiellen Gütern und der Abbau von Machtstrukturen legitimiert werde, sieht Reich als Lücke in der Forschung.[242] Ansatzpunkte einer theoretischen Konzeption findet er bei Kübler, Wiethölter und Maihofer.[243] Es gehe ihm darum, anhand von Anton Menger einige Thesen zur Entwicklung einer demokratischen Rechtstheorie zu postulieren. Zu den Thesen im Einzelnen:

Die soziale Aufgabe könne mit den Mitteln der Rechtswissenschaft zufriedenstellend bearbeitet werden, wenn die Bedingung von Herrschaft und

---

239 *Reich,* Sozialismus und Zivilrecht, S. 24.

240 *Reich,* Sozialismus und Zivilrecht, S. 17.

241 *Reich,* Anton Menger und die demokratische Rechtstheorie, in: Recht und Politik, Vierteljahreshefte für Rechts- u. Verwaltungspolitik, Heft 3 (1972), S. 93–101.

242 *Reich,* Anton Menger und die demokratische Rechtstheorie, in: Recht und Politik, Vierteljahreshefte für Rechts- u. Verwaltungspolitik, Heft 3 (1972), S. 93.

243 *Reich,* Anton Menger und die demokratische Rechtstheorie, Anmerkungen 2 bis 5, in: Recht und Politik, Vierteljahreshefte für Rechts- u. Verwaltungspolitik, Heft 3 (1972), S. 93, 100.

Partizipation als Grundproblem allen Rechts analysiert und nicht in fachspezifischen Teilstücken (Verfassungsrecht/Arbeitsrecht) abgehandelt werde. Dies setzt die Annahme von drei Postulaten voraus mit den Komponenten politisch, sozial, kritisch.

Es ginge stets darum, die politischen Strukturen aufzudecken. Eine reflektierte Rechtspolitik sei erforderlich, ob positives Recht oder naturrechtliches System.

Die Evolution des Rechts sei zum Abbau von Herrschaftsstrukturen zu nutzen (instrumentelles Rechtsverständnis).

Es sei zugleich eine soziale Rechtswissenschaft nötig, da die schichten- und klassenspezifischen Wirkungen des Rechts in die demokratische Rechtstheorie miteinbezogen werden müssten. Ob es zum sozialistischen Recht werde, hinge davon ab, wie die historischen Gegebenheiten sind und welche um Anerkennung ringende Gesellschaftslehre sich durchsetze.

Dies bedeutet letztlich Rechtskritik. „Konkret gegen einzelne Rechtsinstitutionen als herrschaftsfördernd und partizipationsfeindlich; abstrakt gegen das Rechtsdenken einer bestimmten Epoche, das Demokratisierungspotential nicht ausschöpft oder theoretisch weginterpretiert.“[244]

Ebenfalls zu nennen ist Reichs Aufsatz „Der Juristensozialismus von Anton Menger (1841–1906) im neunzehnten Jahrhundert und heute“, in: Quaderni Fiorentini, veröffentlicht 1975. Dort erörtert Reich die „ideologiekritisch-rechtspolitische Komponente“ in Anton Mengers Rechtsdenken. Er bespricht zugleich von vier Dissertationen über Anton Menger drei aus dem Jahr 1974. Und zwar die aus Tübingen von Karl-Hermann Kästner mit dem Titel „Anton Menger (1841–1906) – Leben und Werk“, aus Berlin von Eckhardt Müller mit dem Titel „Anton Mengers Rechts- und Gesellschaftssystem“ und aus Hamburg von Dörte Willrodt von Westernhagen mit dem Titel „Recht und soziale Frage – Die Sozial- und Rechtsphilosophie Anton Mengers. Noch bevor sich Reich den weiteren Kritikpunkten an den einzelnen Dissertationen widmet, mahnt er an, dass keiner einen Gegenwartsbezug hergestellt habe. In der Besprechung der einzelnen Dissertationen stellt er heraus, Rezeptions- und Wirkungsgeschichte sei zu Menger bearbeitet und eine gegenwärtige Bedeutung von Mengers Sozialismuskonzeption und Staatslehre werde zu recht von allen abgelehnt. Allerdings stünde das bürgerliche Rechtsdenken zuweilen im Wege, um Menger umfassend zu würdigen.[245] Abschließend geht Reich auf den „demokratischen

244 *Reich,* Anton Menger und die demokratische Rechtstheorie, in: Recht und Politik, Vierteljahreshefte für Rechts- u. Verwaltungspolitik, Heft 3 (1972) S. 93, 100.

245 *Reich,* Der Juristensozialismus von Anton Menger (1841–1906) im neunzehnten Jahrhundert und heute, in: Quaderni Fiorentini, 3–4, 1974–1975, S. 157–182, S. 162 u. 178 f.

Sozialismus" und die Ansätze „zur rechtlichen Lösung des Partizipationsprinzips" ein, die für ihn von gegenwärtiger Bedeutung sind und von den vorgenannten Autoren wider seiner Erwartung nicht behandelt wurden. Ausgangspunkt ist das Zitat von Menger zur Grundlage der Vertragsfreiheit: „dass vorzüglich auf dem Gebiet der Schuldverhältnisse der Zusammenstoß der wirtschaftlichen Interessen zwischen den besitzenden und besitzlosen Klassen erfolgt und dass den ersten durch jenen Grundsatz bei der Erhebung des arbeitslosen Einkommens freie Hand gelassen werden soll". Die Machtgefälle finden im Hinblick auf den Arbeitsvertrag, allgemeine Geschäftsbedingungen und den Verbraucherschutz aktuell noch Beachtung. Als weiteres aktuelles Thema finde sich die politische Aufgabe der Jurisprudenz nach dem Zitat Mengers: „Die Aufgabe der legislativpolitischen Jurisprudenz besteht endlich darin, den überlieferten Rechtsstoff mit den Zuständen der Gegenwart zu vergleichen und daraus zu schließen, welche Änderungen desselben in Zukunft notwendig sein werden". Dies sei gerade wegen der Kritik an der Politisierung des Rechts aktuell. Zwar habe Menger dies nicht auf die Rechtsanwendung und -auslegung bezogen, es wäre aber einen Versuch wert, dies zu übertragen, „d.h. i. S. Mengers dogmatische und legislativpolitische Rechtswissenschaft zu verbinden".[246] Grundsätzlich wird von Reich Anton Mengers Ansicht von einer Rechtstheorie des demokratischen Sozialismus geteilt[247]. Er fordert ein, politisch, sozial und kritisch das geltende Zivilrecht zu hinterfragen, um rechtstheoretisch aktuelle Aufgaben bewältigenden zu können. Durch die vorgenannten und nachfolgenden Forschungsschwerpunkte Reichs ist seine Zivilrechtstheorie auf die Bezogenheit von Markt und Recht, auf die Interdependenz hin ausgerichtet.

a) Forschungsstrategischer Ansatz

Unter Einforderung eines einheitlichen Verbraucherrechts stellt Reich folgende rechtstheoretische Aufgaben in „Zivilrechtstheorie, Sozialwissenschaften und Verbraucherschutz"[248] aus dem Jahr 1974 zusammen. Als erstes nennt er die Aufgabe, die ökonomische Basis des Zivilrechts zu erfassen, es als allgemeines Vermögensrecht zu begreifen. Dazu gehört das Wissen darüber, wie gegenwärtig die ökonomischen und gesellschaftlichen Verhältnisse ausgestaltet sind, in denen

---

246 *Reich,* Der Juristensozialismus von Anton Menger (1841–1906) im neunzehnten Jahrhundert und heute, in: Quaderni Fiorentini, 3–4, 1974–1975, S. 157, 181.

247 *Joerges,* Norbert Reich, S. 917.

248 *Reich,* Zivilrechtstheorie, Sozialwissenschaften und Verbraucherschutz, in: ZRP 1974, S. 187f.

das Zivilrecht gilt.[249] Dabei ist angelehnt an die sozialistische Lehre eine Einteilung nach Rechtsverkehrskreisen hilfreich, wie diejenigen, an denen nur Unternehmer beteiligt sind, solchen, in denen Verbraucher auf Unternehmer treffen und schließlich solchen, in denen allein Bürger beteiligt sind. Wer die Bezugnahme auf Persönlichkeitsrechte vermisst, müsse sich darauf verweisen lassen, dass Persönlichkeitsrechte im Zivilrecht nach vermögenswirksamen Substrat beurteilt werden. Persönlichkeitsrechte werden im Wesentlichen unter Warenzirkulationsgesichtspunkten betrachtet.[250]

„Im Bereich des Unternehmensrechtes und des Bürgerrechtes wird das zivilrechtliche Freiheits- und Autonomiepostulat nicht prinzipiell angegriffen."[251] Da dennoch zuweilen Durchbrechungen stattfänden, seien entsprechende Instrumente wie zivilrechtliche Generalklauseln und Kartellrecht anzuwenden. Anders sei der Bereich Verbraucher-Unternehmer zu betrachten, dort sei das Machtgefälle stets groß, die tradierten zivilrechtlichen Prinzipien könnten nicht greifen. Als zweite Aufgabe nennt Reich die Bestimmung des Verhältnisses von Zivilrecht und Verfassungsrecht zueinander. Das sei insbesondere in Bezug auf das Sozialstaatspostulat wichtig. Es bestehe eine Forschungslücke. Die Theorie Häberles, die dazu verhelfen kann, die sozialstaatliche Teilhabeseite von Vertragsfreiheit und Privatautonomie herauszuarbeiten, greife die Grundrechtstheorie Habermas' auf und könnte zivilrechtliche Grundannahmen bei Machtgefälle „relativieren". Die dritte Aufgabe sieht Reich darin, die besondere Funktion von Recht im ökonomischen Bereich zu reflektieren und dabei das „Wechselspiel von dispositiven und zwingenden Normen im Zivilrecht" zu beachten. Als vierte Aufgabe wird die Umsetzung der theoretischen Ergebnisse mittels adäquater Dogmatik in die juristische Praxis formuliert.

Vor dem Hintergrund, es werde im Zivilrecht tendenziell der ökonomisch Stärkere geschützt, erörtert er den bisherigen Diskussionsstand in der juristischen Dogmatik. Es gehe um Systemdenken oder topisches Denken, um den Umfang der richterlichen Rechtsbindung, ggf. unter Berücksichtigung des Vorverständnisses. In diesem Zusammenhang werde bewusst oder unbewusst der ökonomische und politische Bezug außer Betracht gelassen. Ansätze zur Neustrukturierung des Zivilrechts wie in Raisers „Die Zukunft des Privatrechts" seien

249 *Reich,* Zivilrechtstheorie, Sozialwissenschaften und Verbraucherschutz, in: ZRP 1974, S. 187f.

250 *Reich,* Zivilrechtstheorie, Sozialwissenschaften und Verbraucherschutz, in: ZRP 1974, S. 187f.

251 *Reich,* Zivilrechtstheorie, Sozialwissenschaften und Verbraucherschutz, in: ZRP 1974, S. 187f.

Ausnahmen, Raisers Ansatz werde aber „negiert“. „Eine sozialwissenschaftlich abgesicherte Zivilrechtsdogmatik, die auf Grund einer theoretischen Reflexion über die ökonomische Verankerung des Zivilrechts einerseits und über seine verfassungsrechtliche Stellung andererseits verbraucherschützender Konzeption zur Durchsetzung verhilft, ist erst zu entwickeln“.

Die Offenheit des Zivilrechtssystems deute sich für Reich in den Generalklauseln (§§ 138, 157, 242, 315, 826 BGB, 1 UWG) oder Transformationsnormen (§§ 134, 823 II, 903 BGB) an. „In materialer Vollendung von Privatautonomie“ sollten verbraucherschützende Konzeptionen und Sozialstaatlichkeit Berücksichtigung finden. Reich bezweifelt, dass dies durch einen rein „innerjuristischen Prozess“ möglich sei. Er setzt insofern auf die sozialwissenschaftliche Erkenntnisgewinnung.[252] Die Stellung des Verbrauchers sei eine sozial-ökonomische, er führt dies näher zu den Stichworten 1. Sozialwissenschaftliche Ideologiekritik, 2. Rollensoziologische Überlegungen, 3. Politökonomische Beurteilung von Konzentration, Staatsinterventionismus und Nachfrageverhalten und 4. Wettbewerbstheoretische Überlegungen aus. Zum letzten Stichwort äußert Reich: „Im klassischen Zivilrecht des BGB ist auch hier die Relevanz wettbewerbstheoretischer Positionen nicht unmittelbar einsichtig. Dennoch zeigte sich, dass die zivilrechtlichen Institutionen wie Vertragsfreiheit und Eigentumsgarantie häufig mit wettbewerbstheoretischen Überlegungen legitimiert werden, so insbesondere von ordo-liberaler Seite. Das Wettbewerbsrecht dient zur Missbrauchsbekämpfung zivilrechtlicher Privatautonomie unter Abweisung eines besonderen Verbraucherrechts.“[253] Reich nennt dazu als repräsentativ: Mestmäcker, Hoppmann, Ramm und die überzeugende Kritik bei Wiethölter.[254]

b) Interdependenz der Teilordnungen

Die Interdependenz der Wirtschaftsordnung und der Privatrechtsordnung werden an den bereits vorgenannten Diskussionsbeiträgen sichtbar. In

---

252 *Reich,* Zivilrechtstheorie, Sozialwissenschaften und Verbraucherschutz, in: ZRP 1974, S. 187f.

253 *Reich,* Zivilrechtstheorie, Sozialwissenschaften und Verbraucherschutz, in: ZRP 1974, S. 187, 191.

254 *Reich,* Zivilrechtstheorie, Sozialwissenschaften und Verbraucherschutz, in: ZRP 1974, S. 187, 191, in Fn. 34: *Mestmäcker,* Über das Verhältnis des Rechts der Wettbewerbsbeschränkungen zum Privatrecht“, AcP 168, S. 235; *Hoppmann,* Zum Schutzobjekt des GWB, in: Wettbewerb als Aufgabe, S. 91, *Ramm,* Einführung in das Privatrecht I, 1970, S. 45ff; *Wiethölter,* in Görlitzer, Handlexikon des Wirtschaftsrechts von 1972, 534ff.

Wettbewerbstheorie – Wettbewerbspolitik- Wettbewerbsrecht[255] trägt Reich die Positionen aus dem Jahr 1974 von Mestmäcker in „Europäisches Wettbewerbsrecht", von Möschel in „Der Oligopolmissbrauch im Recht der Wettbewerbsbeschränkungen" und von Ingo Schmidt in „US- amerikanische und deutsche Wettbewerbspolitik gegenüber Marktmacht" zusammen.[256] Faszinierend an dieser Übersicht ist, dass die Verfasser der vorgenannten Titel für die marktwirtschaftliche Ordnung aufgrund der Interdependenzfrage zu unterschiedlichen Ergebnissen in Bezug auf „weitgehend inhaltsgleiche Rechtsvorschriften" kommen. Reich vertritt die Ansicht, die „Spannweite" der Wettbewerbsdiskussion in Theorie, Politik und Recht unter denjenigen, welche die marktwirtschaftliche Ordnung nicht prinzipiell in Frage stellen, ließe sich mit der Besprechung dieser drei Beiträge gut erfassen. Zunächst werden die Ebenen benannt, die in Wechselwirkung stehen. Es sind erstens die Wirtschaftstheorie mit den Teilbereichen Mikroökonomie und Wettbewerbstheorie, zweitens das Verhältnis von Staat und Wirtschaft unter den Aspekten Staatsinterventionismus und Wettbewerbspolitik und schließlich drittens das Recht unter den Gesichtspunkten Rechtstheorie und positives Recht, insbesondere Kartellrecht und Wettbewerbsrecht.[257] Reich leitet ein, Wettbewerb sei ein komplexer sozial-ökonomischer Begriff und die Grundlage der marktwirtschaftlich-kapitalistischen Ordnung. Mit Mestmäcker, der im Bereich des Europäischen Wettbewerbsrechts stark vertreten sei und als Leiter der Monopolkommission vielfach zur Konzentration Gehör finde, befasst sich Reich am ausführlichsten und gleich zu Beginn der Übersicht. Auf allen eingangs genannten Ebenen gibt Reich jedoch Ingo Schmidts Konzept den Vorzug vor Mestmäcker und Möschel. Ingo Schmidt sieht im Wettbewerbsrecht ein Instrument zur Durchsetzung wettbewerbspolitischer Vorstellungen in dem von ihm gesteckten wettbewerbstheoretischen Rahmen. Nach Ingo Schmidt erfüllt das Wettbewerbsrecht ausschließlich instrumentale, wirtschaftspolitische Funktionen. Dies ermögliche erst die Reflektion darüber, welche Schutzlücken im geltenden Wettbewerbsrecht bestehen. Gerade im Hinblick auf die Bekämpfung von Konzentration und Behinderung erscheint das traditionelle Marktmachtkonzept

255 *Reich,* Wettbewerbstheorie – Wettbewerbspolitik- Wettbewerbsrecht, in: ARSP (1976), S. 111–119.

256 *Mestmäcker,* Europäisches Wettbewerbsrecht, 1974; *Möschel,* Der Oligopolmissbrauch im Recht der Wettbewerbsbeschränkungen, 1974; *Schmidt,* US-amerikanische und deutsche Wettbewerbspolitik gegenüber Marktmacht, 1974.

257 *Reich,* Wettbewerbstheorie – Wettbewerbspolitik – Wettbewerbsrecht, ARSP (1976), S. 111.

als „selektiv-zufällig".[258] „Durch diese instrumentelle Auffassung des Wettbewerbsrechtes gelingt es Ingo Schmidt, eine angebliche Autonomie des ökonomischen Bereiches gegenüber dem staatlich-politischen Bereich ebenso zu widerlegen, wie das Ausspielen des Wettbewerbsrechtes gegenüber dem staatlichen Interventionsanspruch."[259] Reich bevorzugt diese Ansicht gegenüber der von Mestmäcker und der von Möschel insbesondere deshalb, weil er sich mit der „Art allgemeines Rechtsgesetz für unternehmerisches Verhalten mit dem Schutz weitest möglicher wirtschaftlicher Handlungsfreiheit" nach Mestmäcker und dem „Zweck der Rechtsaufsicht, die der Wirtschaftslenkung entgegensteht" bei Möschel nicht einverstanden erklärt.[260] Dies leitet über zu Reichs Kritik am GWB im Zusammenhang mit dem Zunehmen von Wirtschaftskraft durch Konzentration.

Reich äußert Kritik am GWB im Zusammenhang mit dem Zunehmen von Wirtschaftskraft durch Konzentration. In Kapitel 5 in „Markt und Recht" von 1977 behandelt er, wie durch Intervention der Staat versucht, den Konzentrationsprozess zu kontrollieren und welche konzeptionellen Alternativen dazu bestehen. Reich stellt zunächst die Phasen des Konzentrationsprozesses und die politisch, rechtliche Reaktion dar, dann wird generell untersucht welche Möglichkeiten für den Staat zur Verfügung stehen. Daraufhin wird der in der BRD vorherrschende Ansatz einer wettbewerblichen Strukturpolitik kritisiert. Schließlich wird von Reich ein alternativer Vorschlag unterbreitet. Seine Arbeitsweise ist dabei eine rechtstheoretische und rechtshistorische Aufbereitung der Entwicklung von GWB und Konzentration. Für die bürgerliche Wettbewerbstheorie erörtert er die ordoliberale Theorie und die Theorie vom funktionsfähigen Wettbewerb. Bei beiden sei die Zieldefinition des Wettbewerbsrechts verschieden. In der ordoliberalen Theorie bilde das Kartellrecht für das Verfahren des Wettbewerbs den Rahmen, in welchem die freiheitlichen Prozesse ablaufen. Die funktionalistische Theorie hingegen verfolge unteranderem wohlfahrtsstaatliche Ziele und instrumentalisiere den Wettbewerb für Wachstum- und Technologiepolitik. Die Garantie des Freiheitsschutzes trete zur dynamischen Entwicklung durch Wachstum und technischen Fortschritt der Volkswirtschaft in einen Zielkonflikt. Dieser Zielkonflikt werde zu Gunsten der dynamischen Funktionen gelöst.

---

258 *Reich,* Wettbewerbstheorie – Wettbewerbspolitik – Wettbewerbsrecht, in ARSP (1976), S. 111, 119.

259 *Reich,* Wettbewerbstheorie – Wettbewerbspolitik – Wettbewerbsrecht, ARSP (1976) S. 111, 118.

260 *Reich,* Wettbewerbstheorie – Wettbewerbspolitik – Wettbewerbsrecht, ARSP (1976), S. 111, 119.

Daraus folgt, dass die Verhinderung von Marktmacht beispielsweise in Form von weiten Oligopol nicht stets zu verhindern sei, sondern für die dynamische Funktion Wettbewerbs einsetzbar sei. Die wettbewerbsrechtliche Ausgestaltung hänge vom wettbewerbstheoretischen Verständnis ab. Nach der ordoliberalen Wettbewerbstheorie ist allein die Erhaltung der Wettbewerbsstrukturen wettbewerbsrechtlich gestattet. Nach der funktionalistischen Wettbewerbstheorie werden staatliche Eingriffe vorwiegend zur Erhaltung und Verbesserung der wettbewerblichen Strukturen eingesetzt. Dabei ist der Staat allerdings nicht auf die Rechtsaufsicht beschränkt, sondern kann wirtschaftslenkend eingreifen. Das Bundeskartellamt weise in seinem Jahresbericht 1971 darauf hin, dass bei konkurrierenden wirtschaftspolitischen Zielen darauf geachtet werden müsse, dass das Wettbewerbssystem intakt bleibe und das Wachstumsziel nicht allein für die Wirtschaftsordnung maßgeblich sein könne.[261]

Die ordoliberale Theorie würde Marktmacht und Konzentration für Pannen und Unzulänglichkeiten der marktwirtschaftlichen Ordnung halten, die durch staatliches Verhalten abgeschafft und beseitigt werden könnten. Es biete sich für diese Theorie folglich an, das Wettbewerbsrecht vorrangig einer strukturellen Betrachtung zu unterziehen. Die Monopolkommission stellte 1975/1976 derartige Überlegungen an. Reich schreibt: „Im Bereich des Preismissbrauchs hat sie unter anderem gefordert, weniger einzelne Preisverstöße als negative Preisstrukturen zu bekämpfen."[262] Rechtlich seien strukturelle Maßnahmen nur sehr begrenzt möglich, so dass der Vorrang solcher Maßnahmen kritisch zu bewerten sei. Die Verhaltenskontrollen seien wie beispielsweise bei den wettbewerblichen Behinderungs- und Diskriminierungsmaßnahmen ein häufig eingesetztes wettbewerbsrechtliches Instrumentarium. Die Abgrenzung von wettbewerblichen und nicht wettbewerblichen Verhaltensweisen sei zuweilen schwierig. Kritisiert werde an der von ihm bevorzugten Verhaltenskontrolle insbesondere, dass nur negative Folgen kuriert werden, aber die Ursachen nicht behoben würden. Je nachdem, ob die Kritiker der neoliberalen oder der dogmatisch-marxistischen Sicht angehören, seien die Argumentationsweisen verschieden.[263]

In der Diskussion sei der Aspekt wichtig, wie das Wettbewerbsrecht in andere Rechtsgebiete ausstrahle bzw. wie die Konflikte zwischen Zivil- und Gesellschaftsrecht auf der einen Seite und Wettbewerbsrecht auf der anderen Seite zu lösen seien. Die Kartellpraxis zeige, dass dem Zivil- und Gesellschaftsrecht

---

261 *Reich,* Markt und Recht, S. 245.
262 *Reich,* Markt und Recht, S. 248.
263 *Reich,* Markt und Recht, S. 248.

stets der Vorrang gegenüber dem Wettbewerbsrecht eingeräumt werde. Nach der bürgerlich-rechtlichen Dogmatik sei dies eine folgerichtige Auslegung. Die Ordoliberalen kritisierten dies. Von ihnen wird herausgestellt, dass das Kartellrecht auf andere Rechtsbereiche ausstrahle, indem es private Handlungsfreiheiten normativ-funktional bewerte. So vertreten Hoppmann und Mestmäcker, dass die Handlungsfreiheiten in ein übergeordnetes Prinzip der Wettbewerbsfreiheit eingebunden werden. Reich problematisiert die Konsequenzen, indem er Mestmäcker aus „Europäisches Wettbewerbsrecht" von 1974 zitiert mit: „Die Wettbewerbsfreiheit und ihr Schutz werden nicht nur zur normativen Prämisse der Marktsubjekte, sondern auch der staatlichen Tätigkeit."[264] Reich schreibt: „Der zunächst progressive Charakter der ordoliberalen Theorie schlägt um in Restriktionen staatlichen Handelns und entpuppt sich damit als Strategie, den Staat an die Gesetze kapitalistischer Konkurrenz und nicht umgekehrt zu binden."[265]

Reich bewertet zwar die wettbewerbliche Strukturpolitik für ökonomisch und rechtlich weitestgehend gescheitert, misst dem Wettbewerbsrecht aber eine Bedeutung für die über den Markt gesteuerte Wirtschaft zu.[266] Diese Bedeutung kann anhand der folgenden Überlegungen Reichs ausgelotet werden. Das Wettbewerbsrecht diene dazu, Verhaltensweisen zu kontrollieren und zu beschränken, die entweder auf Marktmacht beruhen und Marktzutritt von Wettbewerbern, insbesondere von Außenseitern, erschweren oder verhindern, Beschaffungs- und Vertriebswege zementieren oder Verbraucher benachteiligen. Seine „konzeptionelle Alternative" stütze sich außerdem auf weitere Aspekte der Wettbewerbstheorie. Nach der Wettbewerbstheorie erhielten wettbewerbliche Verhaltensweisen in drei Hinsichten Bedeutung: Erstens im Hinblick der auf einem freien Markt konkurrierenden Unternehmen, zweitens in Bezug auf Lieferanten und Abnehmer, als der einem Markt vor- und nachgelagerten Wirtschaftsstufen, sowie drittens in Richtung auf die Endverbraucher.

Reich nennt erstens den Marktzutritt von Drittunternehmen als entscheidenden Ansatzpunkt einer Verhaltenskontrolle, um den sog. Behinderungswettbewerb im Parallelprozess zu begegnen, und zweitens den Austauschprozess. Als Begründung führte er an, dass im wettbewerblichen Austauschprozess von Unternehmen Beschaffungs- und Absatzwege offen und flexibel gehalten werden müssen. Dies erfordere Überprüfungen, insbesondere von Diskriminierung und Einwirkungen auf wettbewerbliche Gestaltungsfreiheit zulasten von Dritten.

264 *Mestmäcker,* Europäisches Wettbewerbsrecht, 1974.

265 *Reich,* Markt und Recht, S. 250.

266 *Reich,* Markt und Recht, S. 270.

Reich fordert schließlich weiterhin, dass das Wettbewerbsrecht der strukturellen Unterlegenheit des Verbrauchers am Markt begegnen müsse. Nach seiner Ansicht stützt sich die wettbewerbliche Verhaltenskontrolle vorrangig auf das Kartellrecht. Eine konzeptionelle Zuweisung des wettbewerblichen Verhaltens zum Lauterkeitsrecht halte einer näheren Überprüfung nicht stand.[267] Entgegen der These, das Kartellrecht stelle das Aktionsfeld dar und das Recht des unlauteren Wettbewerbs die Spielregeln, sieht Reich im Kartellrecht ein Instrument zur Durchsetzung von Verhaltensweisen, die ökonomisch erforderlich und politisch erwünscht sind. Reich führt dazu aus: „Vielmehr wird das Aktionsfeld von Verhaltensweisen, die vom Primat von Markt und Wettbewerb ausgehen, durch ökonomische Gegebenheiten und politische Entscheidungen bestimmt, die außerhalb des Wettbewerbsrechts liegen […]"[268]. Insbesondere würden die Entscheidungen an dem Verhältnis von Markt und Verfassung sowie von Markt und Lenkung zu messen seien. Innerhalb dieses so politisch und ökonomisch bestimmten Rahmens kommt dann dem Wettbewerbsrecht die sekundäre, deshalb aber keineswegs bedeutungslose Aufgabe zu, Verhaltensregeln und Verhaltensgebote zu normieren, nach denen Marktprozesse ablaufen sollen. Das Kartellrecht ist damit nicht mehr Grundlage einer sogenannten marktwirtschaftlichen Ordnung, sondern Instrument zur Durchsetzung von Verhaltensweisen, die ökonomisch gefordert und politisch erwünscht sind."[269]

Reich verweist darauf, dass 1977 das Dilemma zwischen Vertragsfreiheit einerseits und Wettbewerbsfreiheit andererseits in manchen Aspekten nicht prinzipiell lösbar sei, sondern der Einzelfallentscheidung zugeführt werden müsse.[270] Schließlich fordert er nach eingehender Erörterung bestimmter Normenkomplexe im Hinblick auf die kartellrechtliche Verhaltenskontrolle eine Vereinheitlichung für Auflagen- und Zusagenpraxis der Kartellbehörden. Angesichts der in der Marktwirtschaft verankerten Konzentrationsbewegung hält er einen größeren Spielraum der Kartellbehörden für präventive, regulierende und antizipierende Tätigkeiten für erstrebenswert, wie dies bereits in den USA und Großbritannien in den 1970 er Jahren üblich war.[271]

---

267 *Reich,* Markt und Recht, S. 270f.
268 *Reich,* Markt und Recht, S. 271.
269 *Reich,* Markt und Recht, S. 271.
270 *Reich,* Markt und Recht, S. 281.
271 *Reich,* Markt und Recht, S. 283.

c) *Folgerungen aus der Interdependenz*

Wie bereits gezeigt, mahnt Reich wiederholt an, dass eine übergreifende, nicht nur auf Teilausschnitte begrenzte rechtstheoretische Auseinandersetzung mit den Bereichen Markt und Recht erforderlich sei. Mit seinen Worten, es bedürfe der „Reflektion des ökonomischen Bezugs des Rechtes unter den Bedingungen der Konzentration und Staatsintervention". Seine Abhandlung unter dem Titel „Zum Verhältnis von Markt und Recht als Gegenstand sozialökonomischer Theorienbildung" ist einerseits eine Besprechung zweier Festschriften[272] und andererseits ein Überblick über zeitgenössische sozialwissenschaftliche bzw. rechtswissenschaftliche Diskussionsbeiträge unter Beachtung materialistischer Ansätze. Besonders interessieren die rechtstheoretischen Folgerungen Reichs. Ein Teilaspekt aus dem bürgerlichen Wirtschaftsrecht gilt für ihn als vorbestimmend für die gesamten Rechtsbegriffe und die Rechtstheorie. Diesen Teilaspekt umschreibt Reich mit den folgenden Fragen: Wie verhalte „sich eine durch Wettbewerb gesteuerte Wirtschaft zum Recht, welche rechtlichen Anforderungen an diese Wettbewerbsordnung" werden gestellt und wie fordert „umgekehrt ein funktionierender Wettbewerb bestimmte Rechtsinstitutionen"?[273] Er untersucht die Interdependenz, „die Bezogenheit der gesellschaftlichen Teilsysteme von Ökonomie (Markt), Politik (Staat) und Recht", an verschiedenen Theorieansätzen. Diese finden sich in der bürgerlichen Ökonomie, in der bürgerlichen Rechtstheorie und in der materialistischen Antwort auf die vorgenannten Theorien.

Er folgert, Staat und Recht seien entgegen der „Theorie vom Monopolkapitalismus" kapitalistisch, „weil sie an die äußeren Bedingungen kapitalistischer Marktprozesse gebunden sind und diese prinzipiell nicht überspringen können". „Die Verselbständigung von Staat und Recht sind damit nur relativ und immer prekär." Dies seien die „Existenzbedingungen", die im Rahmen der rechtstheoretischen Erfassung des kapitalistischen Marktsystems miteinbezogen werden müssen. Rechtliche Normen und Institutionen würden einerseits

---

272 *Reich,* Zum Verhältnis von Markt und Recht als Gegenstand sozialökonomischer Theorienbildung, ARSP, Band 63, 1977, S. 485–513, S. 458; zugleich Besprechung der Tübinger Festschrift für Ludwig Raiser zum 70. mit dem Titel „Funktionswandel der Privatrechtsinstitute", herausgegeben von Baur, Fritz / Esser, Josef / Kübler, Friedrich / Steindorff, Ernst, und der Festschrift für Franz Böhm zum 80. mit dem Titel „Wirtschaftsordnung und Staatsverfassung", herausgegeben von Sauermann, Heinz / Mestmäcker, Ernst-Joachim.

273 *Reich,* Zum Verhältnis von Markt und Recht als Gegenstand sozialökonomischer Theorienbildung, ARSP, S. 485–513, S. 491.

zur Verfügung gestellt. Das Recht bleibe andererseits zugleich „Medium und Instrument des Staates, um auf die Marktprozesse Einfluss zu nehmen und andere, sozialstaatliche Zielsetzungen in diese Prozesse einzubringen." Reich erkennt darin einen Grundwiderspruch des modernen Rechts, den er als die „doppelte Instrumentalität des Rechts" bezeichnet. Der Marktteilnehmer und der Staat instrumentalisieren das Recht in unterschiedlicher Weise. Von einer Neutralität des Rechts, einer Rechtswissenschaft, die über ökonomischen und politischen Auseinandersetzungen stehe, könne wegen der regulierenden und der intervenierenden Funktionen des Rechts keine Rede sein.[274] Unter dem Stichwort „Asymmetrie des Rechts" bespricht Reich die Aspekte, in denen er feststellt, dass nach herrschender Meinung die unternehmerische instrumentelle Verwendung des Rechts verfassungsrechtlich Vorrang vor der staatlichen instrumentellen Verwendung des Rechts hat.[275]

d) *Bestimmung der sozialethischen Substanz der Ordnung*

Die Aussage Reichs, „die tradierten zivilrechtlichen Prinzipien können nicht greifen", bezieht sich auf den Rechtskreis von Verbraucher und Unternehmer und die strukturelle Unterlegenheit ersterer. Die Bestimmung der sozialethischen Substanz der Zivilrechtsordnung unternimmt Reich fortwährend. Dies kann am vorgenannten Zitat und seinen Ausführungen zum Normenbestand und den verschiedenen Rechtsansichten verdeutlicht werden. Die Folgerung Reichs aus „Zivilrechtstheorie, Sozialwissenschaften und Verbraucherschutz", die er in „Zum Verhältnis von Markt und Recht" und „Markt und Recht", 4. Kapitel, wieder aufgreift und näher erörtert, können als sozialethische Bestimmung seines Rechtsverständnisses angesehen werden.

Die strukturelle Unterlegenheit der Verbraucher erfordere einerseits den Ausbau marktkonformer Konzeptionen. Besonders interessiert hier, dass unter dem Aspekt der marktkonformen Konzeptionen Vorschriften des bürgerlichen Privatrechts behandelt werden, die nicht ausschließlich, aber auch eine Verbesserung der individuellen Rechtsposition der Verbraucher ermöglichen. Dazu zählen das Verbot der arglistigen Täuschung, §123 BGB, rechts- und sittenwidrige Geschäfte, §§134, 138 I BGB, und das Wucherverbot, §§138 II BGB, neu gefasst 1976.[276] Es sei „illusorisch", die Wiederherstellung der Konsumentensouveränität auf diesem Wege der marktkonformen Konzeption

274 *Reich,* Markt und Recht, S. 66.
275 *Reich,* Markt und Recht, S. 99.
276 *Reich,* Markt und Recht, S. 210f.

bewirken zu wollen, daher erfordere es andererseits zum Ausgleich der strukturellen Unterlegenheit eine „marktkompensatorische Konzeption“, die mit der vorgenannten „zu verbinden und horizontal zu verzahnen“ sei. Reich nennt zwei Zielsetzungen: Die stärkere öffentliche Kontrolle und Sanktion des Anbieterverhaltens und die Verbesserung und Förderung der Möglichkeiten, Gegenmacht zu bilden.[277] Durch die von ihm dargelegte „Offenheit des Zivilrechtssystems“[278], der radikalen Überwindung von der „Privatheit“ des Marktes und des „Privat“- rechts,[279] stehe der “ökonomischen Differenzierung von Markt- und Rechtsbereichen“ nichts entgegen. Er erklärt sich mit den Worten: „Verfassungspolitisch schien die Legitimation einer solchen Konzeption aus einem ernst genommenen Sozialstaatspostulat des Grundgesetzes zu folgern, das, wie oben angedeutet, eine entsprechende dialektische Einschränkung der Privatautonomie, Wettbewerbs-, Berufs- und Eigentumsfreiheit der auf dem Markt konkurrierenden Unternehmen impliziert.“[280]

e) *Politik, Ideologie und Recht*

Reich zeigt in der Art der wissenschaftlichen Aufbereitung der Regelungsmaterie in „Markt und Recht“, wie stark aus seiner Sicht Politik, Ideologie und Recht in Verbindung stehen und unter welchem ständigen Aktualisierungsprozess das Recht steht bzw. aus seiner Sicht stehen sollte. Dies kennzeichnet seine Arbeitsweise ebenfalls in der Lehre. So formuliert er beispielsweise die Lernziele für die Studierenden im fünften Semester an der Hochschule für Wirtschaft und Politik folgendermaßen: 1. Selbständiges Erarbeiten und fortlaufendes Anpassen des Verständnisses von der Regelungsmaterie in Abgleich mit den ökonomischen Realitäten, 2. bezüglich der ökonomischen Zusammenhänge sollen Regelungsmöglichkeiten und Regelungsversagen im GWB erkannt werden, 3. Verbinden von ökonomischen Theorien mit rechtlichen Fragestellungen und Abgleichen mit der gesellschaftlichen Realität, um das Ergebnis zu hinterfragen, 4. Sensibilisierung für Formen der aktuellen Rechtspraxis der BRD und Erkennen

277 *Reich,* Markt und Recht, S. 217.

278 *Reich,* Zivilrechtstheorie, Sozialwissenschaften und Verbraucherschutz, in: ZRP 1974, S. 187–194, S. 188.

279 *Reich,* Zum Verhältnis von Markt und Recht, in: ARSP, Band 63, 1977, S. 485–513, S. 502.

280 *Reich,* Markt und Recht, S. 217.

von Änderungsstrategien.[281] Der Ausgangspunkt für diese wissenschaftliche Herangehensweise, alternativen Denkansätzen zu folgen, um zu vertieftem Rechtsverständnis zu gelangen, ist seine Forschungsarbeit zu „Sozialismus und Zivilrecht". Die wissenschaftliche Befassung mit der Marxistischen Rechtstheorie ermögliche es ihm, die moderne Rechtsideologie sowohl der bürgerlicher Staaten wie auch im Bereich des sozialistischen Rechts zu hinterfragen.[282] Seine Überlegungen führen dazu, dass Reich selbst für die Rechtstheorie unter anderem die Aufgabe sieht, das Zivilrecht zusammen mit der ökonomischen Basis des Zivilrechts zu erfassen, es als allgemeines Vermögensrecht zu begreifen. Als einer von zehn Professoren wirkt Reich am Alternativkommentar mit, der mit Band 3 zum Besonderen Schuldrecht 1979 erstmals erscheint. Der interdisziplinäre Ansatz vertieft wissenschaftlich und akzenturiert politisch die jeweilige Rechtsmaterie. „Methodologisches Charakteristikum" sei eine „funktionale Betrachtungsweise, die insbesondere den Funktionswandel der Institutionen des BGB in den Blick nimmt und hieraus rechtsdogmatische Folgerungen zieht. Besonderes Augenmerk gilt dabei jeweils den gesamtwirtschaftlichen Implikationen sowie dem Verbraucherschutz."[283] Reichs Kommentierung des Kaufrechts von 1979 zeigt, dem zuvor skizzierten Erwartungshorizont nachkommend, dass er eine „wirtschaftsrechtliche Auffassung des Kaufrechtes" vertritt und wegen des „allgemeinen ökonomischen Funktionszusammenhangs des Marktes" entsprechend aufbaut. Nach dem Hinweis, dass das Kaufrecht des BGB als „dispositives Folgenrecht" ausgestaltet sei, geht er auf die hinzutretenden Normen des Wirtschaftsrechts ein und führt daher umgehend zur Bedeutung des Kartellrechts für das Kaufrecht aus.[284] Aus seinen Ausführungen, die sich insbesondere auf den „vereinbarten Kaufpreis" bzw. auf Wettbewerb oder staatliche Intervention als Bestimmung des Preisfaktors beziehen, folgert er: „In einer mixed economy wird der Preis durch eine Vielzahl ökonomischer und politischer Faktoren determiniert, die das zivilrechtliche Dogma der Vertragsfreiheit nicht unberührt lassen können."[285] Raiser setzt gerade an dieser Stelle an, wenn er in der Besprechung von vier Gesamtdarstellungen mit Lehrbuchcharakter zum

---

281 *Reich,* Der Begriff des Wettbewerbes im Gesetz gegen Wettbewerbsbeschränkungen, in: Wissenschaftliche Studien im zweiten Bildungsweg – 25 Jahre Hochschule für Wirtschaft und Politik, S. 260–276.

282 *Reich,* Marxistische Rechtstheorie, S. 36.

283 *Hagen,* Buchbesprechung. Alternativkommentar: Kommentar zum Bürgerlichen Gesetzbuch, in: NJW Heft 42 (1980), S. 2297.

284 *Reich,* AK BGB Band 3, Vor §§433ff, Rn. 4–34.

285 *Reich,* AK BGB Band 3, Vor §§433ff, Rn. 33.

Wirtschaftsrecht aus 1977 und 1978, darunter „Markt und Recht", die Frage beantwortet haben möchte: „Mit welchem Gewicht werden die Rechtsprinzipien, für die das Privatrecht einsteht, und die Tradition seiner Gestaltungsformen etwa im Vertragsrecht auch in einer mixed economy ihren Eigenwert durchzusetzen imstande" seien?[286]

f) Kritik an der zeitgenössischen Methodendiskussion

Die vorgenannte Kommentierungsmethode im Alternativkommentar ist ein neuer Ansatz. Zur zeitgenössischen Methodendiskussion, die sich insbesondere mit den Ansichten Essers auseinandersetzt, äußert Reich: Die Zielsetzung, ein kritisches Methodenbewusstsein zu entwickeln, verfolge Esser nicht konsequent bis zum Schluss. Reich erkennt bei Esser die Idee vom allgemeinen abstrakten Recht. Nach Ansicht Essers seien in das Recht nicht die politischen und sozialen Ideologien rezipiert worden. Das positive Recht sei Wertkonsens. Essers Ziel, ein kritisches Methodenbewusstsein zu erreichen, bleibe für Esser gerade deshalb unerreichbar, weil er die ökonomische Realität des Rechts und die politische Funktion der Rechtsanwendung nicht übersehen hätte, sondern bewusst „eskamotiere", nur vordergründig zum Verschwinden brächte. Statt die erforderliche wissenschaftliche Auseinandersetzung zu leisten, polemisiere Esser gegen politische und soziale Ideologien. Interessanterweise ziehe er mit seinem Begriff „Vorverständnis" dennoch die Kritik traditionell-dogmatischer Vertreter wie Flume auf sich, die „Rechtsaufweichung" befürchten. Aus Reichs Sicht verfolgt Esser die Analyse der Rechtsanwendung ohne die erforderliche „sozialwissenschaftlich-ideologiekritische" Aufarbeitung. Notgedrungen bleibe Esser somit „auf halber Strecke stehen". Allgemein sei die von Esser vertretene Ansicht nach materialistischer Rechtskritik unhaltbar.[287]

---

286 *Raiser*, Der Gegenstand des Wirtschaftsrechts, in: ZHR 143, 1979, S. 338–345, S. 342.

287 *Reich*, Zivilrechtstheorie, Sozialwissenschaften und Verbraucherschutz, in: ZRP 1974, S. 187–194, S. 188; Reich, Norbert, Marxistische Rechtstheorie, S. 27 und 35f, Fn. 112: Esser und Simitis AcP 172, S. 97ff., 131 ff und zur Diskussion S. 172; *Wieacker*, Zur praktischen Leistung der Rechtsdogmatik, in Festschrift Gadamer II, 1970, S. 311 ff; zur Kritik an Esser in der Dogmatikdiskussion, speziell unter sozialwissenschaftlichen oder kritischen Überlegungen, siehe Schwerdtner, Vorverständnis und Methodenwahl in der Rechtsfindung, in: JUS 1972, S. 357–360.

7. Meinungslager übergreifender Diskurs zu den vorgestellten Ansichten

Für den Leser bestimmter Quellen wie Veröffentlichungen des Athenäum Verlages[288], wie Beiträge der Zeitschriften KJ, DuR,[289] Recht und Politik,[290] VuR[291] u.a. erschließt sich, um das Erklärungsmodell von Kübler aufzugreifen, das hohe Anforderungsprofil an „gleiche Freiheit und freie Gleichheit" der kritischen (linken) Theorie. In JZ und ZHR[292] u.a. findet sich der teils Meinungslager übergreifende Diskurs. Ob dies als Dialog aufzufassen ist oder aber als Perhorreszierung, liegt nicht nur am Blickwinkel des Betrachters.[293] Ein Schiedsrichter würde es jedoch schwer haben, Aktion und Reaktion sowie Angemessen und Unangemessen voneinander zu unterscheiden. Von der Prämisse ausgehend, dass beispielsweise Derleder in den Diskurs über den Umgang mit Sachargumenten wissenschaftlich Andersdenkender, die stark politisieren, mit seinem Beitrag „Dialog oder Perhorreszierung" auf einer bereits hohen Eskalationsstufe einsteigt, beginnt er seine Auseinandersetzung mit Thilo Ramms „Rezension", der unter „Bonjour

---

288 Anm.: Reich ist Lektor für Beiträge aus der Rechtswissenschaft; Raisers „Die Aufgabe des Privatrechts", ein Nachdruck gesammelter Aufsätze zum Privat- und Wirtschaftsrecht aus drei Jahrzehnten, erschien als Athenäum Taschenbuch. Im Vorwort findet sich der Hinweis, der Wiederabdruck sei eine Entgegnung auf die kritische Würdigung Wiethölters von Raisers Grundhaltung in dessen Festschrift zum 70. Geburtstag, S. 645 ff. Weiterhin wurde Assmanns Dissertation, die Beiträge zur Privat- und Wirtschaftstheorie von Assmann/Brüggemeier/Hart/Joerges unter dem Titel „Wirtschaftsrecht als Kritik des Privatrechts" und „Die ökonomische Analyse des Rechts" von Assmann/Kirchner/Schanze als Athenäum Taschenbuch veröffentlicht.

289 Anm.: Ramm verweist in „Die Linke und das Arbeitsrecht", in: JZ (1978), S. 184. darauf, dass mit der KJ seit 1968 ein „linkes" Publikationsorgan und seit 1973 mit der DuR ein zweites zur Verfügung stehe.

290 Anm.: Herausgeber ist die Arbeitsgemeinschaft Sozialdemokratischer Juristen; Reich rezensiert vielfach.

291 Anm.: Micklitz verfasst den „Nachruf auf Norbert Reich, Gründer und Begründer des Verbraucherrechts", in VuR 12 (2015), S. 443–445, und verweist darauf, Ende der 1970er Jahre wäre mit Mitteln des Deutschen Gewerkschaftsbundes die Zeitschrift VuR gegründet worden und „Spiritus Rektor" war Reich. Ein weiterer von Micklitz verfasster Nachruf findet sich in der JZ 2016, S. 142–143.

292 Anm.: Steindorff war 25 Jahre lang, ab 1962 zunächst zusammen mit Kurt Ballerstedt, dann mit Peter Ulmer, für die Schriftleitung verantwortlich, ZHR 179 (2015) S. 537.

293 *Derleder,* Dialog oder Perhorreszierung? JZ 1978, S. 791–792; *Ramm,* Bonjour tristesse, JZ 1978, S. 792–793; *Ramms,* Die „Linke" und das Arbeitsrecht, JZ 1978, S. 184–187, insbes. S. 186, letzter Satz im ersten Absatz.

tristesse“ antwortet. Zu Grunde liegt diesem Diskurs jedoch der Beitrag Ramms „Die „Linke und das Arbeitsrecht“. Ramm machte eine Mängelrüge der Wissenschaftlichkeit geltend, indem er u.a. Däubler anlässlich dessen Monographie „Das Grundrecht auf Mitbestimmung und seine Realisierung durch tarifvertragliche Begründung von Beteiligungsrechten“[294] mahnt, „hochschulpolitische und sonstige Volksfronttaktik“ dürfte „nicht zur Geschichtsklitterung verleiten“. In „Der Juristenzeitung zu ihrem siebzigsten Geburtstag“, berichtet Stürner, dass die JZ kritischen Gegenpositionen ein Forum gewährt habe. In der Folge „teilweise heftiger, aber auch fruchtbarer wissenschaftlicher Fehden“ sei der Bezug zum Wandel gesellschaftlicher Grundstimmungen hergestellt worden.[295] Eine Dialog oder Perhorreszierung vermeidende ablehnende Stellungnahme kann dabei denkbar kurz ausfallen. Möschel, der vielfach zu wirtschaftsverfassungsrechtlichen Themen aus neoliberaler Sicht veröffentlicht hat, liegt beispielsweise allein an der Klarstellung, mit Reich keine Gemeinsamkeiten zu haben.[296] Es bietet sich an, den Diskurs der Zeit zum Teil als Komposition zu sehen; bestehend aus wissenschaftlicher Fehde und dem beredten Schweigen. Themen werden unterschiedlich besetzt, aber auch einander zugespielt wie das Oxymoron in Form des Papiertigers. Eine auf Mao Tse Tung zurückgehende Formulierung, die sich allseits großer Beliebtheit in linken Kreisen der Zeit erfreute, bei Wiethölter wegen unzureichender planender Elemente im GWB verwendet wurde,[297] fand Eingang in den Sonderdienst der FAZ.

Fikentscher, der sich aus neoliberaler Sicht mit der „möglichst präzisen Bestimmung der planenden Elemente innerhalb des Neoliberalismus“ sowie den „systematischen Bezüge[n] eines an neoliberalen Vorstellungen ausgerichteten Wettbewerbsrecht zum allgemeinen Zivil- und Wirtschaftsrecht“ beschäftigt,[298] führt in seiner geschichtlichen Abhandlung über den Zeitraum 1967 bis 1980 Reich als einen Vertreter der Kapitalismuskritiker an. Wie es in dieser Zeit vielfach vertreten wurde, habe auch Reich sich gegen das Zunehmen von Wirtschaftskraft gewandt.[299] In Bezug nimmt Fikentscher „Markt und Recht, Theorie und Praxis des Wirtschaftsrechts in der Bundesrepublik Deutschland“, ohne

294 *Däubler,* Das Grundrecht auf Mitbestimmung und seine Realisierung durch tarifvertragliche Begründung von Beteiligungsrechten, S. 138, 344.

295 *Stürner,* Der Juristenzeitung zu ihrem siebzigsten Geburtstag, JZ 2016, S. 1, 10.

296 *Möschel,* Echo – Preiskontrolle über marktbeherrschende Unternehmen (Zu Reich, ZRP 1975, 159), in: JZ 1975, Heft 9, S. 224.

297 *Fikentscher,* Wirtschaftsrecht, S. 48, Fn. 83.

298 *Fikentscher,* Wirtschaftsrecht Band 2, S. 48.

299 *Fikentscher,* Wirtschaftsrecht Band 2, S. 35.

näher zu den dortigen Ausführungen Stellung zu nehmen. Die Nennung als Kapitalismuskritiker erscheint der alleinige Grund dafür zu sein, dass Reich mit „Markt und Recht" im Schriftenverzeichnis auftaucht, selbst unter „wichtigstes abgekürzt zitiertes Schrifttum". Eine inhaltliche Auseinandersetzung mit Reichs in „Markt und Recht" vertretenen Ansichten fehlt. Außerdem zählt Fikentscher „Markt und Recht" 1982/1983 nicht zu den Arbeitsmitteln des deutschen Wirtschaftsrechts, da es unter dieser Rubrik nicht aufgezählt wird, es wird stattdessen unter der Rubrik „Grundlegende Monographien zur deutschen Wettbewerbsordnung" genannt. Zitiert wird Reich lediglich dreimal mit „Zum Verhältnis von Markt und Recht".[300] „Neue Tendenzen des Wirtschaftsrechts, Fusionskontrolle, Investitionskontrolle"[301]„UWG- Reform und Verbraucherschutz",[302] Ein weiteres Mal wird auf Reich/Tonner/Wegener mit „Verbraucher und Recht" von 1976 verwiesen.[303] Dagegen verweist Fikentscher unter „Arbeitsmitteln des deutschen Wirtschaftsrechts" auf die Gesamtdarstellungen von Rinck, Rittner, Steindorff und unter anderem auf Assmann/Brüggemeier/Hart/Joerges mit Wirtschaftsrecht als Kritik des Privatrechts, Beiträge zur Privat- und Wirtschaftsrechtstheorie von 1980 sowie Mertens/Kirchner/Schanze mit Wirtschaftsrecht, eine Problemorientierung von 1978, mit dem Hinweis: „mehr als eine bloße Problemorientierung, gedankenreich, neue Aspekte eröffnend, mit umfangreicher Bibliographie".[304] Mertens/Kirchner/Schanze behandeln ebenso wie Reich das Verhältnis von Wirtschaft, Politik und Recht auf interdisziplinärer, wirtschafts- und sozialwissenschaftlicher Weise mit besonderem Interesse an der Interdependenz von Wirtschaftspolitik und Recht. Dies jedoch im Unterschied zu Reich nicht in kritisch-rechtspolitischer Absicht.[305] Sie vertreten konservativere Standpunkte.[306] Ludwig Raiser merkt an, dass es sich bei „Markt und Recht" um „eine die wichtigsten Schwerpunkte einbeziehende Gesamtdarstellung des

---

300 *Fikentscher,* Wirtschaftsrecht, Band 2, S. 38, Rn. 51; als Hinweis auf das wissenschaftstheoretische Problem, Normen unterschiedlicher Qualität in den Begriff von der Wirtschaftsverfassung mit einzubeziehen, in: ARSP 1977, S. 485–513.

301 *Fikentscher,* Wirtschaftsrecht, Band 2, S. 330, Rn. 605; als Hinweis auf die grundsätzliche Literatur, in: BB 1973, S. 1449–1456.

302 *Fikentscher,* Wirtschaftsrecht Band 2, S. 369, Rn. 733; als Hinweis zur Novellierung und zu § 3 UWG, ob Kunde einen individuellen Anspruch gegen den Täter haben soll, in: ZRP 1978, S. 100–104.

303 *Fikentscher,* Wirtschaftsrecht Band 2, S. 381, Rn. 787; zur begrenzten Verbraucherklage aufgrund von § 3 UWG i.V.m. §823 II BGB, S. 249f.

304 *Fikentscher,* Wirtschaftsrecht Band 2, S. 12f.

305 *Raiser,* Der Gegenstand des Wirtschaftsrecht, in: ZHR 143, 1979, S. 338–345, S. 339ff.

306 *Nahamowitz,* Buchbesprechung, KJ (1979), S. 99–109, S. 109.

Wirtschaftsrechts“ handele. Die Stoffauswahl bilde das politische und wissenschaftliche Interesse des Autors ab, der in kritisch-rechtspolitischer Absicht schreibe. Als Reichs gesellschafts- und rechtspolitisches Ziel formuliert Ludwig Raiser: „die entschiedene Verstärkung der sozialstaatlichen Elemente der marktwirtschaftlichen Ordnung“ unter „Lenkungsoptimismus“.[307] Es sei der „politisch wache kritische Leser“ erforderlich. „Dieser wird aber auch da, wo er den Thesen und Zielen Reichs nicht zustimmt, von seiner kenntnisreichen, lebendigen und durchweg ruhig und fair argumentierenden Darstellungsweise gefesselt sein.“[308] In NJW, Recht und Politik, GRUR, BB, DB, ORDO und JuS finden sich keine Rezensionen zu Markt und Recht.[309] In der NJW findet sich eine Besprechung des als erster Band erschienenen dritten Bandes zum Schuldrecht, der als Auslegungsalternative zum BGB herausgegeben wurde. Emmerich widmet sein Kartellrechtslehrbuch aus der Schriftenreihe Juristische Schulung Mestmäcker und zitiert Reich ausschließlich in 3. und 4. Auflage mit Wettbewerbstheorie – Wettbewerbspolitik- Wettbewerbsrecht, ARSP 1976, einer Besprechung von u.a. Mestmäckers Abhandlung zum Europäischen Wettbewerbsrecht aus dem Jahr 1974.[310]

In dem bei Fikentscher als „Arbeitsmittel des deutschen Wirtschaftsrechts“ genannten Sammelbandes „Wirtschaftsrecht als Kritik des Privatrechts. Beiträge zur Privat-und Wirtschaftstheorie“ findet sich als zweiter Beitrag eine gemeinsame Abhandlung von Hart und Joerges mit dem Titel „Verbraucherrecht und Marktökonomik: Eine Kritik ordnungstheoretischer Eingrenzung der Verbraucherpolitik.[311] Unter 3.2, „N. Reich: Verbraucherrecht als Kritik des bürgerlichen Rechts in demokratisch-sozialstaatlicher Absicht“, erfolgt eine Besprechung der Rechtstheorie Norbert Reichs. Sie sehen sich bei einer umfassenden Würdigung vor dem Dilemma, relativ einfach Reich „Problemverkürzungen aufzuzeigen, der Versuch jedoch, diese Kritik in eine positive Konzeption zu überführen“, erscheine ihnen nach bisherigem Erkenntnisstand „kaum realisierbar“. Als einen „theoretisch geschlossenen Entwurf“ zum Verbraucherrecht und Wirtschaftsrecht gekennzeichnet, nennen sie diese Rechtstheorie weiter, „den Versuch,

---

307 *Raiser,* Der Gegenstand des Wirtschaftsrecht, in: ZHR 143, 1979, S. 338–345, S. 344.

308 *Raiser,* Der Gegenstand des Wirtschaftsrecht, ZHR 143, 1979, S. 338, S. 345.

309 NJW, Recht und Politik, GRUR, BB, DB, ORDO und JuS Ausgaben von 1977 bis 1982.

310 *Emmerich,* Kartellrecht, in: Schriftenreihe der Juristischen Schulung, 3. Auflage, München 1979, S. 1; 4. Auflage folgte 1982 und enthielt den Verweis ebenfalls, in der 5. Auflage von 1988 fehlte dieser.

311 *Hart/ Joerges,* Verbraucherrecht und Marktökonomik: Eine Kritik ordnungstheoretischer Eingrenzung der Verbraucherpolitik, S. 83–238.

sozialwissenschaftliche Funktionsanalysen, sozialgeschichtliche Zusammenhänge und normativrechtswissenschaftliche Aussagen aufeinander zu beziehen".[312]

Unter Verweis auf Ludwig Raisers Bedenken zum „Lenkungsoptimismus" werfen Hart und Joerges die Fragen auf: „Überschätzt Reich mit seiner Forderung nach interventionistischen-sozialstaatlichen Programmen sowohl den Entwicklungsstand der Theorie der Verbraucherpolitik als auch die Leistungsfähigkeit des Rechts und bürokratischer Organisationen?" Als weitere Frage fügen sie an: „Bedeutet deshalb der Rückgriff auf sozialstaatliche Postulate eine verfrühte normative Antwort auf ungelöste inhaltliche Probleme der Theorie der Verbraucherpolitik im allgemeinen und der Rechtstheorie im Besonderen?"[313]

Für den Produzenten auf Gewinnziele und für den Verbraucher auf Nutzungsinteressen Bezug zu nehmen, stelle für die Austauschbeziehung am Markt jeweils einen gegensätzlichen Bezugsrahmen dar. Reich möchte die jeweilige Marktstellung im Austauschprozess beider Interessengruppen einer wettbewerbstheoretischen Analyse unterziehen. Daraus folge einerseits wie die Reformkonzeption für das Verbraucherrecht funktioniere und andererseits wie „die Wettbewerbspolitik und sonstige verbraucherpolitische Maßnahmen an übergreifende politisch definierte Zielvorgaben" ausgerichtet werden könnten. Für Hart und Joerges zeige sich daran, dass Reich „das Bezugsproblem einer nicht mehr traditionell-wettbewerblich orientierten Verbraucherpolitik zu eng oder doch zu unscharf definiert" habe.[314]

Da Reich seit Ende der 1970er Jahre beim EU-Forschungsprojekt der Bestandsaufnahme des Verbraucherrechts in den Mitgliedstaaten[315] in seiner Arbeitsweise von der sozialwissenschaftlichen-rechtstheoretischen Grundlagendiskussion zur systematischen und rechtspolitischen Analyse übergehe, ist die Erwartung von Hart und Joerges, „dass Reich durch seine konkreten Vorschläge früher bezogene theoretische Positionen" überdenken werde. Reich beziehe sich aber weiterhin darauf, dass die Regelung von Marktverhältnissen Gegenstand des Verbraucherrechts sei und die Aufgabe, die ökonomischen Funktionsdefizite

---

312 *Hart/ Joerges,* Verbraucherrecht und Marktökonomik: Eine Kritik ordnungstheoretischer Eingrenzung der Verbraucherpolitik, S. 83, S. 167f.

313 *Hart/ Joerges,* Verbraucherrecht und Marktökonomik: Eine Kritik ordnungstheoretischer Eingrenzung der Verbraucherpolitik, S. 83–238, 169.

314 *Hart/ Joerges,* Verbraucherrecht und Marktökonomik: Eine Kritik ordnungstheoretischer Eingrenzung der Verbraucherpolitik, S. 83–238, S. 172.

315 *Krämer/Micklitz/Tonner,* Vorwort zu: Law and diffuse Interests in the European Legal Order. Liber amicorum Norbert Reich, S. VII.

des Marktes rechtlich zu kompensieren, seine Grundlage im Sozialstaatspostulat des Grundgesetzes habe.

Bezüglich der Austauschbeziehung am Markt hätte Reich zu § 22 GWB selbst die methodischen Konsequenzen aufgezeigt. Die Zielsetzungen des Gesetzes in Handlungsanleitungen aus wettbewerbstheoretischen Ansätzen für den rechtsanwendenden Gesetzesvollzug zu überführen, funktioniere offensichtlich nicht. Selbst bei einem Rekurs auf übergesetzliche Auslegungskriterien sei der rechtsanwendende Gesetzesvollzug noch nicht sichergestellt. Konsumentenschutz sei mit Wettbewerbs- und Strukturpolitik gleichermaßen abzusichern. Die rechtsförmige verbraucherpolitische Programmatik erscheine nach Reichs Theorie zu eindimensional, um die sichere Rechtsanwendung zu gewährleisten.

Dies führt zu den Hypothesen von Hart und Joerges, dass erstens die Verbotsnormen als indirekte Steuerung geeignet sind, zweitens die theoretischen Handlungsanleitungen in Bezug auf die ergebnisorientierten Normen erforderlich sind und dafür drittens ein Rechtsstab benötigt wird, der die zur Zielverwirklichung erforderlichen Maßnahmen koordiniere. Für Hart und Joerges bestehen Bedenken in Bezug auf die praktische Durchführbarkeit. Sie gehen davon aus, dass „die Ansprüche des Verbraucherrechts einstweilen auf bescheidenere Dimensionen zurückzuschrauben“ seien. In der Fußnote findet sich ein Verweis auf die Anregung Reichs zu einer gut begründbaren Rechtspolitik. Genannt werden seine „Vorschläge zu einer Förderung von Gegenmacht, unter anderem zu finden in „Markt und Recht“, S. 221 ff, bei der das Recht lediglich als Bedingung der Interessenartikulation eingesetzt werden soll.“[316]

Abschließend urteilen Hart und Joerges, „die Vorschläge Reichs“ seien „da am überzeugendsten, wo sie den Übergang von der Kontrolle des Parallelprozesses zur Steuerung des Austauschprozesses einklagen und auf die Förderung organisierter Verbrauchergegenmacht abzielen“. [...] „Gleichwohl sind bei Reich Diskrepanzen zwischen den rechtlich formulierten Postulaten einerseits, den theoretischen Begründungen und praktisch-institutionellen Vorschlägen und Möglichkeiten andererseits aufweisbar.“[317] Auf das reale Vertragsgeschehen kritisch beobachtende Schrifttum der 1970er Jahre und die wahrgenommene Distanz zwischen Realität und Konzeption wird im fünften Teil unter dem Gesichtspunkt Übereinstimmung in den Meinungslagern zurückzukommen sein.

---

316 *Hart/ Joerges,* Verbraucherrecht und Marktökonomik: Eine Kritik ordnungstheoretischer Eingrenzung der Verbraucherpolitik, S. 83, S. 178, Fn 323.

317 *Hart/ Joerges,* Verbraucherrecht und Marktökonomik: Eine Kritik ordnungstheoretischer Eingrenzung der Verbraucherpolitik, S. 83, S. 222.

Zunächst sind die gesetzlichen Kompensationsmittel bei gestörter Vertragsparität in ihrer theoretischen Behandlung bedeutsam.

8. Selbstbestimmung als ein Prinzip unter anderen bei gestörter Vertragsparität

Hönn leistet mit seiner rechtstheoretischen und systematisierenden Studie zur Kompensation gestörter Vertragsparität einen Beitrag zur Erfassung des inneren Systems des Vertragsrechts. Eine Zusammenfassung der Ausführungen Hönns ist unter verschiedenen Aspekten möglich.

a) Zivilrechtstheoretische Aufgabe

Bei der Entwicklung seiner rechtstheoretischen Aufgabenstellung unterteilt Hönn in die Betrachtung erstens des rechtsgeschäftlichen Zustandekommens und zweitens der Behandlung der rechtsgeschäftlichen Regelung. Die rechtstheoretische Aufgabe bestehe darin, den zu engen Blickwinkel der Rechtsdogmatik zu weiten und unter Beachtung des sozialpolitischen Telos den Vertrag als Institution der Gesamtrechtsordnung zu sehen. Er hält es für unumgänglich, den Gedanken der zuteilenden Gerechtigkeit als positivrechtlichen Gehalt der Begriffe Parität und Imparität anzuerkennen. Dieser Eingriff in einen Bereich, der bislang der „austauschenden Gerechtigkeit" allein unterlegen hätte, werde von Küster treffend als die „Signatur unserer Zeit" genannt.[318] Küster schreibt 1974 in der Festschrift für Raiser: „Es gehört zur Signatur unserer Zeit, dass sich für den größten Gegenstand und die größte Frage der Gerechtigkeit ein Spielraum aufgetan sieht, weg vom bloßen Aufrichten hin zum Zuteilen ex novo"[319]. In der gleichen Fußnote, in der es um das „Beiseitedrängen der bisher selbstverständlichen Kommutation" durch den Distributivgedanken geht, wird nicht allein auf Wieackers Kapitel „Ausblick" aus der Privatrechtsgeschichte der Neuzeit[320] als grundlegend verwiesen, sondern zugleich auf die „doppelte Instrumentalität des Rechts, insbesondere des Wirtschaftsrechts, die in der Organisation marktmäßiger ökonomischer Prozesse einerseits und in der Instrumentalisierung staatlicher Einflussnahmen andererseits gesehen wird" bei Norbert Reich in „Markt und Recht".[321] Reich macht darin einen Grundwiderspruch aus, der sich auf die

---

318 *Hönn,* Kompensation gestörter Vertragsparität, S. 104, Fn. 81.

319 *Küster,* Über die beiden Erscheinungsformen der Gerechtigkeit nach Aristoteles, in: Funktionswandel der Privatrechtsinstitutionen, 1974, S. 541, S. 557.

320 *Wieacker,* Privatrechtsgeschichte der Neuzeit, S. 543 ff.

321 *Reich,* Markt und Recht, S. 64 ff.

Forschungsstrategie zur Entwicklung einer normativen Theorie auswirke. Hönn äußert dazu ablehnend: „Warum [in der doppelten Instrumentalität] ein „Grundwiderspruch" liegen soll, ist allerdings nicht einzusehen, solange man nicht holistischen Vorstellungen verhaftet ist." Damit wird zugleich die Begründung Reichs hinfällig, wegen des Grundwiderspruchs könne es eine „neutrale Einstellung zum Recht", und mithin „eine über den ökonomischen und politischen Auseinandersetzungen stehende Rechtswissenschaft" nicht geben.[322] Hönn versteht die rechtstheoretische Aufgabe dahin gehend, den „Begriffen Vertragsparität und Selbstbestimmung de lege lata festere Konturen zu verleihen".[323] Insofern es eines außerhalb der positiven Regelungen liegenden Bezugspunktes bedürfe, könnten und sollten rechtspolitische und ideologische Positionen außer Betracht bleiben.[324] Er beschränkt sich darauf, das Problem der Dezision zunächst auf den Bereich der Verfassung, insbesondere des Grundrechtspositivismus zu verlagern. Die Annahme, verfassungsrechtliche Änderungsschranken schlössen eine materiale Beliebigkeit aus, d.h. „demokratisch legitimierte Rechtssetzung soll keine beliebige Dezision sein, sondern (system- und wertgebundene) Konkretisierung von Recht", sieht er verschiedenen Einwänden ausgesetzt. Er geht sowohl unter Verweis auf Mestmäcker auf die neoliberalen Überzeugungen ein, das Staatswesen könne von einzelnen Einzelinteressen vereinnahmt werden, wie auch auf die von Kübler genannten Nachteile der mangelnden Organisierbarkeit und Repräsentierbarkeit von Interessen im pluralistischen Modell einer repräsentativen Demokratie. „Insofern geht die gesamte Studie von der Prämisse aus, dass in der Bundesrepublik Deutschland eine Rechtsordnung besteht und die untersuchten Regelungen materiell Rechtsqualität besitzen, zwar zeit-, kultur- und gesellschaftsbedingt wie jedes Recht, dessen Setzung und Änderung schwierige Fragen aufwirft, aber doch als möglicher Ausdruck der Rechtsidee".[325] Wie er die Rechtssetzungsaufgabe versteht, leitet sich aus der Feststellung ab, der Staat gestalte die Wirtschaftsordnung einerseits in Konkretisierung öffentlicher Interessen und andererseits unter Vermittlung privater Interessen. Zustimmend nimmt er Bezug auf Raisers Kritik in dessen Beitrag „Die Zukunft des Privatrechts" von 1971 an der streng neoliberalen Theorie von der Privatrechtsgesellschaft[326] Böhms, die dieser im Beitrag Privatrechtsgesellschaft und Marktwirtschaft von 1966 vertritt.

322 *Reich,* Markt und Recht, S. 65.

323 *Hönn,* Kompensation gestörter Vertragsparität, S. 305.

324 *Hönn,* Kompensation gestörter Vertragsparität, S. 104.

325 *Hönn,* Kompensation gestörter Vertragsparität, S. 306.

326 *Böhm,* Privatrechtsgesellschaft und Marktwirtschaft, in: Ordo 17, 1966, S. 75ff.

Weiter erklärt er mit Mestmäcker „Privatrecht weitgehend für geeignet (zu) halten, öffentlichen Interessen Rechnung zu tragen.“[327]

Er konstatiert: „Das Spannungsverhältnis zwischen der Gewährleistung von Individualfreiheit und sozialstaatlicher Maßnahmen ist allbekannt.“[328] Die Frage der Interdependenz wird Hönn damit wohl ebenfalls einem holistischen Verständnis zuweisen und ausklammern, wie er auch die „sehr weitgehende naturrechtliche Absicherung des Wettbewerbsprinzips“ bei Fikentscher, der in seinen Methoden des Rechts die Lehre von der Grundrechtsdemokratie entwickelt, als möglicherweise nicht tragfähig nennt, aber nicht näher dazu ausführt.

b) *Forschungsstrategischer Ansatz*

Hönn unternimmt „den Versuch einer sinnvollen Inbezugsetzung der in der Rechtsordnung enthaltenen Prinzipien, eben den Versuch einer entsprechenden Systematik, eines inneren Systems mit materialem Gehalt“. Mit den Unterscheidungen Essers zwischen axiomatischen Prinzipien, Problemprinzipien und dogmatischen Prinzipien sei nichts für seine Aufgabenstellung anzufangen, in der es nach Essers Terminologie lediglich um immanente Prinzipien gehe. Seine Analyse wolle, „gerade die hinter dem geltenden Recht stehenden Rechtsprinzipien aufdecken, nicht aber zur inhaltlichen Weiterentwicklung i. S. der Umgestaltung des Vertragsrechts beitragen“.[329] Hönn zählt zu den offenen Fragen des Vertragsrechts, was neben der Wirtschaftsverfassung, die, wie Zacher und Ludwig Raiser ausführen, nur einen Teilcharakter prägt, den Charakter der allgemeinen Rechtsordnung ausmachen kann.

c) *Inneres System als Struktur*

Für die Verständnisvermittlung des sonderprivatrechtlichen Vertragsschutzes zugunsten Unterlegener könne das Prinzip der Selbstbestimmung nicht herangezogen werden. „Da Selbstbestimmung von der Rechtsordnung her definiert ist unter Berücksichtigung vorhandener Kompensationsmittel, kann man den durch die Kompensation veränderten Freiheitsraum nicht durch diese selbst darstellen.“[330] In den Mittelpunkt rückt er die Kompensation selbst, die jeweils die rechtliche Möglichkeit unter Einschätzung des realen Handlungsspielraums zur

327 *Hönn,* Kompensation gestörter Vertragsparität, S. 296.
328 *Hönn,* Kompensation gestörter Vertragsparität, S. 297.
329 *Hönn,* Kompensation gestörter Vertragsparität, S. 63 f.
330 *Hönn,* Kompensation gestörter Vertragsparität, S. 266.

Ausdehnung des „Handlungsspielraums des Unterlegenen“ zu ermitteln hilft.[331] Die verfassungsrechtlichen und spezialgesetzlichen Wertungen seien heranzuziehen und Bewertungsfaktoren jeweils für die Regelung objektiv zu bestimmen.

d) Folgerungen aus dem inneren System

Nach folgendem Auszug aus seinem Schlusssatz liege Imparität „nur dort vor, wo wichtige Vertragsinteressen über den Markt nicht angemessen bewältigt werden.“ Er verweist darauf, „dass die Feststellung dieser Voraussetzung eine Wertungsfrage ist, die sich aus dem geltenden Recht durchaus noch nach bestimmten Bewertungsfaktoren präzisieren lässt.“[332] Beweglichkeit des Systems nimmt er für den Gesetzgeber an, nicht aber für den Rechtsanwender. Aus der Sicht des Letzteren ist das innere System des Vertragsrechts ein „offenes System mit multidimensionaler Struktur“, wegen mangelnder Austauschbarkeit der Bewertungsfaktoren jedoch kein bewegliches System.[333] Nach Hönns Ausführung wird das innere System sichtbar und besteht aus (zumindest) formeller Vertragsfreiheit, vertragsbezogenem Individualschutz und öffentlichem Interesse. Weitere Prinzipien könnten gestaltend und begrenzend hinzutreten, so dass die fehlende axiologische Geschlossenheit hinzunehmen sei.[334] Für § 26 II S. 2 GWB a.F. stellt er fest, es handele sich um eine Norm, die das unausgewogene Verhältnis unmittelbar anspricht und unmittelbar vertragsbezogen gegen Lieferanten und Abnehmer erfolgende Verhaltensweisen regelt, die eine gewisse Schwelle überschritten. Häufig gehe es um existenzbedrohende Benachteiligungen, die einer Symptombehandlung statt einer Kausaltherapie zugeführt würden.[335]

e) Recht und Demokratie

Hinsichtlich der grundrechtlichen Freiheit als reale Freiheit verweist er darauf, dies sei ein „allgemein anerkannter Aspekt der institutionellen Theorie, der, soweit ersichtlich, von niemanden bestritten wird. Grundsätzlich wird im geltenden Recht diese reale Freiheit für den Vertrag über das Medium des Marktes gewährleistet.“[…] „Indem das Verfassungsrecht erkennen lässt, dass Vertragsfreiheit reale Freiheit für beide Partner zu sein hat, determiniert es zugleich

331 *Hönn,* Kompensation gestörter Vertragsparität, S. 266.
332 *Hönn,* Kompensation gestörter Vertragsparität, S. 310.
333 *Hönn,* Kompensation gestörter Vertragsparität, S. 302.
334 *Hönn,* Kompensation gestörter Vertragsparität, S. 301.
335 *Hönn,* Kompensation gestörter Vertragsparität, S. 130f.

das dogmatische Verständnis des aufgefundenen Materials im Sinne generell normativ bezweckter Kompensation gestörter Vertragsparität. Es legitimiert ein Prinzip der materiellen Vertragsfreiheit als Rechtsprinzip." In seiner Studie verzichtete Hönn auf eigene Thesen, ob die von ihm dargestellten Kompensationsmittel der Verfassung entsprechen.[336]

---

336 *Hönn,* Kompensation gestörter Vertragsparität, S. 283f.

Dritter Teil: Wirtschaftliche Entwicklung

Den Rahmen für die wirtschaftliche Entwicklung Westdeutschlands stellten ab 1948/1949 das Grundgesetz als eine vergleichsweise stabile, demokratische Ordnung, die Kapitalismusrestauration und die westeuropäische Integration.[337] In der Folge kam es zur eindeutigen Entwicklung in Richtung Wiederherstellung des Marktsystems.

Es äußerte sich ideologisch in der Befürwortung des Modells der sozialen Marktwirtschaft. Alfred Müller-Armack prägte für die ordoliberalen Lehren den Ausdruck „Soziale Marktwirtschaft“, wonach angenommen wird, dass der funktionierende Markt der sozialste Verteiler der knappen Güter ist, Wettbewerb daher zu pflegen ist und Ungleichgewichten entgegenzusteuern ist.[338] An dieser Stelle soll kurz darauf hingewiesen werden, dass die unter Neo- bzw. Ordoliberalismus zusammenfassbaren Freiburger und Kölner Lehren gleichermaßen in Bezug genommen werden. Nach einer weiteren Ansicht wird die soziale Marktwirtschaft im Wirtschafts- und Sozialhumanismus erblickt, der sich nur bei Alfred Müller-Armack, Wilhelm Röpke und Alexander Rüstow in gedanklicher Konvergenz zeige.[339] Die soziale Marktwirtschaft schien die Funktionen Allokation, Distribution und Wachstum zu befriedigen. Dies äußerte sich in hohen Zuwachs- und Selbstfinanzierungsraten, Maximierung des Bruttosozialprodukts, in der generellen Einkommenserhöhung, insbesondere auch der arbeitenden Bevölkerung und der verbesserten Bedürfnisbefriedigung bei gleichzeitiger Konzentration des Produktivkapitals und einer Ungleichgewichtung der Verteilungsstruktur.[340] In der Zeit von 1950 bis 1966 wurde in der BRD eine neoliberale Wirtschaftspolitik betrieben.[341] In den Jahren von 1950 bis 1963 war die Wirtschaft der BRD im langfristigen Trend auf überragend starkem Wachstumskurs. Anfang 1950 betrug die Erwerbslosigkeit 12,2%[342] und jeder fünfte Einwohner lebte erst kürzlich im Gebiet der BRD[343]. Angesichts von über 2 Millionen Erwerbslosen und eines stetigen Zustroms von Zuwanderern und Vertriebenen,

337 *Brüggemeier,* Entwicklung des Rechts im organisierten Kapitalismus, S. 291.

338 *Fikentscher,* Die Freiheit des Wettbewerbs, S. 6; anders *Hotze,* Menschenbild und Ordnung der sozialen Marktwirtschaft, S. 14.

339 *Hotze,* Menschenbild und Ordnung der sozialen Marktwirtschaft, S. 19.

340 *Reich,* Markt und Recht, Seite 82.

341 *Brüggemeier,* Entwicklung des Rechts im organisierten Kapitalismus, S. 292.

342 *Abelshauser,* Deutsche Wirtschaftsgeschichte, S. 64.

343 *Hardach,* Wirtschaftsgeschichte Deutschlands im 20. Jhdt., S. 200.

die dem Arbeitsmarkt zur Verfügung standen, waren die 1950er Jahre nicht allein Wiederaufbau- sondern ebenso in doppelter Hinsicht Integrationsphase. Der Korea-Krieg 1951 führte zu einer wirtschaftlichen Integration der BRD in den Weltmarkt. Die ausländische Nachfrage nach deutschen Investitionsgütern und Rohstoffen bewirkte in der BRD einen Wachstumsschub.[344] Es stiegen die Reallöhne, die Zahl der Erwerbstätigen und die Wachstumsraten durch einen ausgeprägten Ausbau der Produktionskapazitäten. Als Folge der EWG-Gründung fand in der BRD neben dem kontinuierlichen Wiederaufbau- und Integrationsprozess intensives Wachstum statt.[345]

In der Zeit des Wiederaufbaus gab es von staatlicher Seite Wachstumsanreize für autonome wirtschaftliche Prozesse. Diese Wachstumsanreize erfolgten beispielsweise durch Steuervergünstigungen zur Investitionsförderung.[346]

Der Staatssekretär im Bundeswirtschaftsministerium Alfred Müller-Armack sprach 1960 von der zweiten Phase der Sozialen Marktwirtschaft, die mit dem Abschluss der Wiederaufbauzeit begann[347] und in der sich die Politik auf gesamtwirtschaftlicher Ebene mit den Stabilitätsfragen wie Preisniveaustabilität, stetigem angemessenem Wachstum und hohem Beschäftigungsstand auseinandersetzte. Der Sachverständigenrat zur Begutachtung der gesamtwirtschaftlichen Lage wurde im Jahr 1963 eingerichtet. Er hatte den Auftrag, durch die periodische Begutachtung der gesamtwirtschaftlichen Entwicklung die Urteilsbildung bei allen wirtschaftspolitisch verantwortlichen Instanzen sowie in der Öffentlichkeit zu erleichtern.[348] Ab 1970 entwickelte sich der Sachverständigenrat zu einem reinen Wissenschaftler- Gremium. Die neue Wirtschaftspolitik verfügte über ein neugeschaffenes Instrument der Konjunkturpolitik, dem Gesetz zur Förderung der Stabilität und des Wachstums der Wirtschaft von 1967 (Stabilitätsgesetz). Das Stabilitätsgesetz beinhaltete post-keynesianische

344 *Abelshauser,* Deutsche Wirtschaftsgeschichte, S. 68.

345 *Brüggemeier,* Entwicklung des Rechts im organisierten Kapitalismus, S. 292 f.

346 *Hardach,* Wirtschaftsgeschichte Deutschlands im 20. Jhdt., S. 209.

347 *Schanetzky,* Die große Ernüchterung, S. 83.

348 Gesetz über die Bildung eines Sachverständigenrates zur Begutachtung der gesamtwirtschaftlichen Entwicklung vom 14. August 1963, § 1 I, BGBl. 1966, S. 633; Anm.: Ausfertigungsdatum ist der 14.08.1963, Geltung ist ab 14.06.1967 vorgesehen. Die erste Zusammensetzung des Rates ab Januar 1964: Wilhelm Bauer war Ratsmitglied bis Juli 1974, Paul Binder und Herbert Giersch beide bis Februar 1970; Harald Koch und Fritz Meyer gehörten diesem Sachverständigenrat hingegen bis Mai 1969 bzw. letzterer nur bis Februar 1966 an; www.sachverstaendigenrat-wirtschaft.de. Anm.: Zur Verwissenschaftlichung der Wirtschaftspolitik siehe *Schanetzky,* Die große Ernüchterung, S. 110f, 192ff.

Wachstumstheorien wie auch neoklassische Theorien.[349] Die post-keynesianische Konzeption forderte eine nachfrageorientierte Wirtschaftspolitik und ist auf das Instrument der Globalsteuerung festgelegt.[350] Das vordringliche Erklärungsziel des Postkeynesianismus ist, wie Vollbeschäftigung erreicht wird.[351] Ab 1975 änderte sich die globalsteuernde Konjunktur- und Wirtschaftspolitik erneut. Mit dem Gesetz zur Verbesserung der Haushaltsstruktur ausgefertigt am 18. Dezember 1975 (1. Haushaltsstrukturgesetz) wurde der Sozialabbau in der Bundesrepublik eingeleitet. Seit 1977 gab es vermehrt Investitionsanreize für die Unternehmer. Solche angebotsseitigen Anreize sind Instrumente der neoklassischen Mikroökonomie. Diese Entwicklung führte in direkter Antwort auf das 1. Haushaltsstrukturgesetz zum „Memorandum für eine wirksame und soziale Wirtschaftspolitik" der Arbeitsgruppe Alternative Wirtschaftspolitik vom November 1975. Das Jahresgutachten des Sachverständigenrates zur Begutachtung der gesamtwirtschaftlichen Lage erhält seitdem jährlich durch ein weiteres Memorandum der Arbeitsgruppe Alternative Wirtschaftspolitik ein Gegengutachten. Mitbegründer der Arbeitsgruppe Alternative Wirtschaftspolitik sind Wirtschaftswissenschaftler der Universität Bremen, Jörg Huffschmid und Rudolf Hickel (Memorandum-Gruppe mit offener Arbeitsweise und vielzähligen Unterstützern aus dem gewerkschaftlichen Umfeld).[352] Norbert Reich entwickelte 1977 mit seinem Beitrag „Markt und Recht, Theorie und Praxis des Wirtschaftsrechts in der Bundesrepublik Deutschland" eine alternative Konzeption des rechtspolitisch zu interpretierenden Wirtschaftsrechts.

Für das Verständnis der jeweiligen zuvor skizzierten wirtschaftspolitischen Reaktion ist die jeweilige wirtschaftliche Situation zu betrachten.

Im Untersuchungszeitraum von 1967 bis 1982 nahm der ökonomische Wohlstand in der BRD insgesamt betrachtet zu, schwächte sich in den Zuwachsraten jedoch ab. Das preisbereinigte und verkettete Bruttoinlandsprodukt der BRD zeigt den ökonomischen Wohlstand an, indem das gesamte, im Inland erwirtschaftete Einkommen aller statistisch erhoben wurde.[353] Die Veränderungen gegenüber dem jeweiligen Vorjahr in Prozent können in Zehnjahresschritten

---

349 *Brüggemeier,* Entwicklung des Rechts im organisierten Kapitalismus, S. 295.

350 *Pätzold/Baade,* Stabilisierungspolitik, S. 39.

351 *Felderer/Homburg,* Makroökonomik und neue Makroökonomik, S. 27.

352 *Schanetzky,* Die große Ernüchterung, S. 195.

353 Statistisches Bundesamt, Volkswirtschaftliche Gesamtrechnung, Bruttoinlandprodukt, Bruttonationaleinkommen, Volkseinkommen, Lange Reihe ab 1950, Tabelle, erschienen am 24.05.2013, in Preisen von 1991: Das preisbereinigte Bruttoinlandsprodukt betrug 1965 5,4%, 1966. 2,8%, 1967 -0,3%, 1968 5,5% 1969 7,5%, 1970 5,0%,

zusammengefasst und als Durchschnittswert betrachtet werden. Der Durchschnittswert für den Zeitraum von 1950 bis 1960 ergibt 8,2%, von 1960 bis 1970 4,4%, von 1970 bis 1980 2,9% und von 1980 bis 1990 2,6%.[354]

Das Wirtschaftswachstum vollzog sich in Wachstumszyklen, die nachfolgend kurz skizziert werden. Im konjunkturellen Aufschwung 1964/1965 gab es Bruttolohnerhöhungen in Höhe von 9,1% 1965 und 7,3% im Jahre 1966, die über den Produktionszuwachs bis 1966/1967 hinausgingen. Die wirtschaftliche Situation wurde von den Unternehmern 1966 aufgrund der Auftragslage und gut gefüllter Lager pessimistisch eingeschätzt. Die Wirtschaftsdaten von 1966 zeigen, dass das reale Bruttonationaleinkommen (Bruttosozialprodukt) um 2,9% stieg, die Industrieproduktion um 1,2% und die Lebenshaltungskosten um 3,5%. Die Gesamtbeschäftigung ging leicht um 0,3% und die Gesamtinvestitionen im Vergleich zum Vorjahr um 1,8% zurück.[355]

I. 1966/1967

Der Konjunktureinbruch begann im Herbst 1966 und endete im Sommer 1967. Im ersten Halbjahr 1967 lag zum ersten Mal eine Störung der gesamtwirtschaftlichen Leistung vor, denn das preisbereinigte Bruttoinlandsprodukt verzeichnete einen Rückgang von 0,3%[356]. Diese erste Wirtschaftskrise seit 1950, die sich in den Daten von 1966 hinsichtlich der Gesamtbeschäftigung und der Gesamtinvestition bereits andeutete, zeigte sich in den folgenden makroökonomischen Daten für das Jahr 1967:

Die Gesamtinvestitionen lagen ca. 13% unter dem Vorjahresniveau und die Arbeitslosigkeit lag bei 2,1%. Dies stellte eine Verdreifachung im Vergleich zum Vorjahr dar, als 0,7% der Erwerbsfähigen arbeitslos waren und noch von Vollbeschäftigung gesprochen werden konnte.[357] Im Jahr 1965 wurde der Begriff

---

1971 3,1%, 1972 4,3%, 1973 4,8%, 1974 0,9%, 1975 -0,9%, 1976 4,9%, 1977 3,3%, 1978 3,0%, 1979 4,2%, 1980 1,4%, 1981 0,5 und 1982 -0,4.

354 Statistisches Bundesamt, Volkswirtschaftliche Gesamtrechnung, Bruttoinlandsprodukt, Bruttonationaleinkommen, Volkseinkommen, Lange Reihe ab 1950, Schaubild, erschienen am 24.05.2013, in Preisen von 1991. Ergebnisse von 1950 bis 1970 sind wegen konzeptioneller und definitorischer Unterschiede nicht voll mit den Ergebnissen von 1970 bis 1991 vergleichbar.

355 *Hardach,* Wirtschaftsgeschichte Deutschlands im 20. Jhdt., S. 239.

356 Statistisches Bundesamt, Volkswirtschaftliche Gesamtrechnung, Bruttoinlandsprodukt, Bruttonationaleinkommen, Volkseinkommen, Lange Reihe ab 1950, Tabelle, erschienen am 24.05.2013, in Preisen von 1991.

357 *Hardach,* Wirtschaftsgeschichte Deutschlands im 20. Jhdt., S. 239 f.

Vollbeschäftigung dahingehend verstanden, dass es jährlich weniger als 200000 Arbeitslose gab und damit eine Arbeitslosenquote von weniger als 1% erfüllt war.

In der Krise von 1967 war die Investitionsbereitschaft in der Privatwirtschaft wie auch im öffentlichen Bereich schwach ausgeprägt. Die Ursachen für die Zurückhaltung der privaten Bauherren, Unternehmer und der öffentlichen Hand waren, abgesehen von der Verteuerung der Kredite aufgrund des Anhebens des Refinanzierungssatzes (Diskontsatzes) im Mai 1966 auf 5%, durchaus unterschiedlich. Als Beispiel können die Ursachen der Zurückhaltung für die Unternehmer betrachtet werden. Es war ab Frühjahr 1966 zunächst mehr produziert als verkauft worden, so dass die Lagerbestände wuchsen. Für das erste Halbjahr 1967 wirkte sich dies auf die Ausgaben für Kapitalausstattung, Lagerbestände etc. negativ aus. Hinzu kam, dass für das Jahr 1968 die Einführung der Mehrwertsteuer angekündigt war. Denn aufgrund dieser Aussichten bestand ein Anreiz für die Unternehmer, ihre Warenlager zu räumen.[358]

Die konjunkturelle Lage änderte sich ab Mitte 1967. Die zügige Erholung führte dazu, dass sich für das Jahr 1967 insgesamt ein Nullwachstum einstellte.[359] Dennoch steht die Rezession von 1967 für einen Wendepunkt in der Wirtschaftsgeschichte der Bundesrepublik Deutschland.[360] Infolge der konjunkturellen Delle von 1967 wurden konjunkturpolitische Impulse gesetzt.[361]

Doch nicht nur die konjunkturpolitischen Impulse gehören zu diesem Wendepunkt, sondern ebenfalls der Strukturwandel der Wirtschaft. Durch die Kriegs- und die Nachkriegszeit bestand ein technischer Rückstand. Zwischen 1961 und 1967 wies die Deutsche Lizenzbilanz noch ein Defizit von 450 Mio. DM im Jahr aus.[362] Dieser technische Rückstand konnte durch die umfassende Einführung moderner Technologien bei Unternehmern und Belegschaften und einer entsprechenden Investitionsleistung bis Ende der 1960er bzw. Anfang der 1970er Jahre aufgeholt werden.[363] Das technologische Niveau der Produktion wurde ab 1963 durch Ausrüstungsinvestitionen stetig gesteigert. Die Erhöhung der Arbeitsproduktivität durch Mechanisierung und Teilautomatisierung der Produktionsverfahren führte zu einem verbesserten unternehmerischen Gewinn.[364]

---

358 *Hardach,* Wirtschaftsgeschichte Deutschlands im 20. Jhdt., S. 240.
359 *Gaul,* Info- Brief, WD 5-3010-009/09, S 10.
360 *Gaul,* Info- Brief, WD 5-3010-009/09, S. 9.
361 *Gaul,* Info- Brief, WD 5-3010-009/09, S. 13.
362 *Hardach,* Wirtschaftsgeschichte Deutschlands im 20. Jhdt., S. 234.
363 *Brüggemeier,* Entwicklung des Rechts im organisierten Kapitalismus, S. 303.
364 *Brüggemeier,* Entwicklung des Rechts im organisierten Kapitalismus, S. 294.

Für die BRD lassen sich in Bezug auf die Zeit Ende der 1960er bzw. Anfang der 1970er Jahre folgende nähere Angaben über den Strukturwandel der Wirtschaft machen:

Im Jahr 1960 lag die Gesamtbeschäftigung bei 48%, ein Jahrzehnt später dagegen bei 45% der Bevölkerung. Betrachtet man die Gesamtbeschäftigung nach den verschiedenen Wirtschaftsbereichen, so waren 1960 noch 14% im primären Sektor tätig, im Jahr 1970 dagegen lediglich 9%. Im Jahre 1960 waren im sekundären Sektor 48% der arbeitenden Bevölkerung und im Jahre 1970 bereits 49% beschäftigt. Der tertiäre Sektor nahm von 1960 und 38% der Gesamtbeschäftigung bis 1970 und 42% der Gesamtbeschäftigung zu.[365] Für das Bruttoinlandsprodukt nach Sektoren zeigt sich ein vergleichbarer struktureller Wandel wie im Hinblick auf die Gesamtbeschäftigung. Das Bruttoinlandsprodukt lag 1960 im primären Sektor bei 4,8%, 1969 bei 3,8%. Der sekundäre Sektor wies ein Bruttoinlandsprodukt von 50,7% im Jahr 1960 auf und ein Jahrzehnt später 54,4%. Der tertiäre Sektor lag 1960 bei 44,5% und 1969 bei 41,8%.[366] Schließlich runden die Angaben zur Produktivitätssteigerung das Bild ab. Im primären Sektor gab es eine deutliche Verbesserung der Betriebsgrößenstruktur durch einen starken Rückgang der Kleinbetriebe. Dadurch stiegen die je Vollarbeitskraft erzielten Betriebserträge sehr schnell an. Im sekundären Sektor gelang eine Produktivitätssteigerung von 1960 bis 1965 von real 53,6% auf real 56,1% und bis 1970 auf real 57,4%. Dabei sind die Veränderungen der Produktionsstruktur in der Grundstoff- und Produktionsgüterindustrie am stärksten.[367]

Der vorstehend skizzierte, ökonomische und technologische Strukturwandel der Wirtschaft und die politische Befolgung von wissenschaftlichen Empfehlungen im Sinne der ökonomischen Theorien über antizyklische Fiskalpolitik veränderten die Wirtschaftsordnung der BRD. Von 1967 bis 1982 wurde neben der neoklassischen Mikroökonomie die ökonomische Steuerung der Wirtschaft über die Gesamtnachfrage befürwortet und umgesetzt.

Dank geldpolitischer Maßnahmen, starker Auslandsnachfrage, gewerkschaftlich zugesicherter Lohnzurückhaltung, öffentlicher Auftragsvergabe und Steuerbegünstigungen folgte der konjunkturellen Delle von 1967 ein schneller Aufschwung, der kräftig ausfiel. Die Gewinnaussichten der Unternehmer wurden stark verbessert, so dass die Investitionen sprunghaft anstiegen und die annähernd volle Integration der zuvor krisenbedingt arbeitslosen Erwerbsfähigen

365 *Hardach,* Wirtschaftsgeschichte Deutschlands im 20. Jhdt., Tabelle 7, S. 248.

366 *Brüggemeier,* Entwicklung des Rechts im organisierten Kapitalismus, Tabelle 1, Seite 299.

367 *Brüggemeier,* Entwicklung des Rechts im organisierten Kapitalismus, S. 300.

gelang.[368] Die Ausrüstungsinvestitionen erhöhten sich sowohl 1969 als auch 1970 um jeweils ein Viertel[369] und die Arbeitslosenquote fiel 1969 deutlich unter 1%[370]. Zudem erhöhten sich die Preise von 1968 bis Mitte 1969 verhältnismäßig wenig.[371]

Wir sehen in den Folgejahren ein konjunkturpolitisch mittels Globalsteuerung beeinflusstes Wachstum. Die Globalsteuerung ist ein konjunkturpolitisches Instrument zur Stabilisierung der Wirtschaftsentwicklung. Es ermöglicht dem Staat je nach konjunktureller Situation die gesamtwirtschaftliche Nachfrage zu steigern oder zu dämpfen.[372] Dazu werden geldpolitische- oder fiskalpolitische Maßnahmen ergriffen, bis eine stetige, stabilisierte Wirtschaftsentwicklung erreicht wird. Die Globalsteuerung ist mit dem marktwirtschaftlichen System vereinbar, da keine direkte Steuerung der einzelnen Marktteilnehmer erfolgt.[373]

II. 1973/1974

Die Ankurbelung der Wirtschaft durch die Konjunkturprogramme führte zu einer Nachfrageexpansion bis 1973. Zwischen März 1969 und Mai 1973 wurde die Konjunkturpolitik zur Verlangsamung des Aufschwungs eingesetzt. Die Hochkonjunktur wurde unter anderem auch auf die Unterbewertung der D- Mark zurückgeführt, da die Exportnachfrage stark ausfiel. Von 1969 bis 1973 wurde die D-Mark schrittweise aufgewertet. Der Preisdruck war ab 1969 noch entsprechend hoch, die Inflationsrate stieg bis 1973 auf 7,1%. Ab Mai 1973 wurde die Inflation durch nachfragedämpfende Maßnahmen bekämpft. Diese Maßnahmen wurden im Dezember 1973 wieder aufgehoben, da sich der konjunkturelle Abschwung bemerkbar machte. Das preisbereinigte Bruttoinlandsprodukt betrug 1974 0,9%. Der Abschwung fiel mit der Ölpreisverknappung und -verteuerung aufgrund des Nahost- Krieges zusammen und verschärfte sich zu einer Wirtschaftskrise. Das preisbereinigte Bruttoinlandsprodukt für 1975 lag bei -0,9% und damit schrumpfte das Wachstum. Dies hatte zur Folge, dass die Arbeitslosigkeit von 2,6% im Jahre 1974 auf 4, 7% im Jahre 1975 anstieg.[374] Über eine Million Erwerbsfähige waren im Jahresdurchschnitt arbeitslos. Ein Absenken

368 *Brüggemeier*, Entwicklung des Rechts im organisierten Kapitalismus, S. 297.
369 *Brüggemeier*, Entwicklung des Rechts im organisierten Kapitalismus, S. 297.
370 *Hardach*, Wirtschaftsgeschichte Deutschlands im 20. Jhdt., S. 242.
371 *Hardach*, Wirtschaftsgeschichte Deutschlands im 20. Jhdt., S. 242.
372 *Cassel/Thieme*, Stabilitätstheorie, S. 306.
373 *Pätzold/Baade*, Stabilisierungspolitik, S. 38.
374 *Cassel/Thieme*, Stabilitätstheorie, S. 317.

der Arbeitslosenzahlen auf das Niveau aus dem Jahr 1974 sollte in der Folgezeit nicht mehr gelingen. Da zugleich 1975 die Inflationsrate bei 7% konstant gegenüber dem Vorjahr blieb, wird die Rezession von 1975 als Stagflation bezeichnet.

Ab Dezember 1974 bis 1982 versuchte die Konjunkturpolitik die gesamtwirtschaftliche Nachfrageseite mittels der Globalsteuerung zu beeinflussen. Zunächst wurden die Konjunkturausgleichsrücklagen aus der zurückliegenden Hochkonjunktur verwendet, dann wurden die massiven staatlichen Ausgaben für die Konjunkturprogramme durch Staatsverschuldung finanziert. Zur antizyklischen Fiskalpolitik der sozialliberalen Wirtschaftspolitik gesellten sich seit 1975 zahlreiche Gesetze über Abschreibungserleichterungen und Investitionszulagen, die auf die Angebotsseite der Wirtschaft zielten. Der Sachverständigenrat der Wirtschaftsweisen empfahl erstmals in seinem Jahresgutachten 1975/1976 eine mikroökonomische Strategie zur Verbesserung des Investitionsklimas. Der Sachverständigenrat sah die Lösung aller Probleme, wie der Schaffung neuen Wirtschaftswachstums, der Minderung der hohen Arbeitslosigkeit und des beschleunigten industriellen Strukturwandels etc., vordringlich in Investitionsanreizen für die Unternehmer.[375] Seit 1977 waren Konjunkturprogramme zunehmend auf Investitionsanreize ausgerichtet, die sich mit strukturpolitischen Initiativen verbanden und die neoklassische Mikroökonomie umsetzten.[376] Im September 1978 gab es anlässlich der Generaldebatte im Bundestag über die Wirtschaftslage scharfe Kontroversen. Die Fundamentalkritik an der Marktwirtschaft und dem Wachstumskonzept wurde in der Gesellschaft lauter. In Gegengutachten von Wirtschaftswissenschaftlern zu den Jahresgutachten des Sachverständigenrates 1975/1976, 1977/1978, 1979/1980 wurde unter anderem die staatliche Konjunktursteuerung zum Abbau der Arbeitslosigkeit befürwortet.[377]

III. 1979/1980

Im Jahr 1979 war die D- Mark überbewertet. Es gelang, die europäische Währungssituation in den nächsten beiden Jahren zu stabilisieren. Die Konjunkturprogramme hatten jedoch eine immer höher ausfallende staatliche Verschuldung zur Folge und in den Jahren 1979 bis 1982 eine durchschnittliche Inflationsrate von 5%. Die Stabilisierung des Wirtschaftswachstums und der Beschäftigung konnten zwar bis Ende 1980 gewährleistet werden. Weder das Wachstum noch die Beschäftigungszahlen konnten sich jedoch mit den konjunkturpolitischen

375 *Schanetzky*, Die große Ernüchterung, S. 183f.
376 *Schanetzky*, Die große Ernüchterung, S. 212.
377 *Schanetzky*, Die große Ernüchterung, S. 199ff.

Erfolgen der Jahre 1968 bis 1973 messen lassen. Damals wurde ein durchschnittliches preisbereinigtes Bruttoinlandsprodukt von 5% durch Impulse in den Jahren 1967 und 1968 erreicht und die Arbeitslosenquote sank auf durchschnittlich 1,2%. In den Jahren von 1976 bis 1980 bedurfte es immer größerer expansiver Stimulation. Das durchschnittliche preisbereinigte Bruttoinlandsprodukt lag bei 3,3% und die durchschnittliche Arbeitslosenquote lag bei 4,2%.

IV. Mit Fokus auf die Unterschiede

Die Wirtschaftskrise in den Jahren 1981 und 1982 stellt eine erneute Stagflation dar, denn die Inflationsrate lag 1981 bei 6,1% und 1982 bei 4,8% und die Arbeitslosenquote stieg sprunghaft an und lag 1981 bei 5,4% und 1982 bei 7,5%.[378] Im konjunkturellen Abschwung kam 1981 das Wirtschaftswachstum zum Stillstand. Das preisbereinigte Bruttoinlandsprodukt betrug 0,5%. Im Jahr 1982 schrumpfte das preisbereinigte Bruttoinlandsprodukt und betrug -0,4%.

Die Auslöser für diese Wirtschaftskrise sind unteranderem die Verteuerung des Rohöls, die abgeschwächte Exportnachfrage und die strukturellen Probleme.

378 *Cassel / Thieme,* Stabilitätstheorie, S. 317.

Vierter Teil: Rechtsetzungspraxis im Kartellrecht

Die dogmengeschichtliche Untersuchung des Gesetzes gegen Wettbewerbsbeschränkungen (GWB) von 1967 bis 1982 kann nur die Entwicklung des Privatrechts und des Wirtschaftsrechts exemplarisch aufzeigen, wenn die zugehörigen Rechtsnormen des Rechts gegen Wettbewerbsbeschränkungen im wirtschaftlichen, politischen und sozialen Wandel der gesellschaftlichen Verhältnisse ebenfalls im Zeitraum von 1967 bis 1982 in der Rechtswirklichkeit erfassbaren Änderungen unterlagen. Beispielsweise entwickelte sich der § 26 II GWB von der vorliegend ursprünglich genannten Form zur Fassung der Kartellgesetznovelle von 1973 (nachfolgend als alte Fassung bezeichnet). § 26 II GWB a.F. wurde in den nachfolgenden Novellierung weiter angepasst und findet sich aktuell inhaltlich in §§ 19, 20 GWB der geltenden Fassung. Im zweiten Teil unter IV. 3., bei den Ausführungen zu den rechtlichen Anforderungen an die Wettbewerbsordnung, wurde auf die nähere Darstellung der dogmengeschichtlichen Entwicklung verwiesen, die auf den Aspekt des Sozialschutzes detailliert eingehen wird. An dieser Stelle wird die Hypothese von einem Gelingen des exemplarischen Aufzeigens der Entwicklungslinie weiter beibehalten.

Bereits im ersten und zweiten Teil dieser Untersuchung kam wiederholt der sich mit Inkrafttreten des GWB vollziehende Paradigmenwechsel zur Sprache. Der Begriff Paradigmenwechsel wurde wissenschaftstheoretisch von Thomas S. Kuhn Anfang der 1960er Jahre geprägt. Wiethölter befasst sich in seinen Abhandlungen vielfach mit der dahinter stehenden Idee. So formuliert er beispielsweise: „Die deutsche Jurisprudenz befindet sich in der Lage ungewisser Transformation, vielleicht sogar vor einem Paradigmenwechsel.“[379] Ein Paradigmenwechsel als Wandel grundlegender Rahmenbedingungen, der zusammenhängende Ereignisse erfasst und eine theoretische Anpassung an die veränderten Rahmenbedingungen in der Wissenschaft erfordert, kann im Zweck des GWB gesehen werden. Der Zweck ist, u.a. mittels Verbot, die Wahl- und Ausweichchancen Dritter bzw. die Nichtbehinderung des Wettbewerbs gesetzlich zu sichern.[380] Dies verweist auf den Schutz der Institution Wettbewerb und auf den mittelbaren Individualschutz. Die Begriffsgeschichte des Schutzgegenstandes Wettbewerb gibt dafür Anhaltspunkte. Eine Definition des Wettbewerbsbegriffs

---

379 *Wiethölter,* Privatrecht als Gesellschaftstheorie, S. 645, 647, Fn. 4.

380 *Hönn,* Kompensation gestörter Vertragsparität, S. 117f.

enthält das GWB von 1957 nicht.[381] Der Regierungsentwurf von 1952 enthielt ebenfalls keine Definition des Wettbewerbsbegriffs. Eine Auseinandersetzung mit dem Gegenstand des GWB, dem inhaltlichen Wettbewerbsbegriff, fehlt selbst in den Begründungen. Denn weder die amtliche Begründung des GWBs[382] noch die amtliche Begründung des Regierungsentwurfs von 1952 nennen explizit, was sich der Gesetzgeber genau als schützenswerten oder erhaltenswerten Wettbewerb vorstellte.[383] Aus einer rechtsvergleichenden Sicht mit den wettbewerbspolitischen Diskussionen der frühen 1950er Jahre in den USA um die Anti-Trust-Politik vertritt Fikentscher 1954 die Ansicht, der sogenannte schrankenlose freie Wettbewerb sei faktisch überholt, da er nicht mehr in allen Wirtschaftszweigen durchführbar sei.[384] Er verweist auf das Konzept des durchführbaren Wettbewerbs „workable competition“ unter der Beachtung der „rules of reason“, d.h. unter Beachtung dessen, was wirtschaftlich vernünftig sei.[385] Die Gegensatzpaare „schrankenloser freier Wettbewerb“ und „Planwirtschaft“ aus der klassischen liberalen Wirtschaftsepoche funktionierten inzwischen nicht mehr.[386] Dies kann an dieser Stelle als Hinweis genügen, dass die Änderungen im GWB mit dem wirtschaftlichen, politischen und sozialen Wandel der gesellschaftlichen Verhältnisse nicht lediglich koinzidierten. Die Interdependenz wird nachfolgend erörtert und mit anderen in der Rechtswirklichkeit erfassbaren Änderungen in Verbindung gebracht.

381 Anm.: Nach *Reich* in „Der Begriff des Wettbewerbs im GWB“, S. 260 f, sei statt einer Definition im Gesetz aus der ordoliberalen Begründung des Gesetzes ein entsprechender Wettbewerbsbegriff ableitbar. Es sei aber beim Vergleich des Wettbewerbsbegriffes und dem Inhalt des Gesetzes deutlich, dass es „nie beabsichtigt war“, dessen Beschränkung als „gesetzliches Eingriffskriterium“ anzusehen und die „vollständige Konkurrenz“ mit rechtlichen Mitteln umzusetzen.

382 WuW 1952, S. 460 ff.

383 Anm.: *Hönn* sieht im GWB als Rahmenordnung ebenfalls eine Grenzziehung zum Ordoliberalismus, da die Rechtsordnung den Wettbewerb als ausreichend gegeben erachte und Parität annehme, in: Kompensation gestörter Vertragsparität, S. 116f.

384 *Fikentscher,* Die neuere Entwicklung des amerikanischen Wettbewerbsrechts, in: Recht und wirtschaftliche Freiheit, S. 340 f.

385 *Fikentscher,* Die neuere Entwicklung des amerikanischen Wettbewerbsrechts, in: Recht und wirtschaftliche Freiheit, S. 341.

386 *Fikentscher,* Die neuere Entwicklung des amerikanischen Wettbewerbsrechts, in: Recht und wirtschaftliche Freiheit, S. 339.

I. Historische Entwicklung des Kartellrechts in der BRD bis 1966

Aus der rechtshistorischen Perspektive stehen im Erkenntnisinteresse die rechtlichen Regelungen des geltenden Gesetzes gegen Wettbewerbsbeschränkungen (GWB). Die Entstehungsgeschichte des normativen Rechts der Wettbewerbsbeschränkungen und dessen Vorgeschichte werden nachfolgend dargestellt. Zur Erhellung der Gesetzgebungsgeschichte werden die privatrechtswissenschaftlichen Theorien und Wirtschaftsmodelle als Legitimationsgrundlagen für das geltende GWB herausgearbeitet.

1. Josten-Entwurf

Für die historische Entwicklung des Wettbewerbsrechts in der Bundesrepublik ist der sogenannte Josten-Entwurf von Bedeutung. Der im Juli 1949 nach fünfmonatiger Beratung vorgelegte Entwurf fällt in die Zeit zwischen Verkündung des Bonner Grundgesetzes am 23. Mai 1949 und der Wahl zum 1. Bundestag im August 1949. Der Josten-Entwurf beruht auf der langjährigen Arbeit seiner Verfasser mit der Materie und regelt umfassend das Kartell- und Monopolrecht. Für die darin enthaltene wettbewerbsrechtliche Rahmenordnung sind die Erfahrungen mit dem Wirtschaftsliberalismus des ausgehenden 19. Jahrhunderts, der ordnungspolitischen Situation in der Weimarer Republik, im Dritten Reich und der ersten Nachkriegsjahre in den westlichen Besatzungszonen prägend.[387]

a) Ordnungspolitische Situationen

Im ausgehenden 19. Jahrhundert stand die Wirtschaftsverfassung in der Tradition des klassischen Liberalismus und das Reichsgericht entschied in der sogenannten Sächsischen Holzstoff-Fabrikanten-Entscheidung vom 4. Februar 1897, dass wettbewerbsbeschränkende Kartellverträge mit der gesetzlich verankerten Gewerbefreiheit vereinbar sind. Nach damaliger allgemeiner Auffassung galt die Vertragsfreiheit ebenfalls für die Einschränkung der Wettbewerbsfreiheit.[388] Mit dieser Rezeption der Sächsischen Holzstoff-Fabrikanten-Entscheidung des höchsten deutschen Zivilgerichts wurde Rechtssicherheit für die Kartellmitglieder geschaffen. Die Kartellentwicklung von 1905 bis 1925 nahm ausgehend von ca. 400 Industriekartellen und 2500 Industriekartellen im Jahr 1925 ihren Lauf.

---

387 *Günther*, Die geistigen Grundlagen des sogenannten Josten- Entwurfs, in: Wirtschaftsordnungen Staatsverfassung, S. 184.

388 *Kartte*, Ein neues Leitbild für die Wettbewerbspolitik, in: FIW- Schriftenreihe, S. 21.

Inwiefern sich bereits vor dieser Entscheidung Kartelle bildeten, kann dahin stehen, da die entsprechende Rechtssicherheit zur Grundlage der weiteren Entwicklung wurde.[389]

aa) Vom Wirtschaftsliberalismus zur sog. Kartellverordnung

In der Weimarer Reichsverfassung regelten die Artikel 151ff. die Wirtschaftsverfassung. Es ging grundsätzlich um die Sicherung der Wirtschaftsfreiheit gegen Staatseingriffe und erst nachrangig in Art. 151 III der Weimarer Reichsverfassung um den Schutz der Wirtschaft vor Missbrauch durch private Macht.[390] Am 2. November 1923 erging in der Weimarer Republik die Verordnung gegen Missbrauch wirtschaftlicher Machtstellung, die sogenannte Kartellverordnung.[391] Zu dieser Zeit wurden vertragliche Wettbewerbsbeschränkungen zunehmend kritisch gesehen.[392] Die sogenannte Kartellverordnung beruhte auf dem Missbrauchsprinzip. Danach waren Kartellabsprachen grundsätzlich gültig, jedoch konnte der Staat bei deren Missbrauch einschreiten. Die wichtigste Bestimmung der Kartellverordnung von 1923 findet sich in § 4, wonach der Reichswirtschaftsminister das Recht hat, beim Kartellgericht die Nichtigkeitserklärung von Kartellverträgen zu beantragen, für den Fall, dass der Vertrag oder seine Handhabung die Gesamtwirtschaft und das Gemeinwohl gefährdet. Daneben wird in § 8 jedem Kartellmitglied das Recht zur fristlosen Kündigung aus wichtigem Grund gewährt, und in § 9 Boykottmaßnahmen von der Einwilligung des Vorsitzenden des Kartellgerichts abhängig gemacht. Die Durchschlagskraft der Kartellverordnung war gering, da die Inhaber wirtschaftlicher Macht starken Einfluss auf die Ordnungspolitik ausübten.[393]

bb) Nationalsozialismus

Durch die Verabschiedung des Gesetzes über die Errichtung von Zwangskartellen am 15. Juli 1933 und durch zahlreiche Verordnungen in der Folgezeit wurden die Befugnisse der staatlichen Wirtschaftslenkung erweitert, bis mit der Verordnung vom 20. Oktober 1942 und mit dem Kartellbereinigungserlass des

---

389 Anm.: Richter betont, die Entscheidung sei nicht die Initialzündung für Kartelle, aber Grundlage für die weitere Entwicklung. *Richter,* Die Wirkungsgeschichte des deutschen Kartellrechts vor 1914, S. 168, 176, 215ff.

390 *Fikentscher,* Wirtschaftsrecht, Band 2, S. 29.

391 Verordnung gegen Missbrauch wirtschaftlicher Machtstellung, RGBl. S. 1076f.

392 *Reich,* Markt und Recht, S. 236.

393 *Reich,* Markt und Recht, S. 236.

Reichswirtschaftsministers vom 20. Mai 1943 die Zentralverwaltungswirtschaft in der Kriegswirtschaft vollendet wurde.[394]

cc) Erste Nachkriegsjahre

Die alliierte Dekartellierungs- und Dekonzentrationsgesetzgebung wurde am 28. Januar 1947 gemäß Ziffer 12 des Potsdamer Abkommens in der amerikanischen und britischen Besatzungszone erlassen. In der amerikanischen Besatzungszone als das Gesetz Nr. 56 und in der britischen Besatzungszone als Verordnung Nr. 78 bezeichnet, traten die Regelungen „MRG 56/VO 78: Verbot der übermäßigen Konzentration deutscher Wirtschaft“ zum 12. April 1947 in Kraft.[395] In der Französischen Besatzungszone erging mit der „Verordnung Nr. 96: Zur Verhinderung übermäßiger Machtanhäufung in der deutschen Wirtschaft“ am 09.06. 1947 eine Regelung mit gleicher Zielsetzung.[396] Danach waren Kartelle, Interessengemeinschaften, Syndikate, Trusts usw. grundsätzlich verboten und Unternehmen mit mehr als 10000 Mitarbeitern sollten entflochten werden (vgl. Artikel 1, 1., 2., 3., MRG 56/VO 78; Titel 1, Artikel 2 VO 96).

Dies geschah unter dem Aspekt der Demilitarisierung zur Friedenssicherung und diente dazu, ein wirtschaftliches Erstarken und die damit verbundene Gefahr eines erneuten Krieges Deutschlands gegen die Nachbarstaaten zu unterbinden (vgl. Präambel I., II. und III. MRG 56/VO 78). Der sogenannte Industrieplan, „Plan des Alliierten Kontrollrates für die Reparationen, Demontagen und die Kapazität der deutschen Volkswirtschaft von März 1946“, sah vor, dass der wirtschaftliche Wiederaufbau auf 50% der Kapazität von 1938 begrenzt sein sollte. Erst Anfang der 1950er Jahre wurde der sogenannte Industrieplan wieder aufgegeben. Vor diesem Hintergrund ist der weitere Zweck der MRG 56/VO 78- Präambel unter IV. „um die Grundlage für den Aufbau einer gesunden und demokratischen deutschen Wirtschaft zu schaffen“ keinesfalls vordringlich, sondern primäres Ziel war es, die deutsche Industrie zu schwächen. Der erste Schritt zum ungehinderten wirtschaftlichen Wiederaufbau ist zum einen in dem Erlass des „Gesetzes über die wirtschaftlichen Leitsätze nach der Geldreform“ und der Sanierung der Währung und zum anderen in der späteren Aufgabe

394 *Rittner,* Wirtschaftsrecht mit Wettbewerbs- und Kartellrecht, S. 274.

395 Kartellrecht, in: *Rowedder* (Hrsg.): Texte der jetzt in der Bundesrepublik und in West-Berlin geltenden Bestimmungen einschließlich des Textes zum Kartellrecht der Montanunion, S. 5.

396 Kartellrecht, in: *Rowedder* (Hrsg.): Texte der jetzt in der Bundesrepublik und in West-Berlin geltenden Bestimmungen einschließlich des Textes zum Kartellrecht der Montanunion, S. 31.

des sogenannten Industrieplanes zu sehen.[397] Zunächst wurde am 21.06.1948 die Deutsche Mark in den drei westlichen Besatzungszonen eingeführt. Am 24.06.1948 trat das „Gesetz über die wirtschaftlichen Leitsätze nach der Geldreform" in Kraft, welches im Wesentlichen die Liberalisierung der Märkte vorsah und die Bewirtschaftungs- und Preiskontrolle aufhob, mit den notwendigen Ausnahmen für Mieten- und Grundnahrungsmittel.

Die Dekartellierungs- und Dekonzentrationsgesetzgebung (MRG 56/VO 78; VO 96) regelte recht umfassend alle Arten von Wettbewerbsbeschränkungen von abgestimmten Verhaltensweisen, mit oder ohne Syndikat ausgestattete Kartelle, wettbewerbsbeschränkende Konzernierungen, Fusionen, Oligopole bis zu marktbeherrschenden Einzelunternehmen.[398] Die Dekartellierungs- und Dekonzentrationsgesetzgebung (MRG 56/VO 78; VO 96) war bis Mai 1955 als alliierte Gesetzgebung in Kraft und ab dem Stichtag 5. Mai 1955 bis 31. Dezember 1957 galt diese als westdeutsches Kartellrecht fort.[399]

dd) Neuausrichtung der deutschen Wirtschaftsordnung

Die Militärgouverneure der vereinigten Wirtschaftsgebiete forderten am 29.03.1949 den sogenannten Wirtschaftsrat auf, ein Gesetz gegen Handelsmissbräuche auf Grundlagen von Kapitel 5 der „Havanna Charter für eine internationale Handelsorganisation" zu entwerfen. Nach Vorbild der US-amerikanischen Wirtschaftsordnung sollte das Wettbewerbsprinzip zur Richtschnur werden und ein deutsches Kartellgesetz erlassen werden[400]. Die Aufgabenstellung schloss zunächst die Dekonzentrationsaufgabe in MRG 56/VO 78; VO 96 aus, denn die Entflechtungskompetenz war den Militärregierungen weiterhin vorbehalten. Erst mit Schreiben vom 26.10.1950 des britischen hohen Kommissars wurde dieser Vorbehalt aufgegeben.[401]

Der sogenannte Wirtschaftsrat war die wichtigste überregionale wirtschaftliche Institution, an der Deutsche mitwirken konnten, die einen wirtschaftlichen Zusammenschluss der britischen und amerikanischen Besatzungszonen darstellte und im Juni 1947 gegründet wurde. Ab Februar 1948 verfügte dieser Zweizonen-Wirtschaftsrat über weitgehende Zuständigkeitskompetenzen. Im März 1948 wurde Dr. Ludwig Erhard als Direktor des Wirtschaftsrates und damit ein

---

397 *Fikentscher*, Wirtschaftsrecht, Band 2, S. 31.

398 *Fikentscher*, Systemfragen im Europäischen Recht der Wettbewerbsbeschränkungen, S. 269.

399 *Fikentscher*, Wirtschaftsrecht, Band 2, S. 34.

400 *Reich*, Markt und Recht, S. 238.

401 *Nörr*, Die Leiden des Privatrechts, S. 163.

Vertreter des Konzeptes der „Sozialen Marktwirtschaft" gewählt. Eine grundsätzlich freiheitlich gestaltete Gesellschafts-, Wirtschafts- und Sozialordnung stand den Verstaatlichungsgeboten der Länderverfassungen in der amerikanischen Besatzungszone (namentlich der Hessischen, Bremischen, Württembergischen Teil- und Bayerischen Verfassung) entgegen[402]. Da sich in der Nachkriegszeit Telefon, Eisenbahn und wesentliche Teile der Energieerzeugung und -versorgung bereits in öffentlicher Hand befanden, gab es im Vergleich mit den USA eine Überzahl an Verstaatlichungen. Eine weitere Verstaatlichung oder Vergesellschaftung lehnte die amerikanische Militärregierung ab und veranlasste, dass die Verstaatlichungsgebote in den Länderverfassungen außer Kraft gesetzt wurden. Für die Länder Schleswig-Holstein, Niedersachsen und Nordrhein-Westfahlen, die zur britischen Besatzungszone gehörten, gab es im Mai 1948 noch keine Länderverfassungen.[403] Die britische Militärregierung war jedoch gegenüber den Vergesellschaftungstendenzen beispielsweise im Zusammenhang mit paritätischer Mitbestimmung wohlgesonnen.[404] Die rechtliche Konsequenz eines wirtschaftlichen Mitbestimmungsrechts der Arbeitnehmervertretung, das die völlige wirtschaftliche Gleichberechtigung der Arbeit mit dem Kapital beinhaltet, ist eine Umgestaltung der Wirtschaft, "die an Bedeutung einer Sozialisierung kaum nachstehen würde".[405] In der britischen Besatzungszone wurde die Forderung nach paritätischer Mitbestimmung für die Montanindustrie durchgesetzt.[406]

Einer der ersten Entwürfe zur oben genannten Aufgabenstellung war der sogenannte Josten-Entwurf. Dieser wurde in einem Ausschuss von März bis Juli 1949 von den sieben Ausschussmitgliedern (Dres. Paul Josten, Vorsitzender, Franz Böhm, Walter Baur, Curt Fischer, Wilhelm Köppel, Wilhelm Komphardt und Bernhard Pfister) beraten und schließlich Dr. Ludwig Erhard als Direktor des Wirtschaftsrates vorgelegt. Dieser Entwurf sah es vor, die alliierte Dekartellierungs- und Dekonzentrationsgesetzgebung durch ein umfassendes deutsches Wirtschaftsordnungsgesetz abzulösen und griff damit der Aufgabe des alliierten Dekonzentrierungsvorbehalts im Jahr 1950 vor.

---

402 *Reich,* Markt und Recht, S. 79.
403 *Raiser,* Wirtschaftsverfassung als Rechtsproblem, in: Aufgaben des Privatrechts, S. 22.
404 *Reich,* Markt und Recht, S. 80.
405 *Raiser,* Wirtschaftsverfassung als Rechtsproblem, in: Aufgaben des Privatrechts, S. 34.
406 *Reich,* Markt und Recht, S. 80.

b) *Theoretische Konzeption und inhaltliche Zusammenfassung des Josten-Entwurfs*

Die Überschrift des Josten-Entwurfs lautet „Gesetz zur Sicherung des Leistungswettbewerb". Da der Josten-Entwurf eine durch freien Leistungswettbewerb und Preise gesteuerte Marktwirtschaft, die Entmachtung der Inhaber wirtschaftlicher und wettbewerbsbeschränkender Macht und staatliche Aufsicht über die so gekennzeichnete wettbewerbliche Wirtschaftsordnung vorsah, ist der Einfluss des Ordoliberalismus deutlich zu erkennen.[407] Der Ordoliberalismus war eine ab 1945 einflussreiche Wirtschaftstheorie, die zu einer Umorientierung im Kartellrecht führte.

Die Theorie des Ordoliberalismus wurde zu Beginn der Weltwirtschaftskrise ab 1929 entwickelt.[408] Die Zeit der Wirtschaftskrise kennzeichnete eine schwere Funktionsstörung der Weltwirtschaft, die punktuelle staatliche Eingriffe in das Wirtschaftsleben erforderlich machte. Diese mit vorherigen Krisen nicht vergleichbare Krise führte zur theoretischen Auseinandersetzung mit liberalen als auch sozialistischen Grundsätzen für Wirtschaft und Gesellschaft.

Zum Wirtschaftsliberalismus klassischer Prägung nahm der Ordoliberalismus Stellung, indem gewürdigt wurde, dass diese Theorie die Funktionsweise und Leistungsfähigkeit der nicht autoritären Lenkungs- und Steuerungsmechanismen nach der merkantilen Epoche herausgearbeitet hatte.[409] Die wettbewerbliche Preisbildung in einer intensiven und arbeitsteiligen Wirtschaft wurde von Adam Smith detailliert beschrieben. In ihrer Planungs- und Entscheidungsautonomie erstellten die privaten Wirtschaftsteilnehmer ihre Wirtschaftspläne selbst. Dem Staat fiel auf wirtschaftlichem Gebiet die Rolle zu, den Schutz des privaten Eigentums zu gewährleisten und für äußere und innere Sicherheit zu sorgen.[410] Der Staat wurde nach einer Formulierung Ferdinand Lassalles in seinem Arbeiterprogramm von 1862 „Nachtwächterstaat" genannt,[411] da in dieser Form des Wirtschaftsliberalismus keine aktive staatliche Wirtschaftspolitik vorgesehen ist. Die Art. 151ff. Weimarer Reichsverfassung regelten vorrangig die Sicherung

---

407 *Günther,* Die geistigen Grundlagen des sogenannten Josten- Entwurfs, S. 189.
408 *Günther,* Die geistigen Grundlagen des sogenannten Josten- Entwurfs, S. 189.
409 *Günther,* Die geistigen Grundlagen des sogenannten Josten-Entwurfs, S. 190.
410 *Giersch,* Allgemeine Wirtschaftspolitik, Grundlagen, S. 142.
411 *Nipperdey,* Deutsche Geschichte 1800–1866, Bürgerwelt und starker Staat, S. 742; *Rückert,* Frei und sozial als Rechtsprinzip, S. 40, verweist darauf, dass sich Lassalle 1862 polemisch auf die „Ideen und Grenzen der Wirksamkeit des Staates" von Humboldt bezog.

der Wirtschaftsfreiheit gegen Staatseingriffe. Der Staat vertraute auf die gerechte wettbewerbliche Preisbildung einer freien Wirtschaft. Wettbewerbsverzerrungen und Störungen der wirtschaftlichen Abläufe wurden von den klassischen Nationalökonomen einseitig dem seine vorgeschriebene Rolle verlassenden Staat angelastet und als Beispiel für die Schädlichkeit von wirtschaftlichen Eingriffen des Staates gewürdigt.[412] Die Mitglieder der Freiburger Schule, die den Ordoliberalismus entwickelten, hielten die zuletzt genannte These von der Schädlichkeit und Ursächlichkeit staatlicher Wirtschaftslenkung für die Wettbewerbsverzerrung und Störungen für historisch überholt.[413] Die Freiburger Schule vertrat die These, dass Marktteilnehmer in der freien Wirtschaft versuchen, Konkurrenz zu vermeiden und eine Monopolstellung zu erlangen.[414] Danach ist es systemimmanent, dass es zu Wettbewerbsverzerrungen und Störungen der Wirtschaftsabläufe kommt. In der freien Wirtschaft vermeiden die privaten Marktteilnehmer den Leistungswettbewerb,[415] der für eine preisgesteuerte Wettbewerbswirtschaft ordoliberaler Prägung grundlegend ist. Diese Vermeidung des Leistungswettbewerbs in der freien Wirtschaft begünstigt die Entstehung von privater wirtschaftlicher Macht. Private wirtschaftliche Macht verdichtet die Märkte mittels eines Verdrängungswettbewerbs bis die wettbewerbliche Steuerung des Wirtschaftsprozesses fehlt.[416] Fehlender Wettbewerb führe nicht nur zur ungerechten Güterverteilung, sondern verwandele neben dem wirtschaftlichen System auch das gesellschaftspolitische System in ein autoritäres System, in welchem private Machtinhaber übermächtigen Einfluss in der Gesellschaft haben.[417]

Die sozialistische Zentralverwaltungswirtschaft sei aus zwei anderen Gründen abzulehnen. Erstens sei diese mit einem freiheitlichen demokratischen Rechtsstaat unvereinbar, da in einer hoch industrialisierten, arbeitsteiligen Wirtschaft Planerstellung und Plandurchführung hochkomplex und einer demokratischen Kontrolle nicht zugänglich seien. Die Freiheitsrechte wie Freizügigkeit, freie Berufswahl und freie Wahl des Arbeitsplatzes könnten nicht zugelassen werden. Zweitens könne eine Zentralverwaltungswirtschaft mit den freien Verkehrswirtschaften im Bereich der ökonomischen Effizienz nicht mithalten. Es fehle die Souveränität der Nachfrage, um einen gerechten Verteilungsmechanismus

---

412 *Günther*, Die geistigen Grundlagen des sogenannten Josten-Entwurfs, S. 190.
413 *Günther*, Die geistigen Grundlagen des sogenannten Josten-Entwurfs, S. 190.
414 *Fikentscher*, Wirtschaftsrecht, Band 2, S. 40.
415 *Giersch*, Allgemeine Wirtschaftspolitik, Grundlagen, S. 198.
416 *Oesterreich*, Die Entwicklung der Theorie der Wettbewerbspolitik seit 1945, S. 90 f.
417 *Rüstow*, Das Versagen des Wirtschaftsliberalismus, S. 74.

zu gewährleisten.[418] Mit der wirtschaftspolitischen Konzeption des Ordoliberalismus suchen die Mitglieder der Freiburger Schule einen Weg zwischen freier Wirtschaft nach dem Prinzip des Laissez-Faire und der sozialistischen Zentralverwaltungswirtschaft.[419] Diese Konzeption beinhaltet die preisgesteuerte Wettbewerbswirtschaft, deren Funktionsweise im Folgenden kurz dargestellt wird:

Der preisgesteuerten Wettbewerbswirtschaft schreiben die Ordoliberalisten die Eigenschaft zu, einen Entmachtungs- und Ordnungsmechanismus zu enthalten, indem die Preise als nicht-autoritäres Kontrollsystem fungieren. Die freien Unternehmer im Leistungswettbewerb seien nicht in der Lage, die Freiheit anderer Marktteilnehmer anzutasten. Die eigene Dispositionsfreiheit sei über das Preissystem beschränkt und nicht zulasten anderer ausdehnbar, vorausgesetzt, es besteht die Marktform der vollkommenen Konkurrenz.[420]

Die Kriterien für die Marktform der vollkommenen Konkurrenz sind: Auf einem vollkommenen Markt agiert eine Vielzahl von Marktteilnehmern mit jeweils geringem Marktanteil miteinander. Die Funktion des Preises auf dem vollkommenen Markt ist es, sowohl die Knappheit als auch die Nützlichkeit der Güter auszudrücken. Auf einem vollkommenen Markt sind die Preise Daten, die jeder Marktteilnehmer zur Kenntnis nehmen kann. Einzelne oder wenige Marktteilnehmer können die Preise nicht spürbar verändern.[421] Ihnen bleibt lediglich, im Wege des „Überflügelungswettbewerbes" die eigene Leistungskraft zu verbessern oder die eigene Kaufkraft so geschickt einzusetzen, dass sich das marktmäßige Angebots- und Nachfrageniveau zu ihren Gunsten verändert.[422] Den Ordoliberalen war bewusst, dass der vollkommene Markt als eine Idealvorstellung zu verstehen ist. Sie erheben es als primäres Ziel der Wettbewerbspolitik, auf möglichst vielen Märkten vollkommene Konkurrenz herzustellen.[423] Marktkonformes Verhalten in diesem Sinne liegt nur dann vor, wenn es dem Verhalten bei vollständiger Konkurrenz entspricht, so dass der Maßstab „als ob vollkommene Konkurrenz bestünde" anzulegen ist.[424] Neben der Konzeption der Ordnung befasste sich der Ordoliberalismus mit dem Freiheitsbegriff. Der freie Wettbewerb wurde als ordnendes Prinzip der Wirtschaft verstanden. Die Lenkungs-, Steuerungs- oder Ordnungsmechanik der Wettbewerbswirtschaft

418 *Günther,* Die geistigen Grundlagen des so genannten Josten- Entwurfs, S. 193.
419 *Oesterreich,* Die Entwicklung der Theorie der Wettbewerbspolitik seit 1945, S. 87.
420 *Böhm,* Wettbewerb und Monopolkampf, S. 1, 21.
421 *Oesterreich,* Die Entwicklung der Theorie der Wettbewerbspolitik seit 1945, S. 89.
422 *Böhm,* Wettbewerb und Monopolkampf, S. 20f.
423 *Günther,* Die geistigen Grundlagen des sogenannten Josten- Entwurfs, S. 196.
424 *Giersch,* Allgemeine Wirtschaftspolitik, Grundlagen, S. 183.

funktioniere allein aufgrund der Konsumenten- und Produzentenfreiheit. Eine logische Schlussfolgerung ergibt, dass Wettbewerb als Instrument für die Entstehung von Freiheit in der Ökonomie verstanden wird.[425] Die Marktwirtschaft, der Rechtsstaat und die Privatrechtsgesellschaft werden miteinander verbunden. Die Mitglieder der Freiburger Schule betonen die Einheit von Wirtschaft und Gesellschaft.[426]

Die Ordoliberalen forderten aufgrund der Erkenntnis, dass unbegrenzte Vertragsfreiheit in der freien Wirtschaft in zunehmendem Maße zur Monopolisierung der Märkte führe und sich die Vertragsfreiheit nicht von selbst erhält, einen strengen, staatlich zu gewährleistenden Wettbewerbsschutz, um Freiheit zu erhalten. Zur Lösung des Problems der wirtschaftlichen privaten Macht in der freien Verkehrswirtschaft, in der die Wirtschaftsprozesse dezentral gesteuert werden, forderten die Ordoliberalen eine Rahmenordnung mit strengen Wettbewerbsschutzregelungen, die neben einem strikten Kartellverbot zur Entmachtung der Privatwirtschaft die Dekonzentration der noch verbleibenden Marktmacht vorsieht. Erst wenn durch eine derartige Rahmenordnung die Funktionsfähigkeit des Preises gesichert werde, würden punktuelle staatliche Eingriffe in einzelne Wirtschaftsprozesse überflüssig und eine sich selbst erhaltende Freiheitsordnung bestehen.

Der Josten-Entwurf war eine solche strenge Rahmenordnung und beinhaltete im Einzelnen[427]:

Ein absolutes Kartellverbot, durch das Monopolamt zuzulassende Ausnahmen vom Verbot unter zwei näher bezeichneten Voraussetzungen: (1) technische oder volkswirtschaftliche Nachteile oder (2) wirtschaftliche Nachteile für die Betroffenen, Entschachtelung oder Aufgliederung von wirtschaftlichen Machtpositionen, denen keine Kartelleigenschaft zukommt, Einschränkung von Planungs- und Entscheidungsautonomie von Inhabern wirtschaftlicher Macht, indem ihnen ein Verhalten auferlegt wird, als ob sie wirksamen Wettbewerb ausgesetzt wären.

Des Weiteren enthielt der Entwurf: Änderung der gesellschaftsrechtlichen Vorschriften, die eine Konzernbildung begünstigen, Einführung wettbewerbsfördernder Maßnahmen, Schaffung einer unabhängigen Monopolaufsicht und strafrechtliche Sanktionen.

---

425 *Nörr*, Die Leiden des Privatrechts, S. 145.

426 *Günther*, Die geistigen Grundlagen des sogenannten Josten-Entwurfs, S. 189.

427 *Nörr*, Die Leiden des Privatrechts, wichtige Paragraphen des Entwurfs werden in den Fußnoten auf den Seiten 164 bis 173 wiedergegeben, S. 164ff.

c) *Scheitern des Josten-Entwurfs*

Das Scheitern des Josten-Entwurfs ist unter anderem darauf zurück zu führen, dass er sich in zweifacher Hinsicht in Widerspruch zum Memorandum des Zweimächtekontrollamtes (Bipartite Control Office) vom 29. März 1949 setzte. Das Memorandum des Zweimächtekontrollamtes vom 29. März 1949 enthielt folgende inhaltliche Vorgaben: Zum einen sollte ein deutsches Gesetz vorbereitet werden, dass Kartelle und kartellähnliche Organisationsformen zur Beschränkung des Handels und des Wettbewerbs verbietet. Dabei sollte der Hauptforderung der Havanna Charter entsprochen werden, die Verbote und Beseitigung nur dann zuließ, wenn die zu verbietende bzw. zu beseitigende handelshemmende Kartellvereinbarung auf die Ausdehnung der Produktion oder des Handels einen nachteiligen Einfluss haben würde und die Erreichung der Ziele der Charter verhinderte.[428] Das im Josten-Entwurf enthaltene absolute Kartellverbot ging über diese eingeschränkte Verbotsmöglichkeit hinaus. Zum anderen sollten allein die alliierten Dekartellierungsbestimmungen durch das vorzubereitende deutsche Gesetz ersetzt werden. Die Kompetenz zur Entflechtung sollte vorerst bei den Alliierten verbleiben und die alliierten Dekonzentrationsbestimmungen fortgelten. Aus sachlichen Erwägungen des Sachverständigenausschusses enthielt der Josten-Entwurf neben Dekartellierungsbestimmungen auch Dekonzentrationsbestimmungen. In einem Minderheitengutachten vertrat das Ausschussmitglied Dr. Curt Fischer die Auffassung, die zwangsweise Entflechtung dürfe nicht allein in die Kompetenz einer Behörde fallen.[429] Maßgebliche Interessenvertreter der Wirtschaft standen der Errichtung eines unabhängigen Monopolamtes wie auch insgesamt dem Josten-Entwurf kritisch gegenüber.[430] Daneben hielten führende Vertreter der Wirtschaftsverwaltung den Josten-Entwurf für zu restriktiv und staatsinterventionistisch.[431] Der Direktor der Verwaltung für Wirtschaft, Dr. Ludwig Erhard, legte den Josten-Entwurf den Alliierten erst gar nicht vor.[432]

---

428 *Günther,* Die geistigen Grundlagen des sogenannten Josten-Entwurfs, S. 198.

429 *Kartte/Holtschneider,* Konzeptionelle Ansätze und Anwendungsprinzipien im GWB, S. 203.

430 *Kartte/Holtschneider* Konzeptionelle Ansätze und Anwendungsprinzipien im GWB, S. 204.

431 *Günther,* Die geistigen Grundlagen des sogenannten Josten-Entwurfs, S. 200.

432 *Kartte/Holtschneider,* Konzeptionelle Ansätze und Anwendungsprinzipien im GWB, S. 203.

aa) Rechtstheoretische Schlussfolgerungen von Knut Wolfgang Nörr

Knut Wolfgang Nörr wertete drei Gesichtspunkte als maßgeblich für das Scheitern des Josten-Entwurfes in „Beiträge zur Rechtsgeschichte des 20. Jahrhunderts" mit dem Titel „Die Leiden des Privatrechts" unter der Überschrift „Die Gründe für das Scheitern des Entwurfs":

Erstens stand der wirtschaftliche Wiederaufbau anfangs unter der Dekartellierungs- und Dekonzentrationsgesetzgebung der Alliierten. In den USA wurde die Erfahrung gemacht, dass Dekartellierungs- und Dekonzentrationsbemühungen in wirtschaftlich schwierigen Zeiten für den Wiederaufbau hinderlich sein würden. Dem entsprechend wurde das Ziel, eine freie Markt- und Wettbewerbswirtschaft durch Dekartellierung und Dekonzentration zu schaffen, als schädlich für den Wiederaufbau betrachtet.

Zweitens passte es nicht recht zusammen, dass eine freie Markt- und Wettbewerbswirtschaft gerade mit Mitteln der Zentralverwaltungswirtschaft aus den Kriegs- und Nachkriegsjahren erreicht werden sollte.

Drittens widersprach die vorgesehene, deutliche Verkürzung, Beschneidung und Instrumentalisierung der privaten Rechtspositionen der rechtsstaatlichen Vorstellungswelt des gerade erst verkündeten Grundgesetzes. Bei den Entflechtungen wird zwangsläufig in Privatrechtsverhältnisse eingegriffen. Wichtig ist, dass diese Eingriffe nicht als Enteignungen zu werten sind. Der Entwurf will einerseits die Unverletzlichkeit des Privateigentums garantieren, andererseits wird nicht thematisiert, dass mit jeder Entflechtung ein erheblicher Wertverlust einhergeht. Für daraus erwachsene Privatrechtsstreitigkeiten sollen die ordentlichen Gerichte zuständig sein. Für die privatrechtlichen Folgen wurde eine Verantwortlichkeit des Monopolamts ausgeschlossen. Für das Verhältnis des Monopolamts zu den beteiligten Privatpersonen ist zu erwähnen, dass die reformatio in peius keine Anwendung finden sollte und dass selbst gegen den Willen des Anspruchsinhabers aus öffentlichem Interesse die Durchsetzung eines Anspruchs betrieben werden könnte. Dagegen sollten Privatpersonen, die durch fahrlässige Handlungen des Monopolamts geschädigt worden sind, keine Entschädigung aus Amtspflichtverletzung erhalten. Nörr sieht in dem Ausschluss des Rechtsweges zu den Gerichten eine weitere Beschneidung subjektiver Rechte und wertet den Josten- Entwurf insgesamt als Geringschätzung privater Rechtspositionen. Im Josten- Entwurf findet sich der objektive Freiheitsbegriff, der im Ordoliberalismus überwiegenden Wirtschafts- und Rechtsauffassung entsprechend. Nörr formuliert es folgendermaßen: „Der objektive Freiheitsbegriff verdichtet sich zum bürokratischen Rechtsbegriff, so könnte man auch den Entwurf charakterisieren."[433]

Nörr hebt in Kapitel 5, Ziffer 2, „Der Freiheits- und Privatrechtsbegriff in den Schriften von Franz Böhm" hervor, das Ausschussmitglied Franz Böhm verstehe den Freiheitsbegriff entweder als theologisch-restriktiv oder empirisch-heterogen.[434] Böhm formuliert, der Einzelne sei durch das Medium der Privatrechtsgesellschaft in seinen Staat eingebunden, wobei Medium in diesem Zusammenhang eine „verobjektivierte Besonderheit der wechselseitigen Abhängigkeit" bedeuten soll. Nörr erklärt dies folgendermaßen: „Die Grund- und Menschenrechte spielten nur die Rolle eines Statisten, die Privatrechtsgesellschaft gewönne an Substanz."[435] Der Einzelne erfülle lediglich bestimmte Funktionen und diene durch seine Stellung in der Privatrechtsgesellschaft dem Markt. Die Privatrechtsgesellschaft und der Markt werden als etwas Ganzes betrachtet, die Privatrechtsperson dagegen als Teil oder Partikel des Ganzen. Böhm institutionalisiere oder soziologisiere die Privatautonomie und die Privatrechtsinstitute. Nörr fasst dies folgendermaßen zusammen: „Markt und Recht werden gleichsam zu einer einzigen Normativität verschmolzen, so kann man die Lehre des Ordoliberalismus auf eine kurze Formel bringen."[436]

bb) Wettbewerbspolitische Schlussfolgerungen von Eberhard Günther

Die Lösung des Problems der ökonomischen Macht in einer konsequent marktwirtschaftlichen Rahmenordnung auf wettbewerblichem Gebiet, in dem alle Erscheinungsformen wirtschaftlicher Macht berücksichtigt wurden, gab es in der Folgezeit nicht mehr. Eine Wettbewerbsschutzgesetzgebung ohne Rücksicht auf die Erscheinungsformen der wirtschaftlichen Macht war im Entwurf zum Gesetz gegen Wettbewerbsbeschränkungen nicht vorgesehen. Dies hält Eberhard Günther für ein ordnungspolitisches Versäumnis. Der Josten- Entwurf stellte eine Zäsur innerhalb des Ordoliberalismus dar, denn einige Vertreter des Ordoliberalismus entwickelten in der Folgezeit eine neue wirtschaftliche und gesellschaftspolitische Ordnungsvorstellung, die er als Neoliberalismus in seinem Beitrag „Die geistigen Grundlagen des so genannten Josten- Entwurfs", in der Festschrift für Franz Böhm zum 80. Geburtstag, „Wirtschaftsordnungen und Staatsverfassung" bezeichnet. Der Neoliberalismus knüpfe stärker an die

433 *Nörr,* Die Leiden des Privatrechts, S. 178.
434 *Nörr,* Die Leiden des Privatrechts, S. 152.
435 *Nörr,* Die Leiden des Privatrechts, S. 153.
436 *Nörr,* Die Leiden des Privatrechts, S. 155.

Vorstellung des klassischen Liberalismus an. Der Konzeption des Neoliberalismus widersprechen alle staatlichen Maßnahmen zur Dekonzentration der Wirtschaft und die staatlichen Kontrollen des externen Unternehmenswachstums. Eine umfassende Lösung des Machtproblems und der Erhalt wettbewerblicher Marktstrukturen zur Sicherung einer Wettbewerbswirtschaft wurden durch das Gesetz gegen Wettbewerbsbeschränkungen nicht erreicht. Eberhard Günther führt das auch auf die neue Entstehung der wirtschaftlichen Macht in den 1950er Jahren zurück.[437]

2. Gesetz gegen Wettbewerbsbeschränkungen im Gesetzgebungsverfahren

Zwischen Josten-Entwurf und den Regierungsentwürfen und dem späteren Gesetz gegen Wettbewerbsbeschränkungen besteht eine Gemeinsamkeit, die Grundidee „Markt und freier Wettbewerb". Erhards Wirtschaftspolitik zeigte sich sehr erfolgreich und der Erfolg ging auf das Leitbild der sozialen Marktwirtschaft zurück und ihrer „wesentlichen Komponente", dem „Wettbewerbsgedanken". Dem Erfordernis, dies zu sichern und in die Rechtsordnung zu implementieren, sollte mit dem Gesetz gegen Wettbewerbsbeschränkungen nachgekommen werden.

a) Ordnungspolitische Situation

In erster Linie entschieden über die „sozialen Erfindungen unter den deutschen Ordnungsvorstellungen" zunächst die US-Amerikaner als tonangebende Besatzungsmacht in den westlichen Besatzungszonen. Sie sind der „freien Unternehmerwirtschaft" verbunden und angesichts der zunehmenden Ost-West-Spannungen an „reinen Ordnungsideen" interessiert, die eindeutig zum sowjetischen Kommunismus kontrastieren. Das Leitbild der Sozialen Marktwirtschaft von Müller-Armack ist eine „reine Ordnungsidee", da wirtschaftspolitische Kriterien dominieren und Wirtschaftslenkung klar der Marktwirtschaft gegenüber gestellt wird. Dahingegen entspricht die Strukturpolitik der Ordoliberalen nicht dem politischen Kräfteverhältnis von 1948/1949 in den westlichen Besatzungszonen. Die Übernahme der Führung der christlich-liberal-konservativen Strömung unter Adenauer, aus der Oppositionsrolle heraus, in den Jahren 1948/1949 bedeutete einen Richtungswechsel. Die soziale Marktwirtschaft wurde

---

437 *Blum*, Soziale Marktwirtschaft, Wirtschaftspolitik zwischen Neoliberalismus und Ordoliberalismus, S. 284.

vorangetrieben, die eine Politik der wirtschaftlichen Leistungssteigerung vorsah. Dabei traten ordoliberalen Lehren zurück, die auf eine gleichzeitig stattfindende gesellschaftspolitische Reform zielten. Die vorhandenen deutschen Wirtschaftsstrukturen aufzubrechen erschien in dieser wirtschaftlich schwierigen Zeit weniger vorteilhaft, als die Anknüpfung an die vorhandenen Wirtschaftsstrukturen und die Befreiung des Wettbewerbs zur Leistungssteigerung. Kartte und Holtschneider weisen darauf hin, in der sich von 1947 bis 1949 vollziehenden wirtschaftspolitischen Entwicklung sei der eigentliche Grund für das Scheitern des Josten- Entwurfs zu sehen.[438]

aa) Verfassungsrechtliche Rahmenbedingung

Das im Mai 1949 verabschiedete Bonner Grundgesetz enthielt keine wirtschaftspolitische Entscheidung und „ist hinsichtlich der politischen Grundkonzeption einer Wirtschaftsordnung so gut als möglich offen"[439]. Keine Festlegung auf ein idealtypisches Wirtschaftssystem im Rahmen der wirtschaftsverfassungsrechtlichen Grundgesetznormen bedeutet, darin sind sich Ridder, Abendroth und Ipsen einig, dass sowohl ein marktwirtschaftliches als auch ein interventionistisch-gemeinwirtschaftliches System in der staatlichen Gestaltung verfassungsrechtlich zulässig sei.[440] Das BVerfG bestätigte im Investitionshilfeurteil vom 20. Juli 1954 die wirtschaftspolitische Offenheit und Neutralität der Verfassung. Darin heißt es: „Die gegenwärtige Wirtschafts- und Sozialordnung ist zwar eine nach dem Grundgesetz mögliche Ordnung, keineswegs aber die allein mögliche. Sie beruht auf einer vom Willen des Gesetzgebers getragenen wirtschafts- und sozialpolitischen Entscheidung, die durch eine andere Entscheidung ersetzt oder durchbrochen werden kann. Daher ist es verfassungsrechtlich ohne Bedeutung, ob das Investitionshilfegesetz im Einklang mit der bisherigen Wirtschafts- und Sozialordnung steht und ob das zur Wirtschaftslenkung verwandte Mittel „marktkonform" ist. Leitende Eingriffe des Staates in die Wirtschaft sind mit dem Grundgesetz vereinbar, wenn sie im Interesse des Gesamtwohls erforderlich sind".[441]

438 *Kartte/Holtschneider,* Konzeptionelle Ansätze und Anwendungsprinzipien im GWB, S. 204f.
439 *Zacher,* Aufgaben einer Theorie der Wirtschaftsverfassung, S. 70.
440 *Reich*, Markt und Recht, S. 81.
441 BVerfGE 4, 17f.

bb) Referentenentwürfe bis zur wirtschaftspolitischen Grundentscheidung

Der erste Entwurf des Gesetzes gegen Wettbewerbsbeschränkungen wurde im Oktober 1949 von Eberhard Günther als Referent für Wettbewerbsfragen des Bundeswirtschaftsministeriums vorgelegt. Als Grundforderung enthielt dieser Entwurf eine Generalverbotsklausel[442], die Aufgliederung bestehender wirtschaftlicher Machtgebilde, unabhängig davon, ob diese Kartelleigenschaft hatten, staatliche Auflagen für Inhaber wirtschaftlicher Macht und strenge Strafen für Gesetzesübertretungen. Dieser Entwurf wurde als zu hart aufgefasst. Eine Kritik äußerte, der Entwurf neige zum Staatsinterventionismus.[443] Das Gesetz grundsätzlich auf dem Verbotsprinzip aufzubauen, blieb im weiteren Diskurs erhalten. Nach Beratungen mit den Ländern und der Kritik aus der Industrie war im zweiten Entwurf vom 11. November 1949 das Verbotsprinzip enthalten, dieses erstreckte sich jedoch bloß auf wesentliche Bereiche des Wettbewerbs. Ausnahmegenehmigungen vom Verbot sollten für bestimmte Bereiche durch den Wirtschaftsminister erteilt werden. Für marktbeherrschende Unternehmen war die Errichtung eines öffentlichen Registers vorgesehen, in das sich die Unternehmen eintragen sollten. Die Betriebsverhältnisse der marktbeherrschenden Unternehmen haben die optimale Versorgung der Märkte zu gewährleisten. Eine Bundeskommission sollte die vorgenannten Bestimmungen überwachen. Einige Regelungen sind dabei konzeptionell den Missbrauchsregelungen ähnlich, da sie eine nur auf wesentliche Beschränkungen ausgerichtete Verbotsklausel enthalten.[444] Unter praktischen Erwägungen waren Verbotseinschränkungen aufgrund von Nachteilen zu beachten, die ein Kartellverbot für die Gesamtwirtschaft haben kann. Es bestand Übereinstimmung unter anderem darin, dass auf den Weltmärkten eine Kartellbildung für den Erhalt der deutschen Konkurrenzfähigkeit als Wirtschaftsteilnehmer erforderlich sein kann. Ein weltweit geltendes Recht gegen Handelsmissbräuche bestand nicht, da die Havanna Charta nicht ratifiziert wurde und weitere Abkommen ebenfalls nicht geltendes Recht wurden.[445]

---

442 Generalbericht des Abgeordneten Dr. Hellwig, in: Bericht des BT-Ausschusses für Wirtschaftspolitik, 2. Wahlperiode ab 1953, Drucksachen 3644, 1158, abgedruckt unter Materialien, E, in: Müller-Henneberg, Hanz / Schwart, Gustav (Hrsg.): Kommentar zum Gesetz gegen Wettbewerbsbeschränkungen, 1. Aufl. Berlin/Köln 1958, S. 1156–1174, 1160.

443 *Hüttenberger,* Wirtschaftsordnung und Interessenpolitik in der Kartellgesetzgebung der Bundesrepublik 1949–1957, S. 293.

444 Generalbericht des Abgeordneten Dr. Hellwig, aaO, S. 1160.

445 Generalbericht des Abgeordneten Dr. Hellwig, aaO, S. 1167.

Überwiegend wurden Anpassungen des unbeschränkten Wettbewerbs außerdem bei möglichen Störungen des Arbeitsmarktes befürwortet.

Einige Wirtschaftstheoretiker sprachen sich hingegen aus gesellschaftspolitischen Gründen für eine strikte Anwendung des Kartellverbots aus. Den dritten Entwurf vom 8. Dezember 1949 verfasste ein Gesprächskreis bestehend aus Franz Etzel, von 1949 bis 1952 Vorsitzender des Ausschusses für Wirtschaftspolitik des Deutschen Bundestages, Paul Josten und Franz Böhm, Mitglied des Wissenschaftlichen Beirats beim Bundeswirtschaftsministerium, auf Grundlage des Günther-Entwurfs von Oktober 1949. Sie erarbeiteten ihre Fassung auch, um damit die zweite Fassung vom 11. November 1949 abzulehnen, in der ein generelles Verbot fehlte. Die dritte Fassung stellte das generelle Verbot voran. Es folgten zwei weitere Entwürfe. Der sechste Entwurf vom 7. Januar 1950 betonte die bestmögliche Versorgung der Verbraucher und sollte jedwede wirtschaftliche Manipulation unterbinden.[446] Als dieser Entwurf bekannt wurde, signalisierten Industrielle dem Bundeswirtschaftsminister Ludwig Erhard auf einer Tagung am 24. Januar 1950 in Unkel, zu einem Gesetz gegen Wettbewerbsbeschränkungen auch auf Grundlage des Verbotsprinzips bereit zu sein unter der Bedingung, dass Konditionen-, Rabatt-, Auslands, Strukturkrisen-, Export- und Rationalisierungskartelle sowie die Preisbindung der zweiten Hand erlaubt seien.[447] Aus Sicht der Alliierten war an den auf den ersten folgenden Entwürfen zu bemängeln, dass keine Maßnahmen gegen Monopole enthalten waren, sondern nur künftige Konzentrationen behandelt wurden. Erst am 15. Januar 1951 kam ein siebter Entwurf, diesmal aus dem Bundesjustizministerium, hinzu. Dieser Entwurf enthielt keinen Katalog wie die vorangegangenen Entwürfe und ein Hinweis auf Verbraucherinteressen fehlte ebenfalls. Hinzu kam dagegen ein seit den ersten Nachkriegsjahren bereits als überwunden geltender Gedanke, der auf wenig Vertrauen in die Marktrationalität beruhte. Nach Jahren des durchkartellierten Wirtschaftens, welches zuweilen als Selbstverwaltung der Wirtschaft positiv herausgestellt wurde, galt das Kartell zunächst für viele als nach wie vor in einigen Aspekten erforderlich. Ein Aspekt war dabei, dass Kartellen zugeschrieben wurde, zur Überwindung von Konjunkturkrisen nützlich zu sein, indem sie als wettbewerbsbeschränkende Instrumente zur Anpassung der Wirtschaft eingesetzt werden. Nach einer neoliberalen Auffassung sind Konjunkturkrisen notwendige selektive Prozesse, die den Markt von falsch wirtschaftenden Marktteilnehmern

446 Generalbericht des Abgeordneten Dr. Hellwig, aaO., S. 1160f.

447 *Hüttenberger*, Wirtschaftsordnung und Interessenpolitik in der Kartellgesetzgebung der Bundesrepublik 1949–1957, S. 296.

bereinigen. Konjunkturkrisen sollen im Sinne der neoliberalen Lehre mittels der Marktrationalität überwunden werden und gerade nicht durch Kartellabsprachen beeinflusst werden. Der Wirtschaftsausschuss des Bundesrates wandte sich nach Vorlage des siebten Entwurfs am 11. März 1951 mit einer Stellungnahme[448] an die Bundesregierung und fragte, ob nicht andere Grund-sätze, als die im siebten Entwurf enthaltenen, beachtet werden sollten. Dies war ein deutliches Signal an die Bundesregierung. Dieses Signal erfolgte noch bevor ein formaler Gesetzesentwurf vorlag. Um die Referentenentwürfe zusammenzufassen: Sie rangen mit den Fragen, ob freie Wirtschaft oder Planung und entweder staatliche oder privatwirtschaftliche Intervention in die Wirtschaftsabläufe erforderlich bzw. was geeigneter erscheint. Die verschiedenen Ansichten fanden sich tendenziell unterschiedlich ausgeprägt in den Referentenentwürfen, ohne dass bereits eine wirtschaftspolitische Grundentscheidung getroffen worden wäre. Dies änderte sich erst ab Mai 1951.[449]

cc) Staatsrechtliche Rahmenbedingung und vorläufiger Regierungsentwurf

Den Einfluss des Antitrustrechts der USA auf Inhalt und Umfang der neuen westdeutschen Regelungen sicherte die staatsrechtliche Situation, die eine enge Abstimmung mit der Alliierten Hohen Kommission erforderte und die deutschen Regierungsberatungen in den Kabinettssitzungen mitbestimmte. Im Jahr 1951 führte die enge Abstimmung der Entwurfsfassung zunächst dazu, dass die Alliierte Hohe Kommission in einer nach eigenen Vorstellungen abgeänderten Teilversion in englischer Sprache bereitstellte, der ein deutscher Gesetzesentwurf in der Fassung vom 22. Mai 1951 zu Grunde lag.[450] Aus Sicht der Alliierten war an den deutschen Entwürfen insbesondere zu bemängeln, dass keine Maßnahmen gegen Monopole enthalten waren, sondern nur künftige Konzentrationen behandelt wurden. In der englischen Version waren unter anderem Dekonzentrationsbestimmungen enthalten. Die materiell-rechtlichen Wettbewerbsvorschriften wurden nach den wettbewerbspolitischen Vorstellungen der US-amerikanischen Kartellabteilung verschärft.[451]

---

448 Bericht des vom Wirtschaftsausschuss des Bundesrates eingesetzten Unterausschusses über die Vorarbeiten zu einem Bundesgesetz gegen Wettbewerbsbeschränkungen, NW 94–1129.

449 Generalbericht des Abgeordneten Dr. Hellwig, aaO, S. 1161.

450 Protokoll der 14. Kabinettssitzung vom 24.10.1951, Top 3, Entwurf eines Gesetzes gegen Wettbewerbsbeschränkungen, unter www.bundesarchiv.de.

451 *Murach-Brand,* Antitrust auf deutsch, S. 178ff.

Als im November 1951 dann aufgrund der Referentenfassungen 14 und 15 ein vorläufiger Regierungsentwurf im Bundeskabinett verabschiedet wurde, der das Verbotsprinzip, aber keine Fusions- und Entflechtungsvorschriften beinhaltete, teilte die Alliierte Hohe Kommission am 1. Dezember 1951 mit, dass über den Entwurf deutsch-alliierte Sachverständigenbesprechungen aufgenommen werden müssten. Die Verhandlungsergebnisse zwischen Alliierter Hoher Kommission und den Vertretern des Bundeswirtschaftsministeriums aus Dezember 1951 und Januar 1952 fanden Eingang in den ersten Regierungsentwurf von 1952 (XVII. Entwurf).[452] Wieviel Einfluss diese Intervention auf den Regierungsentwurf von 1952 hatte, wird uneinheitlich beurteilt. Es gilt festzuhalten, dass auf Grundlage der deutschen Entwurfsfassung im Verlaufe der Verhandlungen die Alliierte Hohe Kommission einen eigenen Gesetzentwurf vom 28. November 1951 in englischer Sprache übergab, der eine große Zahl an Änderungen enthielt. Zwar seien die alliierten Änderungsvorschläge in den Verhandlungen als weniger zweckmäßig gegenüber dem deutschen Entwurf erschienen, so dass zum großen Teil die bisherigen Formulierungen beibehalten wurden.[453] Jedoch wurden die mit der Alliierten Hohen Kommission abgestimmten §§ 3 und 4 des Entwurfs in die Ministervorlage vom 18. Februar 1952 übernommen. §§ 3 und 4 des Entwurfs sahen vor, dass die Kartellbehörde sogenannte Rationalisierungskartelle und Preisfestsetzungsbefugnisse zulassen konnte.[454] Unter den abgestimmten Entwurfsänderungen war materiell am wichtigsten, dass das Recht der horizontalen Wettbewerbsbeschränkungen (Kartelle) im Hinblick auf die Ausnahmevorschriften einschränkend abgeändert wurde. Der Grundsatz des generellen Kartellverbots blieb dagegen unverändert.[455]

Aufgrund der alliierten Einflussnahme wurde weiterhin das Recht der marktbeherrschenden Unternehmen durch Vorschriften, die eine Kontrolle künftiger Unternehmenszusammenschlüsse erlaubten, ergänzt. Die entscheidenden Bestimmungen finden sich in den §§ 18 bis 22. Der im Wortlaut in der

---

452 *Murach-Brand,* Antitrust auf deutsch, S. 180; Entwurf eines Gesetzes gegen Wettbewerbsbeschränkungen, 203. Kabinettssitzung vom 22.05.1952, unter www.bundes archiv.de.

453 Protokoll der 184. Kabinettssitzung vom 7. November 1951, Top 5, Fn. 5, unter www. bundesarchiv.de.

454 Protokoll der 203. Kabinettssitzung vom 22.02.1952, Top 4, Entwurf eines Gesetzes gegen Wettbewerbsbeschränkungen, Fn. 1 und 2, unter www.bundesarchiv.de.

455 *Robert,* Konzentrationspolitik in der Bundesrepublik, Das Beispiel der Entstehung des Gesetzes gegen Wettbewerbsbeschränkungen, S. 163.

Entwurfsfassung vom 29. Dezember 1951, vom 1. Februar 1952 und schließlich vom Regierungsentwurf von 1952 unverändert bleibende § 18 I[456] lautet:

> „Der Zusammenschluss von zwei oder mehreren Unternehmen bedarf der Erlaubnis der Kartellbehörde, sofern er zur Folge haben würde, dass die zusammengeschlossenen Unternehmen in einem nicht nur örtlich begrenzten Gebiet für eine bestimmte Art von Waren oder gewerblichen Leistungen die Stellung eines marktbeherrschenden Unternehmens im Sinne des §17 I erlangen würden."

In § 18 II folgte das Verbot eine Erlaubnis zu erteilen, wenn ein Zusammenschluss für das gesamte Bundesgebiet eine marktbeherrschende Stellung der zusammengeschlossenen Unternehmen schafft. Die präventive Zusammenschlusskontrolle ist im Übrigen nach dem Erlaubnisprinzip mit Verbotsvorbehalt konzipiert, wenn der Zusammenschluss zur überörtlichen marktbeherrschenden Stellung führt, sich dagegen aber nicht marktbeherrschend aufs gesamte Bundesgebiet auswirkt. Die Wichtigkeit der präventiven Zusammenschlusskontrolle ermisst sich darin, dass sie dazu dient, unerwünschte Folgen eines generellen Kartellverbots zu vermeiden. Würden nur Kartelle, die ihrer Definition nach auf rechtlich-organisatorischer Grundlage ohne kapitalmäßige Verflechtung mächtig sind,[457] generell verboten werden, könnte gerade dieser Umstand zur gesteigerten Konzentrationsbestrebung führen und wirtschaftliche Macht auf kapitalmäßiger Grundlage oder durch das Entstehen weiterer Großunternehmen geschaffen werden. In der 99. Sitzung des wirtschaftspolitischen Ausschusses des 2. Deutschen Bundestages rechtfertigen die anwesenden Vertreter des Bundeswirtschaftsministeriums die 1951/1952 von den Alliierte durchgesetzte Aufnahme der präventiven Zusammenschlusskontrolle, indem sie diese als mit dem Kartellverbot korrespondierende Maßnahme bezeichnen. Sie solle verhindern, dass kapitalmäßige Verflechtungen an die Stelle von Kartellen treten.[458]

Die Definition des marktbeherrschenden Unternehmens in § 17 I wurde durch die Intervention der Alliierten wieder erweitert. Sie lautete danach wieder im ordoliberalen Sinn, marktbeherrschende Stellung liegt vor, wenn „die Fähigkeit, den Markt willkürlich zu beeinflussen" gegeben ist. Zwischenzeitlich war

---

456 *Robert,* Konzentrationspolitik in der Bundesrepublik, Das Beispiel der Entstehung des Gesetzes gegen Wettbewerbsbeschränkungen, S. 164.

457 Begründung zu dem Entwurf eines Gesetzes gegen Wettbewerbsbeschränkungen, in: Anlage 1 zu Bundestagsdrucksache 1158, 2. Wahlperiode ab 1953, abgedruckt unter Materialien, B, in: Müller-Henneberg, Hans / Schwartz, Gustav (Hrsg.): Kommentar zum Gesetz gegen Wettbewerbsbeschränkungen, 1. Aufl. Berlin/Köln 1958, S. 1058f.

458 *Robert,* Konzentrationspolitik in der Bundesrepublik, Das Beispiel der Entstehung des Gesetzes gegen Wettbewerbsbeschränkungen, S. 307.

der Gesichtspunkt des „objektiv beschränkten Wettbewerbs" auf Drängen des BDI hinzugefügt worden.[459] Dies bestätigt, dass teilweise konzentrationspolitisch wichtige Bestimmungen aufgrund der alliierten Vorbehaltsrechte in den Regierungsentwurf kamen und nicht dem „im Bundeswirtschaftsministerium institutionalisierten, vom Ordoliberalismus geprägten Gestaltungswillen entlehnt" waren.[460]

Die staatsrechtliche Situation wirkte sich auf die Beratungen des Gesetzesentwurfes unmittelbar aus und änderte sich ab März 1951, als die erste Revision des Besatzungsstatuts erfolgte.

Am 2. Mai 1952 machte der Bundeswirtschaftsminister Ludwig Erhard das Kabinett in seiner Vorlage auf die besondere Eilbedürftigkeit des Gesetzesentwurfs aufmerksam. Der deutsche Gesetzesentwurf müsse vor dem Überleitungsvertrag förmlich dem Bundesrat zugestellt werden, anderenfalls würde die Alliierte Hohe Kommission den alliierten Kartellgesetzentwurf im Überleitungsvertrag zitieren. Dies sei zu vermeiden, da dann die Öffentlichkeit erkennen könne, in welchem Umfang die Alliierten den Gesetzesentwurf beeinflusst haben und „ihn in den Augen der Öffentlichkeit als oktroyiertes Gesetz erscheinen lassen".[461] Ab 1953 wurde seitens der Alliierten auf eine unmittelbare Einflussnahme verzichtet. Einer Genehmigung des deutschen Gesetzes gegen Wettbewerbsbeschränkungen durch die Alliierten Hohen Kommission bedurfte es erst dann nicht mehr, als die Pariser Verträge aus Herbst 1954 diesen Genehmigungsvorbehalt formal aufhoben.[462]

b) *Regierungsentwurf von 1952 und die wirtschaftspolitischen Hintergründe*

Die Bundesregierung legte den ersten formalen Gesetzesentwurf am 13. Juni 1952 vor. Dieser Entwurf der Bundesregierung von 1952 sah folgendes vor: Ein generelles Kartellverbot, von dem nur wenige Ausnahmen zugelassen waren, daneben eine Missbrauchskontrolle marktbeherrschender Unternehmen sowie

---

459 *Robert,* Konzentrationspolitik in der Bundesrepublik, Das Beispiel der Entstehung des Gesetzes gegen Wettbewerbsbeschränkungen, S. 165.

460 *Robert,* Konzentrationspolitik in der Bundesrepublik, Das Beispiel der Entstehung des Gesetzes gegen Wettbewerbsbeschränkungen, S. 163.

461 Protokoll der 216. Kabinettssitzung vom 02.05.1952, Top 1, Überleitungsvertrag zur Ablösung des Besatzungsstatuts – Entwurf eines Gesetzes gegen Wettbewerbsbeschränkungen, Fn. 1 und 2, unter www.bundesarchiv.de.

462 *Kartte/Holtschneider,* Konzeptionelle Ansätze und Anwendungsprinzipien im Gesetz gegen Wettbewerbsbeschränkungen: Zur Geschichte des GWB, S. 193, 202.

eine Erlaubnispflicht für Unternehmenszusammenschlüsse, wenn eine überörtliche marktbeherrschende Stellung zu befürchten ist. Das Ziel des Gesetzesentwurfes war es, eine Marktverfassung des freien Wettbewerbs zu schaffen. Vorausgesetzt wurde die Marktform des vollkommenen Wettbewerbs auf möglichst vielen Märkten. Die vollständige Konkurrenz muss in einem möglichst großen Umfang hergestellt werden. Diese Voraussetzung gilt nur beschränkt. Das Gesetz berücksichtigt und regelt diese Beschränkung des Wettbewerbs in den Ausnahmen zum Kartellverbot, den Bereichsausnahmen der Wirtschaftszweige und den Vorschriften über marktbeherrschende Unternehmen, da diese Vorschriften nur aufgrund der Folgen aus der marktbeherrschenden Stellung, des unvollkommenen Wettbewerbs, notwendig werden. Konkret bedeutet dies, dass auf Märkten ohne vollständigen Wettbewerb die missbräuchliche Ausnutzung der Marktstellung zu verhindern ist. Es ist dafür ein staatliches Organ zur Überwachung und erforderlichenfalls zur Lenkung des Marktgeschehens zu schaffen. Aus dem Vorgenannten ergibt sich die Besonderheit der Dichotomie im Gesetzesentwurf, da in Bereiche unterschieden wird, in denen vollkommener Wettbewerb erstrebenswert ist und andere Bereiche, in denen bekanntermaßen unvollkommener Wettbewerb vorliegt, die jedoch unter dem Vorzeichen „unvollkommener Wettbewerb“ erhalten bleiben.[463]

Es entspricht ansatzweise der ordoliberalen Wettbewerbstheorie, wenn es als Aufgabe des Staates angesehen wird, wettbewerbliche Strukturen, hier in der Marktform des vollkommenen Wettbewerbs, zu fördern und die möglichen Missbräuche durch Marktmacht zu verhindern.[464] Eine nur ansatzweise Entsprechung ist anzunehmen, weil nach der überwiegenden Ansicht unter den Ordoliberalen unter dem Schlagwort „vollständige Konkurrenz“ nicht die Beschreibung einer bestimmten Marktform zu verstehen ist. Es handelt sich auch nicht um eine Interpretationsweise der ökonomischen Theorie, sondern eine Art „Handlungsanweisung“ an den „starken Staat“. Bei Nichtvorliegen der vollständigen Konkurrenz ist erst einmal mittels der ordoliberalen Strukturpolitik die Ausgangsvoraussetzung zu schaffen, indem durch konsequente Streuung des Privatkapitals und durch Verstaatlichung der Monopole die erforderlichen Marktbedingungen hergestellt werden. Dann wird im Einzelnen für den Fortbestand der erforderlichen Marktbedingungen gesorgt, indem der Staat bei

463 *Nörr,* Das Leiden des Privatrechts, S. 186.
464 *Reich,* Markt und Recht, S. 239f.

unvollkommenem Wettbewerb eingreift und die Preise so kontrolliert und setzt, „als ob vollständige Konkurrenz" bestünde.[465]

Die Verfasser des Entwurfs haben sich an kein bisheriges Kartellrechtssystem gehalten. Weder die Kartellverordnung von 1923 noch das Antitrustrecht der USA diente als Vorlage.[466] Die Verfasser haben ebenfalls keine „nationalökonomische Richtigkeit ihrer wettbewerblichen Kategorien" angestrebt, schließlich war der vollkommene Wettbewerb als solches bereits zu dieser Zeit umstritten.[467] Indes finden sich im Gesetzesentwurf jeweils einige Regelungen, die auf unterschiedliche theoretische Neuerungen, historische und praktische deutsche Kartellrechtsregelungen oder den Einfluss der US- Amerikaner und das Antitrustrecht zurückzuführen sind.[468]

aa) Neue wirtschaftspolitische Konzeptionen

Zu den wirtschaftstheoretischen Neuerungen gehört die Leitidee Soziale Marktwirtschaft. Die soziale Marktwirtschaft wird begrifflich von Alfred Müller-Armack ab 1947 in seinen literarischen Beiträgen verwendet, aber auch Harold Rasch führte den Begriff ab 1947 in seine Schriften ein.[469] Die soziale Marktwirtschaft ist nach Müller-Armack weder ein wirtschaftspolitisches Programm, noch ein wirtschaftspolitisches abgeschlossenes Konzept. Ihre Hauptbedeutung liegt zunächst darin, ein politisches Schlagwort zu sein. Als Leitidee gegen die kollektivistische Zwangswirtschaft gerichtet und als „Gegenstoß des Liberalismus" bietet es sich zunächst an, diese mit Hilfe des ordoliberalen Konzepts auszulegen. Müller-Armack bezeichnet die soziale Marktwirtschaft einerseits als „ausgearbeitete und durchdachte Theorie der gesellschaftlichen Gesamtordnung" und andererseits als einen Gedanken, der so ein „der Ausgestaltung harrender progressiver Stilgedanke"[470] ist. Es geht um eine dynamische Konzeption, die gesellschaftlich integrativ wirkt. Die Verwendung des Begriffs „progressiver Stilgedanke" nimmt Anleihen bei der Wirtschaftsstilforschung, die einerseits von allgemein-gültigen und andererseits kulturell-historisch bedingten

465 *Blum,* Soziale Marktwirtschaft. Wirtschaftspolitik zwischen Neoliberalismus und Ordoliberalismus, S. 278.

466 *Rittner,* Wirtschaftsrecht mit Wettbewerbs- und Kartellrecht, S. 276f.

467 *Nörr,* Das Leiden des Privatrechts, S. 186.

468 *Murach-Brand,* Antitrust auf deutsch, S. 216.

469 *Blum,* Soziale Marktwirtschaft. Wirtschaftspolitik zwischen Neoliberalismus und Ordoliberalismus, S. 94.

470 *Müller-Armack,* Wirtschaftsordnung und Wirtschaftspolitik, Studien und Konzepte zur Sozialen Marktwirtschaft und zur Europäischen Integration, S. 10ff.

wirtschaftstheoretischen Konzeptionen und ihrer Vereinbarkeit miteinander ausgeht. In seiner Habilitationsschrift mit dem Titel „Soziale Marktwirtschaft – Wirtschaftspolitik zwischen Neoliberalismus und Ordoliberalismus" befasst sich Reinhard Blum mit der Sozialen Marktwirtschaft und ihrem politischen, empirischen sowie wirtschaftstheoretischen Ursprung. Das Vorwort von März 1969 verfasste H.G. Hoffmann. Darin wird auf Blums mehrjährige Tätigkeit im Bundeswirtschaftsministerium in Bonn und seine Mitarbeit an der empirischen Wachstumsforschung bei W.G. Hoffmann verwiesen. Dies seien Garanten dafür, dem Leser ein realistisches Bild hinsichtlich der ab 8. Juni 1967 neuen Etappe mit dem StabG zu ermöglichen. Anzumerken ist, dass diese Abhandlung sich hauptsächlich auf die Leitidee der sozialen Marktwirtschaft von Müller-Armack stützt und diese mit den davon teils divergierenden Konzeptionen der Freiburger Schule (Eucken, Böhm und Miksch) als auch der übrigen Vertreter der Kölner Schule (Röpke und Rüstow) abgeglichen wird. Blum arbeitet heraus, dass ein bedeutender Unterschied zwischen Ordoliberalismus und sozialer Marktwirtschaft nach Müller-Armack, in der Trennung zwischen Marktwirtschaft und Sozialpolitik zu sehen ist. Im Ordoliberalismus bestehe ein „unlösbare[r] Gesamtzusammenhang zwischen Wirtschaftsordnung und der Gesamtlebensordnung". Dieser Gesamtzusammenhang versage es, mit der Leitidee der sozialen Marktwirtschaft ohne eine vorherige Wirtschaftsreform die Marktwirtschaft „instrumental" zur Erhöhung des Sozialprodukts zu verstehen und die soziale Disproportion im Nachgang durch die Sozialpolitik ausgleichen zu wollen. Die ordoliberale Strukturpolitik wird auch deshalb durch Sozialpolitik ersetzt, um an die vorhandenen deutschen Wirtschaftsstrukturen anknüpfen zu können.[471] Auf diese Weise erhält selbst das Kartell eine Ordnungsfunktion, wenn das in Frage stehende Kartell die Aufgabe der Organisation des Wettbewerbs ausübt und keine Versuche unternimmt, den Wettbewerb auszuschalten. Dagegen hält Rasch alle Tendenzen zur Auflockerung von privater Kartellmacht für erstrebenswert.[472] Gemeinsam sind Rasch und Müller-Armack weder für eine Entflechtung von Großunternehmen und Konzernen noch für eine umfassende Ordnungspolitik zu gewinnen.[473] Für die soziale Marktwirtschaft hält Müller-Armack die Währungsreform für das

471 *Blum,* Soziale Marktwirtschaft. Wirtschaftspolitik zwischen Neoliberalismus und Ordoliberalismus, S. 279f.

472 *Rasch,* Grundfragen der Wirtschaftsverfassung, S. 134f.

473 *Hüttenberger,* Wirtschaftsordnung und Interessenpolitik in der Kartellgesetzgebung der Bundesrepublik 1949–1957, S. 293.

vordringliche Ziel.[474] Lediglich nach „Überwindung der Not", wenn mit Hilfe der bisherigen Strukturen das Sozialprodukt gesteigert wurde, bedürfe es „für größere wirtschaftspolitische Ziele einer gelockerten Form der zentralen Lenkung".

Dem Begriff Marktwirtschaft wird in der sozialen Marktwirtschaft einerseits die oben beschriebene instrumentale Bedeutung und andererseits finale Bedeutung für die Wirtschaftsordnung zu gewiesen. Beides sei strikt zu trennen. Die finale Bedeutung ergibt sich daraus, dass dies „einzige Konsequenz einer auf den Idealen menschlicher Freiheit und persönlicher Würde basierenden Gesamtlebensordnung" sei. Müller-Armack rezipiert die Erkenntnisse der neuen philosophischen Anthropologie und sieht den Menschen ganzheitlich mit allen seinen Bedürfnissen.[475]

Zusammenfassend lässt sich sagen, dass Müller-Armack folgendes Leitbild einer Sozialen Marktwirtschaft entwickelt hat: Er erkennt im Ordoliberalismus den dritten Weg als liberale Alternative zu Kapitalismus und Sozialismus und nimmt diesen als Ausgangspunkt. Für seine „gesteuerte Marktwirtschaft" verweist er auf ein wesentlich verbessertes, wirtschaftspolitisches Instrumentarium. Er nennt die Geld- und Kreditpolitik, Sozialpolitik, Preispolitik, Konjunktur- und Wettbewerbspolitik. Hinsichtlich der staatlichen Lenkung ist ihre Subsidiarität und Reduzierung auf den sozialen Bereich zu beachten. Erst wenn private Initiative nicht ausreichend ist, wird es für den sozialen Bereich erforderlich. Die soziale Verteilung könne nicht vom Marktautomatismus erwartet werden, wohl aber die volkswirtschaftliche Leistungssteigerung. Im Anschluss daran gibt es dann etwas zu verteilen. Die Konturen der Sozialen Marktwirtschaft von Müller-Armack werden von Blum als weich beschrieben, die nur in Abgrenzung gegenüber einer „kollektivistischen Zwangswirtschaft, in der der Staat die Wirtschaft kommandiert" feststeht.[476]

Die ordoliberalen Forderungen nach vollständiger Konkurrenz werden verkürzt auf „aktive Politik der Wirtschaftsordnung" im wesentlichen Bereich der Sozialpolitik. Zugleich erfolgt dazu der einschränkende Hinweis, die beste Sozialpolitik sei die marktwirtschaftliche Konjunkturpolitik sowie Wachstumspolitik."

Die Vorzüge der sozialen Marktwirtschaft lägen in dem Abstimmen der Interessen von wirtschaftlichen Machtgruppen, denn dies ermögliche eine pragmatische Befassung mit einzelnen Problemen.

---

474 *Blum,* Soziale Marktwirtschaft. Wirtschaftspolitik zwischen Neoliberalismus und Ordoliberalismus, S. 95f.

475 *Hotze,* Menschenbild und Ordnung der Sozialen Marktwirtschaft, S. 352f.

476 *Blum,* Soziale Marktwirtschaft. Wirtschaftspolitik zwischen Neoliberalismus und Ordoliberalismus, S. 123.

Als Konsequenz ergibt sich daraus, dass das wirtschaftspolitische Instrumentarium nicht unabhängig verwendet werden kann. Der Staat ist vielmehr von den verschiedenen Wirtschaftsgruppen abhängig. Der integrierende Staat mit einer „Wirtschaftspolitik der Mittelwege" in diesem Leitbild der „Sozialen Marktwirtschaft" ist im Vergleich zum „starken Staat" im Ordoliberalismus auf ständige Förderung der wirtschaftlichen Expansion angewiesen, um den reibungslosen Ausgleich zwischen den Interessen der verschiedenen Gruppen zu erleichtern.[477]

Müller-Armacks Reduktion der Marktwirtschaft auf ein Mittel zur wirtschaftlichen Leistungssteigerung, da diese die einzige Organisationsform sei, die das Eigeninteresse anerkennt und auf die freie Initiative und schöpferische Kraft im Menschen vertraut, bietet für eine Auseinandersetzung mit der Kapitalismuskritik wenig Anhaltspunkte. In den wenigen antikapitalistischen Aspekten leitet er die negativen Zuschreibungen aus geschichtlichen Gegebenheiten her. Falls sich dies geschichtlich wiederholen sollte, sei der Staat gefragt, „marktwirtschaftlich" dagegen zu steuern, um wieder zu einer „harmonischen Sozialordnung" zu finden.

Die soziale Marktwirtschaft nach Müller-Armack wird wesentlich auf dem von Günther begrifflich vom wirtschaftlich orientierten Ordoliberalismus unterschiedenen Neoliberalismus und nicht auf einem den „starken Staat" für eine stringente Ordnungspolitik erfordernden ordoliberalen Fundament aufgebaut.[478] Die genannte wirtschaftstheoretische Richtung wird in Abgrenzung zur Freiburger Schule auch als Kölner Schule bezeichnet. Es finden sich auch die Bezeichnungen soziologischer Neoliberalismus sowie Wirtschafts- und Sozialhumanismus. Als Vertreter sind Alexander Rüstow, Wilhelm Röpke und Alfred Müller-Armack zu nennen.

Eine andere Ausgestaltung der Sozialen Marktwirtschaft, zu deren Vertretern zunächst Ludwig Erhard gehörte, sieht nach Rasch schriftlichen Ausführungen einen „stärkeren Staat" vor mit entsprechend „stärkerer Wirtschaftslenkung". Diese Ausgestaltung steht sowohl dem Ordoliberalismus näher, als auch der sozialistischen Marktwirtschaft.[479] Ob Ludwig Erhard eine eigene wirtschaftstheoretische Konzeption der Sozialen Marktwirtschaft entwickelte, die deutlich von den übrigen Ansätzen zu unterscheiden ist, ist umstritten. Zum Teil wird

---

477 *Blum*, Soziale Marktwirtschaft. Wirtschaftspolitik zwischen Neoliberalismus und Ordoliberalismus, S. 107.

478 *Blum*, Soziale Marktwirtschaft. Wirtschaftspolitik zwischen Neoliberalismus und Ordoliberalismus, S. 105.

479 *Blum*, Soziale Marktwirtschaft. Wirtschaftspolitik zwischen Neoliberalismus und Ordoliberalismus, S. 279.

vertreten, dass Ludwig Erhards Verdienst darin bestand, die wirtschaftstheoretischen Konzeptionen der Ordoliberalen und soziologischen Neoliberalen ansatzweise politisch umgesetzt zu haben.[480] Welcher Ansicht auch gefolgt wird, Ludwig Erhards eigener wirtschaftstheoretischer Standpunkt lag während des Gesetzgebungsverfahrens auf halber Strecke zwischen den vorgenannten Konzeptionen. Erhard wendete sich gegen den Kollektivismus, da er in diesem Gefahren für Politik und Gesellschaft sah. Die kollektive Steuerung der Wirtschaft und staatlicher Dirigismus seien abzulehnen. Er schätzte aus ordnungstheoretischer Sicht und historischer Überlegung beides als gleich schädlich ein. Seine Erklärungssätze lauten: a) Aus den Kartellerfahrungen in der Weimarer Zeit könne das Gesetz weder auf das generelle Kartellverbot verzichten noch sich auf die staatliche Aufsicht über beherrschende Unternehmen und die Missbrauchskontrolle beschränken. b) Die nationalsozialistische Zeit habe gezeigt, welche Gefahr von einer Bewirtschaftung mittels Kartellen für die Demokratie ausgehe. c) Das Streben nach einer sozialen Marktwirtschaft sei erforderlich, da diese in die Gesamtordnung passe. Dem Leistungswettbewerb komme große Bedeutung zu. Dies führt zur Gegenüberstellung von kollektiver Interessenwahrung der Wirtschaft und dem „Prinzip Leistungswettbewerb", das allgemein für „Wirtschaft und Gesellschaftspolitik" gültig sein sollte. Wenn Wettbewerbspolitik den Leistungswettbewerb sicherstelle, sei dies immer auch Einkommens- und Verteilungspolitik und sozialverträglich, auch wenn dies eine sozialverträgliche Umverteilung nicht vollkommen entbehrlich mache.[481]

bb) Althergebrachte wirtschaftspolitische Konzeptionen

Im Vergleich zu dem Leitbild von Müller-Armack vertreten die Unternehmer eine „soziale Leistungswirtschaft", die auf „traditionellere Formen der deutschen Wirtschaft" abstellt. Es kommt ihnen hauptsächlich auf den „Willen zur wirtschaftlichen Freiheit" und die „Leistungssteigerung über die marktwirtschaftliche Ordnung" an. Kartelle seien „im Dienste der sozialen Marktwirtschaft" stehende Wirtschaftsinstrumente.[482] Für die Großindustrie führt Fritz Berg aus, die Wirtschaft solle durch die Wirtschaftsverbände selbstverwaltet werden. Die Ordnung der Wirtschaft sei nur insofern eine staatliche Aufgabe, als der Staat die Missbrauchskontrolle über die Selbstverwaltung durch die Wirtschaftsverbände

480 *Hotze,* Menschenbild und Ordnung der Sozialen Marktwirtschaft, S. 13f.
481 *Mestmäcker,* Konstituierung und Sicherung der Wettbewerbsordnung, S. 51, 54f.
482 *Robert,* Konzentrationspolitik in der Bundesrepublik. Das Beispiel der Entstehung des Gesetzes gegen Wettbewerbsbeschränkungen, S. 234.

ausübe. Damit sei „die politische Dimension des Missbrauchsprinzips" ganz in den Vordergrund gerückt.[483]

cc) US-amerikanisches Antitrustrecht

In der ersten Legislaturperiode reisten Sachverständige und Parlamentarier des deutschen Bundestages in die USA, um das dortige Antitrustrecht in der behördlichen und gerichtlichen Praxis zu erleben. Wie diese Erfahrungen Berücksichtigung finden könnten wurde im Gesetzgebungsverfahren diskutiert, ein abschließendes Ergebnis wurde jedoch nicht erzielt. Mit Sicherheit kann festgestellt werden, dass die restriktive Grundtendenz gegen sogenannte horizontale Wettbewerbsbeschränkungen (Kartelle) stärkeren Eingang in die neue deutsche Konzeption fand als andere Elemente des US-amerikanischen Antitrustrechts.[484] Lisa Murach-Brand sieht die Rechtsetzungspraxis im Kartellrecht auch als Ergebnis einer Emanzipation Westdeutschlands von der US-amerikanischen Besatzungsmacht. Das GWB sei der Kompromiss zwischen allen zu Mitte der 1950er Jahre bestehenden Vorstellungen. Die US-amerikanische Besatzungsmacht hätte die Einführung umfassender wettbewerbsrechtlicher Regelungen gefordert und zugleich die in Deutschland vorhandenen wirtschaftstheoretischen Konzepte gefördert. Schließlich beinhalteten das US-amerikanischen Antitrustrecht und die wirtschaftstheoretischen Konzepte gut miteinander vereinbare Interessen bezüglich des eingeführten Verbotsprinzips. Sie schreibt abschließend in ihrer Dissertation: „Nicht der individualistische Ansatz des Antitrustrechts, sondern die deutschen Wurzeln des ordoliberalen Konzeptes von Ordnung und Gemeinwohl blieben prägend: Antitrust auf deutsch".[485]

c) Wirtschaftspolitische Konzeption des Regierungsentwurfs von 1952

aa) Verbotsprinzip als allgemeines übergeordnetes Ordnungsprinzip

Nörr wertet die Begründung zum Regierungsentwurf von 1952 aus, die teils aus allgemeinen und teils aus speziellen, auf einzelne Bestimmungen bezogenen Ausführungen besteht. Ein Problem für das gesetzgeberische Konzept sei der Materie immanent. Die Wirtschaft bestehe auch aus Bereichen, in denen der freie Wettbewerb besser nicht erreicht werde. Für die wettbewerblichen Kategorien, die dem Ordoliberalismus entliehen sind, stellt sich das weitere Problem, dass der vollständige Wettbewerb in den 1950er Jahren bereits stark umstritten war.

483 *Mestmäcker,* Konstituierung und Sicherung der Wettbewerbsordnung, S. 51, 58.
484 Generalbericht des Abgeordneten Dr. Hellwig, aaO, S. 1170.
485 *Murach-Brand,* Antitrust auf deutsch, S. 216, 228.

Schließlich stellt sich das Problem, dass die nationalökonomische Kategorienbildung nicht stringent verwendet wird, sondern dienstbar gemacht wird, um ein Schema wie das Verbotsprinzip als Ordnungselement zu begründen, welches neben andere Schemata im selben Gesetzesentwurf gestellt wird. Darin zeigt sich der Unterschied zum Josten-Entwurf, der insofern anders aufgebaut wurde, als dieser nur wenige Ausnahmen vom Verbot enthielt und ansonsten weitere Ausnahmefälle über eine Generalklausel erfasste. Auf diese Weise wirkt sich die Wettbewerbsidee im Josten- Entwurf flächendeckend aus, während im Gesetzesentwurf von 1952 die Wettbewerbsbeschränkung einzeln konkret benannt und je nach Eigenart behandelt wird. Unter dem Begriff „Anwendungsbereiche des Gesetzes" werden unter §§74ff. Regierungsentwurf von 1952 Bereichsausnahmen aufgezählt, die der Behördenaufsicht unterstellt werden. Die Anwendungsfälle der Missbrauchskontrolle sind erstens die marktbeherrschenden Unternehmen, zweitens die Einzelunternehmen, die zukünftig Marktmacht orts- oder bundesweit haben werden, und drittens zukünftige Zusammenschlüsse, die nicht bundesweit Marktmacht entfalten. Erstere Anwendungsfälle zeigen sich auch regelmäßig in den Vorschriften über die verschiedenen Wirtschaftszweige, die den Bereichsausnahmen unterfallen, und der letztere Anwendungsfall ergibt sich aus Rückschlüssen aus den Regelungen über die Präventivkontrolle für den Zusammenschluss der Unternehmen, §18 sowie §§20–22 Regierungsentwurf von 1952.[486] Bezeichnend sei, dass keine abstrakte Feststellung, wann Marktmacht gegeben ist, im Gesetzesentwurf enthalten ist, sondern nur im Einzelakt feststellbar sein soll, ob Marktmacht vorliegt. Daraus folgt, dass die marktbeherrschenden Unternehmen ihr diskriminierendes oder behinderndes Verhalten jedes Mal nach Ermessen der Behörde per Einzelakt verboten bekommen müssen.

bb) Zielsetzung des wirtschaftspolitischen Korrelats zur politischen Demokratie

Nörr geht auf die Problematik ein, dass die Entwurfsbegründung in den Bereichen, in denen der Wettbewerb unbeschränkt angestrebt wurde, der „Idee der Wettbewerbsfreiheit verpflichtet ist". Zugleich wird in „vollständigen" und „unvollständigen" Wettbewerb unterschieden. Wie ist damit umzugehen, wenn die „Idee der Wettbewerbsfreiheit" für „weite Bereiche der Wirtschafts- und Rechtsordnung" „bis zur Unkenntlichkeit verblasste"?[487] Die dahinterliegende Frage lautet, ob der Gesetzesentwurf den in der Begründung angegebenen Zielen und

486 *Nörr,* Das Leiden des Privatrechts, S. 187ff.
487 *Nörr,* Das Leiden des Privatrechts, S. 192.

Aufgaben entsprechen kann. Insbesondere ist die Zielsetzung zu beachten, mittels der Regelungen im Regierungsentwurf das „wirtschaftspolitische Korrelat zur politischen Demokratie“[488] zu schaffen, weil sie „die Freiheit der Verbraucher und darüber hinaus den Fortschritt in der Wirtschaft zum allgemeinen Nutzen sichern“. Denn Grundsätze, die aufgrund der ganzen Sonderregelungen nur in ausgesuchten Einzelfällen gelten, könnten die in sie gesetzte Erwartung enttäuschen, das Grundgesetz der sozialen Marktwirtschaft zu sein. Diese Diskrepanz zwischen Anspruch und Wirklichkeit geht Nörr nach, wenn er heraussucht, wie die Begründung zum Regierungsentwurf von 1952 damit umgeht. Um die Bereiche der organisierten Wirtschaft zu rechtfertigen, werde die Wettbewerbsidee als „Ausfluss eines theoretischen Prinzips abgewertet“. Im Übrigen werde die Begründungsbedürftigkeit der Ausnahmen vom Prinzip vom Gesetzgeber beachtet. Ein anderer Aspekt ist für Nörr, dass mit dem Zurückbleiben hinter dem ordoliberalen Anspruch an die Wettbewerbsordnung, der durch den Kernsatz der „Interdependenz der Ordnungen“ verdeutlicht wird, wenig Berechtigung bestehen bleibt. Denn die Arbeits- und Verbrauchswahl fallen beispielsweise bei vollständigem Wettbewerb anders aus als bei unvollständigem Wettbewerb. Als Problemkreis werde, neben der Sicherung der Rechte des Einzelnen im unvollständigen Wettbewerb, das politische Selbstbestimmungsrecht in der repräsentativen Demokratie wahrgenommen. Nörr verweist auf das Freiheitsverständnis im Begriff der Wettbewerbsfreiheit, das sei objektiv und eben nicht subjektiv im Gesetzesentwurf enthalten. Als Begründung führt er die Klagemöglichkeit Privater an, die vorhanden sei, sofern das Gesetz den Schutz eines anderen bezweckt. Er vergleicht den Wettbewerb mit Eigentum und Freiheit und legt dar, dass die beiden letzteren der Sphäre der vorpositiven Rechte angehören, dagegen gehöre ersterer zu den Freiheitsrechten, die durch Gesetz in die Rechtsordnung eingeführt wurden. Dies sei im Hinblick auf den Regierungsentwurf des GWB von 1952 noch zuungunsten des Individuums einzuschränken. Denn die Verfügung der Kartellbehörde ist abzuwarten, bevor die vorgenannte Klagemöglichkeit gegeben ist. Außerdem sei es kaum zu erwarten, dass ordentliche Gerichte etwas für sittenwidrig halten, das die Kartellbehörde zuvor nicht beanstandet habe. Weite Bereiche seien mit Mestmäckers Worten als „verwalteter Wettbewerb“ zu bezeichnen. In Bezug auf die Erhaltung der Wettbewerbsordnung kann auch in objektiven Kategorien gedacht werden. Nörr geht der Frage nach, wie

488 Begründung zu dem Entwurf eines Gesetzes gegen Wettbewerbsbeschränkungen, in: Anlage 1 zu Bundestagsdrucksache 1158, 2. Wahlperiode ab 1953, abgedruckt unter Materialien, B, in: Müller-Henneberg, Hans / Schwartz, Gustav, aaO, S. 1162f.

die Verletzung dieser Ordnung behandelt wird. In der Bevölkerung sei ein Rechtsgefühl, dass wettbewerbsbeschränkendes Verhalten etwas Verwerfliches ist, nicht vorhanden. Im Hinblick auf die zu ergreifenden Sanktionen sei dieser Umstand zu beachten. Es dürften keine echten Strafbestimmungen vorgesehen werden, solange die Verwerflichkeit von wettbewerbsbeschränkendem Verhalten nicht weiten Teilen der Bevölkerung gegenwärtig sei. Der Regierungsentwurf sah Bußgeldvorschriften vor. Nörr zählt auch den privaten Ersatzanspruch zum Sanktionensystem. Es folgen Ausführungen zum Aufbau der Verwaltung und den Zuständigkeiten. Ferner widmet sich Nörr der Frage, was erforderlich sei, wenn das Privatrechtsprinzip der gleichen Freiheit verletzt würde, indem sich Träger wirtschaftlicher Macht auf die Privatautonomie beriefen und diese quasi monopolisierten. Er schreibt, dann riefe das Privatrecht die Verwaltung zur Hilfe. Wird die kartellbehördliche Verwaltung tätig, dann ist sie bemüht, den Grundsatz der gleichen Freiheit wiederherzustellen. Das künftige Gesetz sei zur partiellen Wiederherstellung des Privatrechts anzuwenden. Nörr ist der Ansicht, der Rechtsweg vor den ordentlichen Gerichten sei folgerichtig. Er macht schließlich auf die Lücken im Gesetz aufmerksam, die besonders deutlich im Vergleich mit dem Josten- Entwurf hervortreten. Es fehlen Regelungen zur Entflechtung, Änderungen des Aktienrechts und des Rechts der GmbH. Die Konzerne werden ausgespart, so dass Nörr vom „Eklektizismus in der Eindämmung der wirtschaftlichen Macht“ spricht.

cc) Vorkehrungen zur Sicherung des Wettbewerbs

Auf welche Weise das gesetzgeberische Konzept den Wettbewerbsgedanken sichert, wird in den folgenden drei Vorkehrungen zur Sicherung des Wettbewerbs deutlich:

(1) Regelungen über horizontale Wettbewerbsbeschränkungen

Das generelle Kartellverbot in § 1 des Regierungsentwurfs von 1952 hat seinen Ausgangspunkt sowohl im Ordoliberalismus als auch dem US- amerikanischen Antitrustrecht. Die soziale Marktwirtschaft als Konzeption nimmt das generelle Kartellverbot als Element auf, ist wie oben beschrieben, aber nicht stets gegen Kartelle gerichtet. Im Hinblick auf den äußeren Organisationszwang hat das generelle Kartellverbot praktische Bedeutung. Unter dem äußeren Organisationszwang werden alle Maßnahmen verstanden, mit denen ein Kartell seine Marktpolitik gegenüber Außenseitern oder gegenüber Unternehmen durchsetzt, die regelmäßig als Lieferer oder Abnehmer der Kartellmitglieder in Frage kommen. Kartelle haben grundsätzlich kein Recht, gegen Dritte wirtschaftlichen

Zwang auszuüben, wie es ihnen nach der Kartellverordnung von 1923 zugebilligt wurde.[489] Es geht beim generellen Kartellverbot darum, die Machtbildung auf vertraglich-organisatorischer Grundlage mit kollektiver Zielsetzung allgemein zu verbieten, da die Bildung von Angebot und Nachfrage und ein sich daraus entwickelnder Preis und Absatz in jedem Fall beeinflusst werden. Abzugrenzen sind von den Kartellverträgen die Austausch- und Individualverträge, mit denen jede Partei ihre individuellen Ziele verfolgt.[490]

(2) Regelungen über vertikale Wettbewerbsbeschränkungen

Im zweiten Abschnitt, unter „Sonstige Verträge“ werden die Austausch- und Individualverträge hinsichtlich ihrer wettbewerbsbeschränkenden Wirkungen in den §§10 bis 16 des Regierungsentwurfes von 1952 geregelt. Zu den vertikalen Wettbewerbsbeschränkungen gehören insbesondere die Preis- und Konditionenbindung und die sog. Ausschließlichkeitsbindungen. Das grundsätzliche Verbot der vertikalen Preis- und Konditionenbindung aus §10 des Regierungsentwurfs von 1952 beruhe auf der rechtstheoretischen Überlegung, derartige Vertragsbestimmungen hätten nichts mehr mit dem Vertragszweck zu tun, den der Gesetzgeber für den betreffenden Vertragstypus im Auge gehabt hätte. Außerdem beschränken sie die freie Entschließung des Unternehmens über sein geschäftliches Handeln.[491] Die Beherrschung der rechtsgeschäftlichen Entscheidungsfreiheit des Gegenübers sei zu verhindern. Diese Vertragsbestimmungen seien zwar „nach dem sogenannten Grundsatz der Vertragsfreiheit für zulässig erachtet worden“, aber „eine wirkliche Freiheit, den Vertragsinhalt zu bestimmen, liege nur noch im formellen Sinne vor[492]. Nörr zitiert weiter aus der Begründung des Regierungsentwurfes von 1952: „Eine derartige Gestaltung der Vertragsverhältnisse muss als Entartung der Vertragsfreiheit betrachtet und demgemäß unterbunden werden.“ Daran zeige sich das fundamentale Missverständnis, welches die Kartelldebatte dominierte, obwohl Kestner dies richtig

489 Begründung zu dem Entwurf eines Gesetzes gegen Wettbewerbsbeschränkungen, zu § 23, in: Anlage 1 zu Bundestagsdrucksache 1158, 2. Wahlperiode ab 1953, abgedruckt unter Materialien, B, in: Müller-Henneberg, Hans / Schwartz Gustav, aaO, S. 1096.

490 Generalbericht des Abgeordneten Dr. Hellwig, aaO, S. 1164ff.

491 *Nörr*, Das Leiden des Privatrechts, S. 190.

492 Begründung zu dem Entwurf eines Gesetzes gegen Wettbewerbsbeschränkungen, allgemein zu sonstigen Verträgen, in: Anlage 1 zu Bundestagsdrucksache 1158, 2. Wahlperiode ab 1953, abgedruckt unter Materialien, B, in: Müller-Henneberg, Hanz / Schwart, Gustav, aaO, S. 1066.

gestellt hätte.[493] Die Vertragsfreiheit und die Wettbewerbsfreiheit werden als sich widersprechende Prinzipien gegeneinander ausgespielt.“ Nörr verweist auf die verwendeten Begriffe „richtige Freiheit“ und „Entartung“. „Denn Vertragsfreiheit ist nicht nur meine Freiheit, sondern immer zugleich die Freiheit des anderen.“ Es ginge um die Wiederherstellung der Vertragsfreiheit.[494]

Der Hinweis auf die Richtigstellung und das fundamentale Missverständnis bezieht sich auf folgendes: Fritz Kestner untersuchte in seiner Abhandlung „Der Organisationszwang“ die Kämpfe zwischen Kartellen und Außenseitern. Die Durchkartellierung der deutschen Wirtschaft war im Jahr 1912, als die erste Auflage erschien, schon verglichen mit dem Jahr 1927, als die zweite durch Oswald Lehnich umgearbeitete Auflage erschien, und ganz zu schweigen von der weiteren Entwicklung, längst nicht abgeschlossen. Der Abschnitt III, Kapitel 4 „Die Bedeutung des Organisationszwanges für die Rechtsordnung“ wurde jedoch von Lehnich nur geringfügig überarbeitet.[495] Von Knut Wolfgang Nörr, Wernhard Möschel, Bernhard Großfeld und Walter Strauß werden Fritz Kestners Ausführungen für wegweisend für das richtige Verständnis des Verhältnisses von Vertragsfreiheit und Wettbewerbsfreiheit und ihre Bedeutung für Rechts- und Wirtschaftsordnung gehalten.

Kestner stellt heraus, dass der Organisationszwang sich auf die Rechtsordnung auswirkt. Die Folgen des Organisationszwanges für die Rechtsordnung seien problematisch. Dies erörtert er folgendermaßen:

> „Endlich aber bedeuten die geschilderten Vorgänge der Organisationsbewegung einen tief einschneidenden Eingriff in die Privatrechtsordnung: Die Beseitigung oder doch Untergrabung der Voraussetzungen der Vertragsfreiheit, die unseren Privatrechtsnormen zugrunde liegt, durch die Ausschaltung der freien Konkurrenz“.[496]

Er beschreibt die Konkurrenzfreiheit und die Vertragsfreiheit als zwei Wurzeln eines Baumes. Der Baum der „wirtschaftlichen Freiheit“, gedeihe regelmäßig nur unter der Bedingung, dass seine beiden Wurzeln vorhanden sind. Nach Beseitigung der Konkurrenzfreiheit sei die Vertragsfreiheit formal zwar noch vorhanden, aber die Möglichkeit ihrer Geltendmachung sei ausgeschlossen.[497] Bernhard

493 *Nörr,* Das Leiden des Privatrechts, S. 191.

494 *Nörr,* Das Leiden des Privatrechts, S. 191.

495 *Kestner/Lehnich,* Der Organisationszwang. Eine Untersuchung über die Kämpfe zwischen Kartellen und Außenseitern, Vorwort zur 2. Auflage, S. III.

496 *Kestner,* Der Organisationszwang, eine Untersuchung über die Kämpfe zwischen Kartellen und Außenseitern, S. 181f.

497 *Kestner,* Der Organisationszwang, eine Untersuchung über die Kämpfe zwischen Kartellen und Außenseitern, S. 184.

Großfeld verweist darauf, dass in Kestners bis 1977 nicht voll gewürdigtem, die spätere Entwicklung jedoch stark beeinflussenden Werk erstens der Zusammenhang zwischen Kartellen, privater Macht, Wettbewerb und Privatrechtsordnung als das „Kartellrechtsproblem" wissenschaftlich in einer für die damalige Zeit überragenden Weise erörtert werde und zweitens den grundlegenden Erkenntnissen nur sehr moderate Vorschläge an den Gesetzgeber folgen.[498] Walter Strauß bewertet in seinem Beitrag „Gewerbefreiheit und Vertragsfreiheit, eine rechtsgeschichtliche Erinnerung", die Untersuchung Kestners als in „juristischer als auch in wirtschaftlicher Hinsicht" für wertvoll und als Kartellliteratur im Jahre 1975 als weiterhin wichtig. Dies begründet er mit den Ansichten Kestners zur Wichtigkeit der Konkurrenzfreiheit und dessen Bedauern darüber, wie wenig Bedeutung hingegen die Rechtsprechung und Gesetzgebung seiner Zeit der Ausübung der Gewerbefreiheit beigemessen hätten. Insbesondere sei an den Ansichten Kestners hervorzuheben, dass er entgegen der herrschenden Meinung vertrat, Konkurrenzfreiheit sei vorrangig, selbst wenn in die Vertragsfreiheit einzugreifen sei.[499]

(3) Präventive Zusammenschlusskontrolle

Die präventive Zusammenschlusskontrolle als dritte Vorkehrung zur Sicherung vollständigen Wettbewerbs betrifft das zukünftige externe Unternehmenswachstum. Ein zukünftiger Zusammenschluss, um eine marktbeherrschende Stellung zu erlangen oder diese Stellung zu verstärken, war gemäß §18 des Regierungsentwurfes von 1952 erlaubnispflichtig.[500] Es wird entflochten, wenn ohne die vorgeschriebene Erlaubnis der Zusammenschluss nach in Kraft treten des Gesetzes vollzogen wird.

d) Gesetzgeberischen Kontroversen zwischen 1952 und 1957

Der im Juni 1952 in den Bundestag eingebrachte Gesetzesentwurf wurde an den wirtschaftspolitischen Ausschuss verwiesen, der im Frühjahr 1953 die ersten sieben Paragraphen beriet und dann auf das nahe Ende der ersten Legislaturperiode verwies.[501] Der wirtschaftspolitische Ausschuss des Bundestages stimmte

---

498 *Großfeld,* Hauptpunkt der Kartellrechtsentwicklung vor dem ersten Weltkrieg, ZHR 141, S. 442, 454ff; Zur Kartellrechtsdiskussion vor dem ersten Weltkrieg, S. 255, 292ff.

499 *Strauß,* Gewerbefreiheit und Vertragsfreiheit, Festschrift Böhm 1975, S. 603, 610f.

500 *Kartte/Holtschneider,* Konzeptionelle Ansätze und Anwendungsprinzipien im GWB, S. 193.

501 *Nörr,* Das Leiden des Privatrechts, S. 201.

in der ersten Legislaturperiode im Frühjahr 1953 dem grundsätzlichen Aufbau nach dem Verbotsprinzip zu, akzeptierte zahlreiche während der Beratung von Referentenentwürfen eingebrachte Ausnahmen und forderte überdies weitere Sonderregelungen für bestimmte Kartelltypen wie Typen- und Normenabsprachen, Konditionen-, Import- und Rabattkartelle.[502]

aa) Stellungnahmen des Bundesrates

Die folgende Legislaturperiode begann im September 1953, aber erst am 17. Februar 1954 wurde der Regierungsentwurf von 1952 durch die Bundesregierung unverändert dem Bundesrat vorgelegt und um beschleunigte Behandlung gebeten. Der Bundesrat kam diesem Wunsch nach, nahm allerdings zahlreiche neue Änderungen vor. Dabei war eine weitreichende Generalklausel, die eine Ermächtigung der Regierung vorsah, in den Fällen eine Erlaubnis zu erteilen, in denen ein Kartell nach dem Gesetz verboten ist. Dies führte dazu, dass das Bundeskabinett sich erneut mit dem Gesetzesentwurf befasste und eine Revision vornahm, die nach einiger Zeit Bundestag und Bundesrat erreichte.

Es kam zu weiteren Verzögerungen, die erstens mit dem Rückgang des Einflusses der Hohen Alliierten Kommission und mit der Zunahme des Einflusses der Industrie, vornehmlich der Großunternehmen, kein Kartellverbot zu implementieren, begründet werden kann und zweitens damit, dass die CDU/CSU-Fraktion in der Kartellfrage zunehmend uneins war und die Anhänger des strikten Verbotsprinzips um Böhm und Erhard weniger wurden und drittens konjunkturbedingt die Steuerreform zunächst durch den Bundestag gebracht werden sollte.

bb) Verständigung zwischen BDI und Bundeswirtschaftsministerium

Aufgrund des Widerstandes der Großindustrie wurde Bundeskanzler Adenauer vermittelnd tätig, um einen Austausch mit den Vertretern des BDI, die der Kartellgesetzgebung skeptisch gegenüber standen, und dem Bundeswirtschaftsministeriums anzustoßen.[503] Der BDI nahm seit 1949 die Interessen der Großindustrie wahr und machte vom pluralistischen Prinzip ausgiebig Gebrauch. Er verhandelte unmittelbar mit den Fachbeamten des Bundeswirtschaftsministeriums wie auch des Bundesjustizministeriums, nahm aber auch über den

---

502 *Hüttenberger,* Wirtschaftsordnung und Interessenpolitik in der Kartellgesetzgebung der Bundesrepublik 1949 bis 1957, S. 287, 299.

503 *Hüttenberger,* Wirtschaftsordnung und Interessenpolitik in der Kartellgesetzgebung der Bundesrepublik 1949 bis 1957, S. 287–307, 300.

Bundestag und die sieben Bundestagsausschüsse, die sich am Gesetzgebungsverfahren beteiligten, durch Kontakt zu verschieden Abgeordneten Einfluss. Der mit der Hauptarbeit befasste Ausschuss war der Wirtschaftspolitische Ausschuss. Im Bundesrat gab es Ausschüsse und Unterausschüsse, die mit den Fachreferenten der Landesministerien besetzt waren. Ein Einwirken des BDI auf einzelne Mitglieder des Bundesrates hält Nörr für „falls es sie gab, nur schwer zu entschlüsseln".[504] Hüttenberger wertete die Akten des Bundesrates über die Entstehung des GWB deshalb aus, weil der Bundesrat „im Vergleich zu den unmittelbar Betroffenen, z. B. der Industrie, dem Bundeswirtschaftsminister und den Fraktionen des Bundestages, verhältnismäßig unabhängiger und doch gut informierter Beobachter der Vorgänge war". „Das dort gesammelte Schriftgut spiegelt daher die Breite aller Argumente der Diskussion im politischen Entscheidungsprozess wider" und diente Hüttenberger als wichtige Quelle für seine Abhandlung.[505]

Seit Dezember 1953 wurde ein offizieller „Arbeitskreis Kartellgesetz, Wirtschaft und Wettbewerb" des BDI eingesetzt. Dieser führte „im Grundsatz und im Detail" für den BDI sozusagen von Kartellrechtsexperte zu Kartellrechtsexperte Verhandlungen mit den Bonner Ministerien.[506] Das Missbrauchsprinzip war dabei das Grundanliegen des BDI. Falls dies nicht erreichbar sein sollte, galt es, das Gesetz soweit wie möglich in den verschieden Details abzuschwächen.[507] Der Bundeswirtschaftsminister war mehrfach auf Gespräche mit dem BDI angewiesen.[508] Nachdem diese Verhandlung im Juli 1954 an dem Grundanliegen des BDI gescheitert war[509], kam es im Oktober 1954 zu einer Verständigung, die in dem Bericht des Arbeitskreises enthalten war, der Ludwig Erhard und Fritz Berg vorgelegt wurde. Beide waren mit dem Ergebnis zufrieden, den Vorschlägen wurde zugestimmt.[510] Zwischen Berg und Erhard wurde vereinbart, dass das Verbot bestehen bliebe, erlaubt sollten aber sein: 1. Konditionenkartelle, 2. Strukturkrisenkartelle, 3. Preisbindung der zweiten Hand, 4. Rationalisierungskartelle

---

504 *Nörr*, Das Leiden des Privatrechts, S. 199.

505 *Hüttenberger*, Wirtschaftsordnung und Interessenpolitik in der Kartellgesetzgebung der Bundesrepublik 1949 bis 1957, S. 287, 290.

506 *Nörr*, Das Leiden des Privatrechts, S. 199.

507 *Nörr*, Das Leiden des Privatrechts, S.

508 *Hüttenberger*, Wirtschaftsordnung und Interessenpolitik in der Kartellgesetzgebung der Bundesrepublik 1949 bis 1957, S. 287, 302 u. 305.

509 *Robert*, Konzentrationspolitik in der Bundesrepublik. Das Beispiel der Entstehung des Gesetzes gegen Wettbewerbsbeschränkungen, S. 255.

510 *Nörr*, Das Leiden des Privatrechts, S. 200.

und 5. Preisempfehlungen, falls sie als unverbindlich gekennzeichnet würden.[511] Als die erste Lesung im zweiten Bundestag 1955 stattfand, waren Exekutive und organisierte Wirtschaft im praktischen Ergebnis schon sehr weit, so dass die SPD diese Vorgehensweise als ein Ausschalten des Parlaments kritisierte.[512] Es war jedoch längst nicht alles gelaufen, was darauf zurückzuführen ist, dass Erhard dem Bundestag einen Gesetzesentwurf vorlegte, der im Wesentlichen auf der bisherigen Konzeption beruhte[513] und die Verständigung mit dem BDI von ihm als äußerste Verhandlungslinie bezeichnet wurde[514], die CDU und CSU in sich zerstritten waren, der Höcherl-und der Böhm-Entwurf noch folgten und der BDI nicht alle Bereiche der Wirtschaft vertrat. Es sollte also noch zu einigen Kontroversen in der Folgezeit kommen. Dem BDI selbst gelang es erst 1955 eine gemeinsame Position mit dem Deutschen Industrie- und Handelstag und den Spitzenverbänden des Großhandels, des Einzelhandels und des Handwerkes zu finden. Die unterzeichnete Gemeinschaftserklärung blieb allerdings hinter den Vorstellungen des BDI zurück. Neben dem BDI waren „eine Vielzahl politischer und wirtschaftlicher Kräfte unermüdlich am Werk".[515]

cc) Höcherl-Entwurf und Böhm-Entwurf

Der von 30 Abgeordneten der CSU verfasste sogenannte Höcherl-Entwurf, der der Kartellverordnung 1923 und einem Entwurf von Rudolf Isay nachgebildet war, beruhte auf dem Missbrauchsprinzip und wurde als Entwurf eines Gesetzes gegen Wettbewerbsbeschränkungen unter dem 11. März 1955 vorgelegt (BT-Drucksache 1253). Er sollte den Regierungsentwurf von 1952 beseitigen der dem Bundestag am 22. Januar 1955 zugeleitet worden war.[516] Der Böhm-Entwurf wurde einige Tage später, am 16. März 1955, eingebracht (BT-Drucksache 1269). Er stammte von Franz Böhm, August Dresbach und Thomas Ruf. 18 Abgeordnete der CDU und zwei Abgeordnete der FDP unterzeichneten, auch um dem Höcherl-Entwurf diesen Böhm-Entwurf entgegen zu stellen. Der Böhm-Entwurf

511 *Hüttenberger*, Wirtschaftsordnung und Interessenpolitik in der Kartellgesetzgebung der Bundesrepublik 1949 bis 1957, S. 287, 299ff.

512 *Nörr*, Das Leiden des Privatrechts, S. 200.

513 *Hüttenberger*, Wirtschaftsordnung und Interessenpolitik in der Kartellgesetzgebung der Bundesrepublik 1949 bis 1957, S. 287, 304.

514 *Robert*, Konzentrationspolitik in der Bundesrepublik. Das Beispiel der Entstehung des Gesetzes gegen Wettbewerbsbeschränkungen, S. 267f.

515 *Nörr*, Das Leiden des Privatrechts, S. 201.

516 Generalbericht des Abgeordneten Dr. Hellwig, aaO, S. 1163.

folgte durchweg dem Verbotsprinzip und sollte den Regierungsentwurf von 1952 vor der Verwässerung durch die Verständigung von Oktober bewahren.[517]

dd) Ausschuss für Wirtschaftspolitik

Der wirtschaftspolitische Ausschuss beriet sich in 80 Sitzungen zum GWB. Zuerst musste die Beratungsgrundlage geklärt werden. Dies war kein leichtes Unterfangen, da mittlerweile drei in den Bundestag eingebrachte Gesetzesentwürfe bestanden. Allein hinsichtlich des Regierungsentwurfes von 1952 waren die Änderungswünsche des Wirtschaftspolitischen Ausschusses aus der ersten Legislaturperiode, die Verbesserungsvorschläge des Bundesrates von 1954 und die Verständigung aus Oktober 1954 zwischen BDI und Bundeswirtschaftsministerium zu beachten. Schon die erste Lesung sämtlicher Vorlagen und Anträge am 31. März 1955 hatte gezeigt, dass die Unterstützung für den Regierungsentwurf aus der FDP, von einer sich verringernden Zahl von CDU-Abgeordneten und aus der SPD kam, wohin gegen im wirtschaftspolitischen Ausschuss des Bundestages die Befürworter des Missbrauchsprinzips überwogen.[518] Erst ab November 1955 bestand Klarheit darüber, weder über den sogenannten Höcherl-Entwurf, noch über den sogenannten Böhm-Entwurf zu beraten.[519] Die Befürworter des Missbrauchsprinzips wollten zunächst die Ausnahmen in der Beratung behandeln und §1 der Regierungsvorlage, der das generelle Verbotsprinzip beinhaltete, aus taktischen Erwägungen zurückstellen. FDP und SPD verlangten dagegen allgemein den Rahmen für das Verbot zu bestimmen, um danach zu sehen, welcher Ausnahmen es noch bedürfe.[520] Es schlossen sich langwierige Verhandlungen von großer Zahl an, die das generelle Verbot weiter aushöhlten. Daneben blieb das Verbot der marktbeherrschenden Unternehmen, die wegen ihrer Größe oder ihres Marktanteils in der Lage waren, die Erzeugung und den Verkauf von Waren ohne Rücksicht auf den Wettbewerb zu betreiben, umstritten. Dieses generelle Verbot ging den Gegnern der von der Regierung angestrebten Konzeption zu weit, sie plädierten für eine Aufzählung einzelner Missbrauchstatbestände. Mangels Vorhersehbarkeit von möglichen Missbrauchserscheinungen war zwar dies

517 *Robert,* Konzentrationspolitik in der Bundesrepublik. Das Beispiel der Entstehung des Gesetzes gegen Wettbewerbsbeschränkungen, S. 288f.

518 *Hüttenberger,* Wirtschaftsordnung und Interessenpolitik in der Kartellgesetzgebung der Bundesrepublik 1949 bis 1957, S. 287–307, 305.

519 *Robert,* Konzentrationspolitik in der Bundesrepublik. Das Beispiel der Entstehung des Gesetzes gegen Wettbewerbsbeschränkungen, S. 303.

520 *Hüttenberger,* Wirtschaftsordnung und Interessenpolitik in der Kartellgesetzgebung der Bundesrepublik 1949 bis 1957, S. 287, 305.

nicht zweckdienlich, den Gegnern gelang es jedoch, den Wortlaut der Definition erheblich umzugestalten. Die Marktbeherrschung wurde definiert als „Zustand ohne Wettbewerber für eine bestimmte Art von Waren oder gewerblichen Leistungen oder keinem wesentlichen Wettbewerb ausgesetzt“ zu sein, so dass der gesetzliche Anwendungsbereich erheblich kleiner wurde.[521]

ee) Ausgang der Beratungen des Regierungsentwurfs von 1952

Der erste angenommene Regierungsentwurf von 1952 wurde in der Zeit zwischen 1952 und 1957 wie oben gezeigt kontrovers diskutiert. Überwiegend ging es dabei um die Entscheidung für das gesetzgeberische Konzept und damit um den Themenkreis „Verbotsprinzip versus Missbrauchsprinzip“.[522] Die grundsätzliche Unwirksamkeit von Kartellabsprachen mit vereinzelten Ausnahmen als allgemeinen Ordnungssatz aufzustellen, das heißt, dem Gesetz ein Verbot mit Erlaubnisvorbehalt zu Grunde zu legen, bedeutete eine Abkehr vom Missbrauchsprinzip. Nach der Kartellverordnung von 1923 waren Kartellabsprachen gültig. Es bestanden jedoch Eingriffsmöglichkeiten der Behörden beim Missbrauch von Kartellabsprachen. Die heftige Kritik an der sogenannten Verbotsgesetzgebung beruhte auf der Überlegung, das generelle Kartellverbot beschränke die Freiheit übermäßig.[523] Das Konzept der Verbotsgesetzgebung wurde durch Ludwig Erhard unter anderem damit begründet, dass eine Missbrauchsgesetzgebung nicht ausreichen würde, da es darum ginge, eine allgemeine Ordnung durchzusetzen und nicht allein darum, bestimmte Missbräuche zu beseitigen.[524] Als weiteres Argument für das Verbotsprinzip führte er in der ersten Lesung im Bundestag folgendes an: Die Leistungssteigerung der Unternehmer solle sich nicht in Gewinnen, sondern in Vorteilen für die Verbraucher zeigen. Aus diesem Grund sei das Gesetz gegen Wettbewerbsbeschränkungen ein wirtschaftspolitisches Korrelat zur politischen Demokratie. Die Freiheit zur Unterbindung der Freiheit sei mit der Marktwirtschaft unverträglich.[525]

Der Regierungsentwurf von 1952 sah nur für Konjunkturkrisenkartelle, Rationalisierungskartelle ohne Preisabsprachen sowie für Exportkartelle

---

521 *Hüttenberger,* Wirtschaftsordnung und Interessenpolitik in der Kartellgesetzgebung der Bundesrepublik 1949 bis 1957, S. 287, 306.

522 *Rittner,* Wirtschaftsrecht mit Wettbewerbs- und Kartellrecht, S. 277.

523 *Oesterreich,* Die Entwicklung der Theorie der Wettbewerbspolitik seit 1945, S. 94.

524 *Erhard,* Zehn Jahre Kartellgesetz, S. 25.

525 Generalbericht des Abgeordneten Dr. Hellwig, aaO, S. 1162; *Hüttenberger,* Wirtschaftsordnung und Interessenpolitik in der Kartellgesetzgebung der Bundesrepublik 1949–1957, S. 299.

Erlaubnisvorbehalte vor. Die Zusammenschlüsse von Unternehmen sollten erlaubnispflichtig sein. Die sogenannten Bereichsausnahmen ließ der erste Entwurf nur in engen Grenzen zu. Aufgezählt wurden die Bundesbank, die Landeszentralbanken, landwirtschaftliche Urerzeugung, hoheitlich geführte Betriebe auf dem Gebiet des Post- und Verkehrswesens sowie gewisse Verträge auf dem Gebiet der Verkehrs- und Energiewirtschaft.[526]

Von diesem ursprünglichen Konzept enthielt der zweite, endgültige formale Gesetzesentwurf, das 1957 beschlossene Kartellgesetz, die Zusammenschlusskontrolle nicht mehr. Zahlreiche weitere Ausnahmen zum generellen Kartellverbot in Form von sechs Erlaubniskartellen und fünf Anmeldekartellen fanden Aufnahme und die Bereichsausnahmen im Ausnahmekatalog der §§ 99 bis 105 GWB waren umfassend ergänzt worden, so dass das Regel-Ausnahmeprinzip umgekehrt wurde. Dies bedeutet, dass die aufgezeigte Vorkehrung zur Sicherung des Wettbewerbs in Form der präventiven Zusammenschlusskontrolle wegfiel und in Form des generellen Verbots und der Regelungen über Wettbewerbsbeschränkungen schwächer ausfiel.

e) Wirtschaftspolitische Konzeption des beschlossenen Gesetzes von 1957

Das Gesetz gegen Wettbewerbsbeschränkungen vom 27. Juli 1957 trat 1958 in Kraft und stellte einen neuen Kompromiss insofern dar, als sich im Gesetzestext Verbotsregelungen als auch Missbrauchsaufsichtsregelungen finden.[527] Das GWB von 1957 hat keineswegs die (soziologisch) neoliberalen bzw. ordoliberalen Lehren in ihrer Reinheit umgesetzt, aber diese Lehren haben sich insbesondere in der Begründung zum Regierungsentwurf niedergeschlagen.[528]

aa) Ansatzweise neue, altbekannte wirtschaftstheoretische Konzeptionen und US-amerikanisches Anti-Trustrecht integrierende Konzeption

Um sich die Leitidee der Sozialen Marktwirtschaft als eine dynamische Konzeption, die gesellschaftlich integrativ wirkt, vor Augen zu führen: Die Kompromisse waren zahlreich, so dass das Gesetz gegen Wettbewerbsbeschränkungen als eine ansatzweise neue, althergebrachte Konzeptionen und US-amerikanisches Anti-Trustrecht integrierende Konzeption verstanden werden kann. Die Schutzbereichsbestimmung des ursprünglichen § 26 II GWB, in Kraft getreten 1958, verdeutlicht einerseits den richtungsweisenden Einfluss der Rechtstheorie, um

526 *Kartte,* Ein neues Leitbild für die Wettbewerbspolitik, S. 25.
527 *Kartte,* Ein neues Leitbild für die Wettbewerbspolitik, S. 25.
528 *Rittner,* Wirtschaftsrecht mit Wettbewerbs- und Kartellrecht, S. 277.

den es bereits im zweiten Teil dieser Untersuchung unter rechtlichen Anforderungen an die Wettbewerbswirtschaft (insbesondere in e) zum Ansatz Ludwig Raisers) ging, und andererseits wie ansatzweise neue, altbekannte und US-amerikanische Bestimmungen integriert werden. Fikentscher gibt zu bedenken, die Erweiterung des Kontrahierungszwanges schütze nur die benachteiligte Marktgegenseite und erörtert, ob der ursprüngliche § 26 II GWB auch den Antidiskriminierungsgedanke des Dekartellierungsrecht „in einer auf die deutsche Rechtsentwicklung zugeschnittenen Fassung fortsetzen wollte". Verboten war „[...] die diskriminierende Behandlung von Herstellern, Grossisten, Verbrauchern oder anderen Personen zum Zwecke der Ausschaltung und Verhinderung des Wettbewerbs" (Art. I 1, 2 i.V.m. Art V 9 c 4 DekartR der US- und britischen Zone).[529] Zwar fehle die Formulierung „zum Zwecke[...] des Wettbewerbs" in §26 II GWB, dies sei jedoch „Zielsetzung des ganzen Gesetzes".[530]

Handelt es sich beim Diskriminierungsverbot um ein Verbot wettbewerbsbeschränkenden Verhaltens, wird der Anbieter und Nachfrager als Mitbewerber geschützt. Nach Art des §1 UWG habe sich der Mitbewerber dagegen mit einer Unterlassungs- und Schadensersatzklage (§35 I GWB, §823II BGB) zu wenden. Handelt es sich hingegen um eine Einengung der allgemeinen Abschluss- und Inhaltsfreiheit bei Verträgen im Sinne eines erweiterten Diskriminierungsschutzes, wird die jeweilige Marktgegenseite, der Abnehmer oder Zulieferer geschützt. Im Wege eines erweiterten Kontrahierungszwangs, wie bereits „im Kern" in §826 II BGB enthalten und seit Ende des ersten Weltkriegs für bestimmte Fälle bekannt, kann er Belieferung oder Abnahme verlangen.

Wie eng oder weit der Kreis der Schutzberechtigten bei dem Diskriminierungsverbot des ursprünglichen §26 II GWB zu ziehen war, beantwortete Fikentscher über eine Klärung, inwiefern das Gesetz althergebrachtem „deutschrechtlichen Gehalt", neuem Rechtsdenken oder amerikanischem Antitrustrecht gerecht werden sollte.

Fikentscher spricht sich nach historischen Erwägungen und praktischen Bedürfnissen dafür aus, eine „Verbindung des dekartellierungsrechtlichen [US-amerikanischen] Diskriminierungsverbots zum Schutze des Wettbewerbs und

529 *Fikentscher, Wolfgang:* Zum Recht der Diskriminierungen im Gesetz gegen Wettbewerbsbeschränkungen, in: Die Freiheit des Wettbewerbs, S. 267, 271.

530 *Fikentscher, Wolfgang:* Zum Recht der Diskriminierungen im Gesetz gegen Wettbewerbsbeschränkungen, in: Die Freiheit des Wettbewerbs, S. 267, 274.

der Mitbewerber, mit dem aus der deutschrechtlichen Entwicklung übernommenen Kontrahierungszwang zu Lasten tatsächlicher Monopole" anzunehmen.[531]

Diese integrierende Konzeption ist zudem überwiegend an den wirtschaftlichen Auswirkungen von Macht, nicht allein derjenigen der Kartellierung, orientiert. Dieser Aspekt, dass der äußere Organisationszweck mit dem ursprünglichen §26 II GWB und der Erstreckung des Schutzbereiches auf Mitbewerber fortgesetzt wird, kann gar nicht genug betont werden. Der äußere Organisationszwang sollte in den frühen Entwürfen gänzlich verboten werden. Übrig blieben erst auf den zweiten Blick bedeutsame Vorkehrungen. Daneben war der Bruch mit der Kartelltradition bzw. die Aufgabe des organisatorischen Kartellrechtsdenkens wichtig und erforderte unter deutschen Kartellrechtlern ein Umdenken. Insbesondere die zweite Generation der Neoliberalen war in der institutionellen Betrachtungsweise des Wettbewerbs geschult und geht von einer individual- und institutionsschützenden Konzeption aus. Für Steindorff und Biedenkopf[532] ist insofern wirtschaftliche Macht durch die Privatrechtswissenschaft zu lange als neutral betrachtet worden[533] und die Ausrichtung des Zivilrechts am Zwecke wirtschaftlicher Normen erforderlich[534]. Biedenkopf unternimmt es, die marktordnende Funktion des Vertrages herauszuarbeiten und unterteilt schuldrechtliche Beziehungen in der gewerblichen Wirtschaft in Tatbestände des Interessengegensatzes, der gemeinsamen Interessen und der Interessenwahrnehmung.[535]

Mestmäcker, als ein Vertreter der zweiten Generation,[536] entwickelt die neoliberale „Postulierung des neuen Rechtsguts Wettbewerbsfreiheit" ebenfalls insofern weiter als andere Kartellrechtler und kommt 1968 zu dem Schluss, die

531 *Fikentscher, Wolfgang:* Zum Recht der Diskriminierungen im Gesetz gegen Wettbewerbsbeschränkungen, in: Die Freiheit des Wettbewerbs, S. 267, 274.

532 Anm.: Beide habilitierten bei Kronstein, ein führender Kartellrechtler der Zeit, der ab 1949 zeitweise in Deutschland, ab 1955 als ordentlicher Professor, in Frankfurt am Main als auch weiterhin in den USA an der Georgetown University lehrte.

533 *Biedenkopf,* Über das Verhältnis wirtschaftlicher Macht zum Privatrecht, S. 113, insb. 115ff.

534 *Steindorff,* Politik des Gesetzes als Auslegungsmaßstab im Wirtschaftsrecht, in FS Larenz 1972, S. 217ff.

535 *Biedenkopf,* Vertragliche Wettbewerbsbeschränkung und Wirtschaftsverfassung von 1958, S. 104.

536 Anm.: seine Promotion und Habilitation wurden durch Franz Böhm in Frankfurt am Main betreut, der grundlegend zur wirtschaftsrechtlichen Funktion privatrechtlicher Normen bzw. deren Verwendung zum Zwecke der Marktregelung unter dem Titel Wettbewerb und Monopolkampf bereits 1933 veröffentlichte.

Einheit der Privatrechtsordnung fordere den Maßstab der guten Sitten anhand des Sinngehalts privatrechtlicher Institutionen, wie er dem Recht der Wettbewerbsbeschränkung zu entnehmen ist, zu objektivieren.[537] Diese Entwicklungslinie wird in der Rechtswissenschaft in unterschiedlichem Maße und Tempo aufgenommen. Als Vergleich sei darauf verwiesen, dass Hefermehl zu §138 BGB im Jahr 1959 kommentiert, „über die privatrechtliche Beurteilung von Verträgen besagen diese Vorschriften (des GWB) nichts"[538] und diese Formulierung in späteren Auflagen folgendermaßen abwandelt: „Über die privatrechtliche Wirksamkeit von Verträgen besagen diese Vorschriften (des GWB) nichts. Für die Frage, ob solche Verträge zivilrechtlich wirksam sind, sind deshalb die von der Rechtsprechung zum Monopolmissbrauch entwickelten Grundsätze nach wie vor anzuwenden"[539]. Ab der 13. Auflage, Stand März 1999, kommentiert Hefermehl lediglich den letzten Satz abgeschwächt und bezogen auf §20 I GWB, die zum Monopolmissbrauch entwickelten Grundsätze seien „für die Beurteilung, ob solche Verträge wirksam sind, nach wie vor"[540] heranzuziehen.[541]

Für Raiser folgt aus dem Inkrafttreten des GWB eine sofortige Orientierung an dessen Sinn und Zweck, die Belebung des zweiten vorhandenen Systemgedankens des BGB, des Schutzes rechtlicher Institutionen neben dem System der subjektiven Rechte. Das Recht gegen Wettbewerbsbeschränkungen enthält aus dieser Warte positiviert, wenngleich ausbaufähig, Vorkehrungen zur Sicherung von Wettbewerb und gegen Folgen von Machtverschiedenheit.[542] Das GWB dient der rechtlichen Sicherung des Ordnungsgefüges. Als Ordnungsgefüge wird danach das Gesamtinstitut der marktwirtschaftlichen Verfassung angesehen. Als ein Rechtsinstitut des inneren Systems ist es möglich, nach Sinn und Zweck des GWBs immanente Grenzen zu ziehen und im institutswidrigen Verhalten den Machtmissbrauch zu sehen.[543] Der Begründung zum Regierungsentwurf

---

537 *Mestmäcker*, Über das Verhältnis des Rechts der Wettbewerbsbeschränkungen zum Privatrecht, AcP 168 (1968) S. 235, 256.

538 *Hefermehl*, Soergel-Siebert, § 138 Rn. 53, 9. Auflage, Stand 1959,

539 *Hefermehl*, Soergel-Siebert, § 138 Rn. 92, 11. Auflage, Stand 1978 und identisch Rn. 115, 12. Auflage 1987.

540 *Hefermehl*, Soergel-Siebert, § 138 Rn. 13. Auflage, Stand März 1999.

541 Anm.: 1959 befindet sich der von Soergel begründete und ursprünglich von Praktikern geschriebene Kommentar in der 9. Auflage. Von Prof. Siebert (Heidelberg) wurde der Kommentar mit reichhaltiger Kasuistik in den 1950er Jahren neu konzeptionell ausgerichtet und auch als Beitrag zum wissenschaftlichen Diskurs gezählt.

542 *Raiser*, Vertragsfunktion und Vertragsfreiheit, in: Die Aufgabe des Privatrechts, S. 89.

543 *Raiser*, Rechtsschutz und Institutionenschutz im Privatrecht, in: Die Aufgabe des Privatrechts, S. 124, 137.

zu den Vorschriften §§23–26 über wettbewerbsbeschränkendes und diskriminierendes Verhalten kann der Zweck entnommen werden, unabhängig von den Gründen der beherrschenden Marktbeeinflussung dürften die Träger wirtschaftlicher Macht sich nicht missbräuchlich verhalten und die §§23–26 sollen mithin den Missbrauch der Stellung unterbinden. Wer beherrschenden Einfluss auf den Markt hat, darf diese Macht nicht missbrauchen.[544] Beispielsweise ist der ursprüngliche §26 II GWB im Abgleich mit der Begründung im Adressatenkreis unter dem Aspekt, wer sonst Träger wirtschaftlicher Macht sein kann, eng abgefasst. Er lautet: Marktbeherrschende Unternehmen, Vereinigungen von Unternehmen im Sinne der §§1 bis 8, 99 Abs. 2, 100 Abs. 1 u. 7, 102 und 103 und Unternehmen, die Preise nach den §§16, 100 Abs. 3 oder §103 Abs. 1 Nr. 3 binden, dürfen ein anderes Unternehmen in einem Geschäftsverkehr, der gleichartigen Unternehmen üblicherweise zugänglich ist, weder unmittelbar noch mittelbar unterschiedlich behandeln oder gegenüber gleichartigen Unternehmen ohne sachlich gerechtfertigten Grund unmittelbar oder mittelbar unterschiedlich behandeln. Als Verbotsunterworfene sind hingegen alle Kartelle anzusehen, ob sie sich auf eine Erlaubnis berufen können oder nicht, sowie die Preisbinder. Aus der Diskrepanz zwischen ordoliberalen Elementen in der Gesetzesbegründung und dem Regelungsbereich des ursprünglichen §26 II GWB zieht Belke den Schluss: „Das (ursprüngliche) GWB begnügt sich in Form des Diskriminierungsverbotes mit der weniger anspruchsvollen Vorstellung der Erhaltung eines arbeitsfähigen Wettbewerbs im gestörten Markt. Es duldet wirtschaftliche Machtkörper; verbietet ihnen aber unbillige Behinderung oder ungerechtfertigte Verschiedenbehandlung.“[545]

bb) Wirtschaftspolitisches Korrelat zur politischen Demokratie

Inwiefern „im arbeitsfähigen Wettbewerb im gestörten Markt“ noch das wirtschaftspolitische Korrelat zur politischen Demokratie gesehen werden kann, bleibt noch zu erörtern. Der Regierungsentwurf von 1952 enthielt in seiner Begründung die Feststellung: „[...]die Wettbewerbswirtschaft ist die ökonomischste und zugleich die demokratischste Form der Wirtschaftsordnung.“[546]

544 Materialien abgedruckt in: Müller-Henneberg/Schwartz, Kommentar zum Gesetz gegen Wettbewerbsbeschränkungen, 1. Auflage, S. 1068.

545 *Belke,* Geschäftsverweigerung, S. 68.

546 Generalbericht des Abgeordneten Dr. Hellwig, aaO, S. 1162; *Hüttenberger,* Wirtschaftsordnung und Interessenpolitik in der Kartellgesetzgebung der Bundesrepublik 1949–1957, S. 299.

Nun wird die Verkehrung des Regel-Ausnahmeprinzips im Gesetz gegen Wettbewerbsbeschränkungen und die Entwicklung der Wirtschaftsstrukturen im Jahr 1959 folgendermaßen beurteilt: Zwei Drittel des Gesamtumsatzes der westdeutschen gewerblichen Wirtschaft wurden damals aufgrund der Bereichsausnahmen vom Verbotsprinzip im GWB nicht erfasst.[547] Für das verbleibende Drittel des Gesamtumsatzes der westdeutschen gewerblichen Wirtschaft kamen die weiteren Ausnahmen des GWB in Frage. Einige gehen soweit, in der Ausnahme vom Kartellverbot unabhängig von den wirtschaftlichen Daten die Regel zu sehen.[548] Die Landesvertretung von Hessen äußerte im Bundesrat eine entsprechende Einschätzung, indem sie ihren Einspruch gegen die Gesetzesvorlage mit den Worten begründete, fast jede Art der Kartellierung sei nach dieser Gesetzesvorlage legal durchsetzbar.[549]

Hüttenberger äußert, das Ziel einer einheitlichen, „vom Staat garantierten und kontrollierten Ordnung der Wirtschaftsverfassung als Ergänzung zum Grundgesetz" war somit wenigstens in den großen Zügen gescheitert.[550] Mestmäcker wertet das Gesetz gegen Wettbewerbsbeschränkungen hingegen als Erfolg. Es stehe am Beginn einer Entwicklung und habe mit der deutschen Kartelltradition gebrochen.[551] Diese beiden diametral gegensätzlichen Aussagen, wie die bereits unter den rechtlichen Anforderungen an die Wettbewerbsordnung gegebenen Hinweise auf den „Papiertiger" in den Abhandlungen von Wiethölter und Möschel sind unter anderem den Defiziten in der ursprünglichen Ordnungsstruktur geschuldet, so dass das GWB schnell als zu leicht befunden wird. So erscheint rückblickend die Zeit für eine solche Gesetzgebung 1949, die als Schutzgut die Wettbewerbsfreiheit als Grundvoraussetzung nennt, viel günstiger als gegen Ende der zweiten Legislaturperiode. Zur Erinnerung wird an dieser Stelle erneut darauf verwiesen, dass sich die Alliierte Hohe Kommission im Jahr 1955 auflöste. Die Rivalität der verschiedenen Bundesbehörden, der große Einfluss der Großindustrie und die Verzögerung der Beratung führten dazu, dass bis zum Inkrafttreten des Gesetzes gegen Wettbewerbsbeschränkungen viele Zusammenschlüsse vollzogen waren. Ohnehin war für das ursprüngliche GWB die Zusammenschlusskontrolle aufgegeben worden. Unter dem Aspekt der in sich

547 *Zweigert,* Das neue Kartellgesetz, Einführung in seine rechtliche Problematik, S. 7.

548 *Kartte,* Ein neues Leitbild für die Wettbewerbspolitik, S. 25.

549 *Hüttenberger,* Wirtschaftsordnung und Interessenpolitik in der Kartellgesetzgebung der Bundesrepublik 1949 bis 1957, S. 307.

550 *Hüttenberger,* Wirtschaftsordnung und Interessenpolitik in der Kartellgesetzgebung der Bundesrepublik 1949 bis 1957, S. 287, 307.

551 *Mestmäcker,* Konstituierung und Sicherung der Wettbewerbsordnung, S. 51, 58.

geschlossenen Ordnungsstruktur hätte ein früherer Umsetzungszeitpunkt zu einem ausgereifteren Recht gegen Wettbewerbsbeschränkungen führen können. Unter dem Aspekt der Gesetzgebung in einer repräsentativen pluralistischen Demokratie wurde mit dieser Grundkonzeption in Gesetzesform ein Anfang gemacht, der mit Nörr als ordnungspolitisches Fundament mit noch sichtbaren „ordoliberalen Ausprägungen“[552] gesehen werden kann. Dies ist beispielsweise ein Anfang für neue theoretische Ansätze zum Diskriminierungsverbot. So sieht Belke die Entwicklungslinie vom sittenwidrigen Monopolmissbrauch, § 826 BGB, neben dem Schikaneverbot, früher die einzige Freiheitsschranke, zu dem ursprünglichen, in zweiter und dritter Lesung einstimmig angenommen § 26 II GWB darin, dass „die ältere Monopolmissbrauchslehre auf die breitere Grundlage eines wettbewerbsgebundenen Marktverfassungsrechts gestellt“ würde.[553] Dies ist als eine Neuerung anzusehen, da die Einführung eines allgemeinen Diskriminierungsverbotes, welches sich unter anderem an marktbeherrschende Unternehmen und Kartelle richtet, an der neuen Grundeinstellung zum Kartellproblem orientiert ist. Die ordo-/neoliberalen Anteile zeigen sich in den maßgeblichen gesetzlichen Regelungen des Wettbewerbsbeschränkungsrechts, in denen die rechtliche Bewertung nicht an den wettbewerbsneutralen Billigkeitsgesichtspunkten ausgerichtet ist, sondern an der gegen Kartelle und Marktbeherrschung ausgerichteten, wirtschaftspolitischen Rahmenordnung. Ein bestimmtes Marktverhalten wirtschaftlicher Machtgebilde wird zum Schutze des Wettbewerbs verboten. Althergebracht ist dagegen die Bindung wirtschaftlicher Macht durch die Anwendung des Gleichheitssatzes im Privatrecht, da die Ungleichbehandlung häufig eine Äußerung von Machtausübung ist.[554] Auch wenn der Gesetzgeber aus rechtspolitischen Gründen auf Dekartellierung und Zusammenschlusskontrolle in der Gesetzesfassung von Juli 1957 verzichtete und die Forderung, Generalklauseln an objektiven Maßstäben, insbesondere an den Erfordernissen einer funktionsfähigen Wettbewerbsordnung auszurichten, nicht unmittelbar rezipiert wurde, kann der neu gestaltete funktionale Zusammenhang zwischen allgemeinem Privatrecht und Kartellrecht gewürdigt werden. Unter anderem hält Immenga[555] für entscheidend, dass die Entmachtungstendenz die Privatautonomie sichere, dass das Recht gegen Wettbewerbsbeschränkungen tendenziell

552 *Nörr,* Die Republik der Wirtschaft, 2. Teil, S. 180.

553 *Belke,* Die Geschäftsverweigerung im Recht der Wettbewerbsbeschränkungen, S. 293.

554 *Belke,* Die Geschäftsverweigerung im Recht der Wettbewerbsbeschränkungen, S. 293.

555 Anm.: Kronstein vermittelt auf Anfragen Immenga an Mestmäcker (Saarbrücken), wegen eines Dissertationsvorhabens im Kartellrecht. Seine Promotion erfolgt an der Univ. Münster als erster Doktorand Mestmäckers. Er wird dessen wiss. Ass. an der

für die Sicherung einer funktionsfähigen Privatrechtsordnung einstehe. Unter diesem Aspekt kommt er auf (wirtschaftliche) Ungleichgewichtslagen zu sprechen. Der „Verzicht auf gesetzlich abgesicherte materiale Gerechtigkeit" verliere dann die „innere Berechtigung". „Auf die Schaffung dieser Voraussetzungen zielt das Recht der Wettbewerbsbeschränkungen, wenn es den Wettbewerb und seine gesellschaftliche wie wirtschaftliche Entmachtungsfunktion zu erhalten sucht. Diese Beziehung zum allgemeinen Privatrecht erfordert, dass das Kartellrecht seinerseits anhand der Aufgabe interpretiert wird, Handlungsfreiheiten und damit privatautonomes Verhalten der Wettbewerber und der Marktgegenseite zu sichern und nicht bestimmte ökonomische Theorien vom Wettbewerb durchzusetzen." Es gehe um die „Grundpfeiler unserer freiheitlichen Rechtsordnung".[556]

f) *Zusammenfassung*

Das Konzept der Verbotsgesetzgebung einzuführen, wurde zwar sehr kontrovers diskutiert, allerdings kompromissbelastet eingeführt. Hinzu kommt, dass der BDI den Begriff der Kooperation für die Tatbestände gleichgerichteter Interessen prägte, um den inzwischen negativ konnotierten Begriff des Kartells zu umgehen. Nach Hüttenberger müsste in der mittelständischen Industrie und dem Handel der Eindruck entstehen, das Gesetz gegen Wettbewerbsbeschränkungen erschwere allein ihnen das Fortkommen.[557]

g) *Leitfaden „Kooperationsfibel", Restriktive Anwendung des Gesetzes und fortschreitende Konzentrationsentwicklung*

Um diesem entstandenen Eindruck begegnen zu können, gab das Bundeswirtschaftsministerium 1963 die sogenannte Kooperationsfibel heraus. Kleineren und mittleren Unternehmen diente die Kooperationsfibel zur Orientierung, in welchem Umfang „wettbewerbskonform" kooperiert werden konnte. Allgemein wurde das GWB restriktiv angewendet und hatte der fortschreitenden Konzentrationsentwicklung nicht viel entgegenzusetzen. Beispielsweise wurde das Diskriminierungsverbot in § 26 II GWB kartellamtlich zunächst als bloßes Willkürverbot behandelt. Die Rechtsprechung billigte dies, während im wissenschaftlichen Schrifttum immer weniger dieses Verständnis vom ursprünglichen

Univ. Münster, wo die Habilitation folgt, die erste Professur dagegen an der Univ. Bielefeld.

556 *Immenga,* Zivilrechtsdogmatik und Kartellrecht, S. 197, 207f.

557 *Hüttenberger,* Wirtschaftsordnung und Interessenpolitik in der Kartellgesetzgebung der Bundesrepublik 1949 bis 1957, S. 287, 307.

§26 II GWB geteilt wurde, der überdies „geringe praktische Bedeutung" auch aus einem anderen Grund hatte. Nach der Rechtsprechung wurde die Voraussetzung der Marktbeherrschung nur bei Einzelunternehmen mit sehr hohem Marktanteil angenommen und nur dann, wenn Nachfrager keine Ausweichmöglichkeit auf Waren vergleichbarer Art oder Substitute hatten. Belke spricht von teils harter Kritik in der Literatur an der restriktiven Auslegung des § 26 II GWB. Nach seiner Ansicht war bei richtiger Anwendung das ursprüngliche Diskriminierungsverbot bereits geeignet, aktiv auf die Wettbewerbslage Einfluss zu nehmen, um beispielsweise Abnehmern die Chance zu eröffnen, den Stufenwettbewerb zu entfalten.[558]

h) Novelle 1965

Die Konzentrationszunahme-, Machtmissbrauchs- und Preisbindungsproblematik fand Eingang in den Kartellbericht des Bundeswirtschaftsministeriums vom 22. August 1962. Es sei daran erinnert, dass ein Teil des Kompromisses im Gesetzgebungsverfahren genau darin bestanden hatte, dass die Fusionskontrollvorschriften und die weitergehende Fassung der Marktbeherrschungsdefinition aus der 1. Lesung gestrichen wurden. Für die Fusionskontrolle wurde nur eine Anzeigepflicht von Fusionen vorgesehen, die ab einem Marktanteil von 20% gelten sollte. Die damals vertretene Einschätzung war, die Probleme der Unternehmenskonzentration seien „vorwiegend ökonomisch", „Vorschriften, die die Leistungsbereitschaft oder das wirtschaftliche Wachstum hemmen können" seien zu vermeiden. Ins Feld geführt worden war die „begrüßenswerte Tendenz zur optimalen Betriebsgröße."[559] Im Gegensatz dazu sah die SPD und das erste Kabinett Erhard (CDU/CSU/FDP) Handlungsbedarf. Ein Änderungsantrag der SPD-Fraktion[560] vom 9. Juni 1964 und ein erster Regierungsentwurf zur Änderung des GWB[561] vom 18. September 1964 folgten. Mit der ersten Novellierung des GWB, das Änderungsgesetz vom 15. September 1965 trat zum 1. Januar 1966 in Kraft,[562] wurden folgende Änderungen umgesetzt: Für Normen-, Typen- und Spezialisierungskartelle wurde aus den gleichen mittelstandsfreundlichen Überlegungen wie in der Kooperationsfibel beispielsweise der § 5 a GWB eingefügt

558 *Belke,* Die Geschäftsverweigerung im Recht der Wettbewerbsbeschränkungen, S. 357.
559 *Kartte/Holtschneider,* Konzeptionelle Ansätze und Anwendungsprinzipien im GWB, S. 193, 210.
560 Bundestags-Drucksache IV/2337.
561 Bundestags-Drucksache IV/2564.
562 BGBl. I 1363.

und weitere Bestimmungen erleichternd geändert. Die Missbrauchsaufsicht über preisbindende Unternehmen und marktbeherrschende Unternehmen sowie die Anzeigevorschriften über Unternehmenszusammenschlüsse wurden hingegen verschärft. Die Befugnis der Gerichte Geldbußen festzusetzen, wurde auf die Kartellbehörden übertragen. In der Begründung des Gesetzesänderungsentwurfes finden sich Hinweise, für eine allein für wettbewerbspolitisch richtig gehaltene Aufhebung der vertikalen Preisbindung für Markenwaren hätte sich eine parlamentarische Mehrheit nicht abgezeichnet.[563] Die gesetzliche Verschärfung der Missbrauchsaufsicht ist gering ausgefallen, der ursprüngliche § 26 II GWB blieb unverändert.

3. Historische Entwicklung des Kartellrechts zwischen 1967 und 1974

Als die große Koalition unter Bundeskanzler Kiesinger ab 1. Dezember 1966 mit Blick auf die Wirtschaft abermals Handlungsbedarf sah, war Schiller (SPD-Mitglied bis 1972) Wirtschaftsminister. Die Vorarbeiten für die zweite Novellierung des GWB wurden Ende 1967[564] begonnen und im Kabinett (CDU/SPD/CSU) mit dem Referentenentwurf von April 1968 vorgestellt. Dieser scheiterte im Kabinett an der im Entwurf vorgesehenen Abschaffung der vertikalen Preisbindung für Markenwaren[565], so dass ein Referentenentwurf ein halbes Jahr später für Preisbinder ein Anmeldeverfahren und ein Widerspruchsverfahren des Bundeskartellamtes als Verbotsersatz vorsah. Die beiden vorgenannten Referentenentwürfe sahen keine Fusionskontrolle vor.[566] Auf den von Kartte initiierten zweiten Referentenentwurf vom 15. Oktober 1968 konnte wiederum keine Einigkeit in der Preisbindungsfrage erzielt werden, so dass Schiller die gesamte Novelle zurücknahm.[567] Dieser Referentenentwurf wurde folglich nicht zur Regierungsvorlage der großen Koalition, enthielt jedoch eine Erweiterung des Anwendungsbereichs der Missbrauchsaufsicht und des Diskriminierungsverbotes, wie es wiederholt in Zusammenhang mit § 26 II GWB seit Mitte der 1960er Jahre gefordert wurde.[568] Im Oktober 1969 wurde die sozial-liberale Koalition mit

563 Bundestags-Drucksache IV/2564, S. 8f.

564 Bundestags-Drucksache VI/2520, S. 14.

565 *Nörr,* Die Republik der Wirtschaft, 2. Teil, S. 182.

566 *Nörr,* Die Republik der Wirtschaft, 2. Teil, S. 183.

567 *Robert*, Konzentrationspolitik in der Bundesrepublik, S. 387f.

568 BGH Urteil vom 20. November 1975, Liefersperre als Verstoß gegen das Diskriminierungsverbot – Rossignol, NJW 1976, S. 801–804.

Brandt als Bundeskanzler (SPD) und Scheel als Vizekanzler (FDP) gebildet. Der sozial-liberale Regierungsentwurf vom 28. Mai 1971 konnte nicht verabschiedet werden, da der Wirtschafts- und Finanzminister Schiller am 7. Juli 1972 zurücktrat und auf die Vertrauensfrage Brandts hin die Auflösung des Bundestages im September 1972 folgte.

Auf die Regierungserklärung der Fortsetzungsregierung von Kanzler Brandt und Vizekanzler Scheel vom 18. Januar 1973 hin wurde der Regierungsentwurf unverändert wieder in den Bundestag eingebracht. Von der Bundesregierung wurde die Kartellierung 1971 nicht länger als das wettbewerbsrechtliche Hauptproblem wahrgenommen[569] und aus den Beratungen des Wirtschaftsausschusses des Bundestages gingen Verschärfungen zur Offenhaltung der Absatzwege hervor[570], die der Bundestag offenbar begrüßte, da er diese einstimmig als Gesetzesänderung verabschiedete. Das GWB in der Fassung von 1973 erhielt damit eine bemerkenswert solide demokratische Legitimation. Zur Vorbereitung des Änderungsgesetzes hatte das Bundeswirtschaftsministerium zum ersten Mal das sogenannte offene Verfahren angewandt, wodurch allen an der Novellierung Interessierten, insbesondere den Verbänden, Gelegenheit zur Mitwirkung an Form und Inhalt des Gesetzes bereits „im Stadium der Erarbeitung der Referentenentwürfe" gegeben wurde.[571]

In der zweiten Novellierung wird als ein Aspekt der Strukturpolitik die Kooperationsförderung zum Ziel und zur intendierten Wirkung des Gesetzes erklärt. Zu den Kooperationserleichterungen der Novellierung zählen erstens die Erweiterung des Rationalisierungskartells zum Mittelstandskartell als eine weitere Kartellerlaubnis, zweitens die Aufnahme der sogenannten Mittelstandsempfehlung, die dazu dient, die Wettbewerbsbedingungen durch verbesserte Leistungsfähigkeit gegenüber den Großunternehmen zu verbessern in § 38 11. u. 12. a.F. GWB und drittens eine Formulierung im Bereich der Wettbewerbsregeln: Neben „lauter" wurde das Adjektiv „leistungsgerecht" dem Wettbewerb vorangestellt in § 28 II a.F. GWB. Den anderen Aspekt der Strukturpolitik bezeichnet Nörr als die Großunternehmen bzw. „großbetrieblichen Unternehmensformen an die Kandare nehmen".[572] Dieser Aspekt besteht einerseits darin, die Kontrolle zukünftiger Fusionen einzuführen, um horizontale, vertikale und konglomerate Zusammenschlüsse erfassen zu können. Die Ausgestaltung erfolgte über normierte Regelfälle und eine qualifizierte Generalklausel.

---

569 Gesetzesbegründung 1971, S. 16.

570 Bericht des Wirtschaftsausschusses des Bundestages, WRP 7–8 (1973) S. 376, 385f.

571 *Robert*, Konzentrationspolitik in der Bundesrepublik, S. 391.

572 *Nörr*, Die Republik der Wirtschaft, 2. Teil, S. 184.

Die Fusionskontrolle wurde dem Bundeskartellamt zugewiesen und damit ein anderes Konzept verfolgt als noch im Referentenentwurf von März 1970, der das Bundeswirtschaftsministerium zuständig sah. Für das Bundeswirtschaftsministerium sieht die zweite Novellierung hingegen die ausnahmsweise Ministererlaubnis bei kartellamtlicher Untersagung des Zusammenschlusses nach dem Muster des Ausnahmekartells vor.[573] Als Folge der „großen Konzentrationsdebatte der 1960er Jahre“ sieht Nörr die Aufnahme des § 24 b a.F. GWB und die Errichtung einer Monopolkommission, die Gutachtertätigkeit über die Entwicklung der Unternehmenskonzentration und über die Durchführung der Fusionskontrolle auszuüben hat.[574]

Der Gesetzgeber habe neben den Themen Kooperationserleichterung und Fusionskontrolle hinsichtlich der Absatzstrategie eine Erweiterung der Missbrauchskontrolle, die „vertikale Empfehlungs-, Abstimmungs-, Hinwegsetzungs-, Diskriminierungs- und Druckverbote“ mit weitgreifenden Folgen für die Vertriebs- und Bezugspolitik der Unternehmen in das GWB neu eingeführt oder bei äußerlich unverändertem Text inhaltlich wesentlich verändert. Und zwar wurden diese „in letzter Minute vom Ausschuss für Wirtschaft vorgeschlagen und mit dem Verbot der vertikalen Preisbindung als Zusatzpaket aufgenommen.“[575] Diese Dynamik lässt sich folgendermaßen im Detail nachzeichnen: Der Wirtschaftsausschuss des Bundestages, mit dem formellen Regierungsentwurf aus August 1971 befasst, wurde bei der Anhörung der Sachverständigen und Verbände zwar im Oktober 1972 durch die vorzeitige Parlamentsauflösung unterbrochen, der unveränderte Regierungsentwurf wurde aber am 25. Januar 1973 erneut durch die SPD- und FDP-Fraktionen eingebracht. Als der erhebliche Änderungen enthaltene Antrag des Ausschusses für Wirtschaft vom 7. Juni 1973 vorlag und das zweite Gesetz zur Änderung des GWB sechs Tage später am 13. Juni 1973 auch mit den Stimmen von CDU und CSU beschlossen wurde, war eine bemerkenswerte Zäsur mit genuinen wettbewerbsrechtlichen Neuerungen im Recht gegen Wettbewerbsbeschränkungen erfolgt. Unter den materiell-rechtlichen Vorschriften und Erläuterungen aus dem Bericht des Wirtschaftsausschusses des Bundestages findet sich zu der Überschrift Diskriminierungsverbot-Verschärfung bei realen Abhängigkeiten: Der Wirtschaftsausschuss des Bundestages hat beschlossen, das „Diskriminierungsverbot auch auf Vereinigungen von Unternehmen auszudehnen und neben einer ausreichenden

573 *Nörr,* Die Republik der Wirtschaft, 2. Teil, S. 183.

574 *Nörr,* Die Republik der Wirtschaft, 2. Teil, S. 186.

575 *Belke,* Die vertikalen Wettbewerbsbeschränkungsverbote nach der Kartellgesetznovelle 1973, in: ZHR 138 (1975), Teil 1, S. 227f.

auch eine zumutbare Möglichkeit vorauszusetzen, auf andere Unternehmen auszuweichen."[576] Im Fall des neu eingefügten Satzes 2 muss das diskriminierende Unternehmen vom Markteinfluss her nicht marktbeherrschend sein. Aufgrund dieser Erweiterungen im Anwendungsbereich nimmt das Diskriminierungsverbot des § 26 II von der intendierten Wirkung her eine zentrale Position im Kampf gegen vertikale Wettbewerbsbeschränkungen und Marktvermachtung ein.[577] Wie diese intendierte Wirkung rechtsstaatlich vollzogen werden kann hängt von der Rechtssatzqualität ab. Über das Folgende besteht überwiegend Einigkeit: Die Adressaten sind nunmehr Unternehmen und Vereinigungen von Unternehmen. Die Ausdehnung des Diskriminierungsverbots ist außerdem indirekt über die Erweiterung des Marktbeherrschungsbegriffs in § 22 GWB erfolgt und direkt über das Hinzufügen des Satzes 2, der unter bestimmten Umständen auf Unternehmen erweitert, die nicht marktbeherrschend nach § 22 GWB sind. Der Satz 2 ist eine die „seit Mitte der sechziger Jahre (laut werdende) Bestrebungen" aufgreifende Ergänzung, um „den Anwendungsbereich der Missbrauchsaufsicht und Diskriminierungsverbote zu erweitern".[578] Zunächst sollte diese Bestrebung in einer geplanten Erweiterung des § 22 GWB, folglich der Marktbeherrschung, im Referentenentwurf vom 15. Oktober 1968 realisiert werden. Ebel verweist darauf, dieser Plan sei fallengelassen worden, da „[...] die Ausweichmöglichkeit der Marktpartner ein wichtiges Kriterium bei der Marktbeherrschung und insbesondere der Marktabgrenzung sein kann, für sich allein aber nicht ausreichend erschien, um den Begriff der Marktbeherrschung zu definieren."[579] Satz 2 im § 26 II GWB a.F. lautet: „[...] soweit von ihnen Anbieter oder Nachfrager einer bestimmten Art von Waren oder gewerblichen Leistungen in der Weise abhängig sind, dass ausreichende und zumutbare Möglichkeiten, auf andere Unternehmen auszuweichen, nicht bestehen." Eine unhaltbar restriktive Auslegung erscheint daher „Ausweichmöglichkeit" gleichbedeutend mit „Wettbewerb der Hersteller untereinander" zu verstehen, die von Rechtsanwalt Hirsch besprochen wird. Dann wäre die Frage nach der zumutbaren Ausweichmöglichkeit gleichbedeutend mit der Frage, ob hinreichend Wettbewerb besteht. Bei diesem rechtlichen Verständnis, das kein anderes Ergebnis als bei der ursprünglichen Marktbeherrschung

576 Bericht des Wirtschaftsausschusses des Bundestages, WRP 7–8 (1973) S. 376, 385f.

577 *Belke,* Die vertikalen Wettbewerbsbeschränkungsverbote nach der Kartellgesetznovelle 1973, Teil 1, Grundlagen, in ZHR 139 (1975), S. 227, 253.

578 BGH Urteil vom 20.11.1975, Liefersperre als Verstoß gegen das Diskriminierungsverbot – Rossignol, NJW 1976, S. 801f.

579 *Ebel,* Novellierung des Gesetzes gegen Wettbewerbsbeschränkungen, in: NJW Heft 38 (1973), S. 1665, 1670.

erzeugt, hätte der Gesetzgeber die ursprünglichen Voraussetzungen für die Annahme von Marktbeherrschung beibehalten, die indirekte Änderung des Anwendungsbereichs über die Neudefinition der Marktbeherrschung sowie die mit Satz 2 eingefügten Ergänzungen unterlassen können. Für Hirsch seien aber Fälle zu bedenken, in denen ein Abnehmer keine Ausweichmöglichkeit hat, ohne dass Marktbeherrschung vorliegt. So sei es bei einer Kündigung, die sachlich gerechtfertigt und keine unbillige Behinderung für den Bezirkshändler darstellt, der jahrelang Waren einer bestimmten Marke verkauft, gewartet und repariert hat, im anderen Händlernetz eines anderen Herstellers für ihn aber kein Platz ist. RA Hirsch beschließt hierzu mit der aus seiner Sicht folgerichtigen Feststellung, es würden weiterhin Grundsätze gelten, die das Bundeskartellamt und die Rechtsprechung zum Inhalt des Diskriminierungsverbots bisher entwickelt hätten.[580] Wie oben bereits im zweiten Teil, IV., 3. bei den rechtlichen Anforderungen an die Wettbewerbsordnung angemerkt, findet sich ein Verweis auf Rechtsanwalt Hirsch als ein Vertreter, der das Bedürfnis nach denkbar enger Auslegung des Diskriminierungsverbotes bediene und die Bedeutung der Erweiterung als sehr gering einschätze.[581] Dies macht sehr plakativ deutlich, dass die Auslegung dieser gesetzlichen Bestimmung allein nach dem Wortlaut zu keinem eindeutigen Ergebnis führt und mithin auf den zu Grunde liegenden Schutzzweck abzustellen ist. Eine weitergehende Auslegung der Generalklausel fand im Rossignol- Urteil gerichtliche Bestätigung. Danach sei dieselbe Einschränkung der Freiheit der Vertragsgestaltung von einer Unternehmung hinzunehmen, welche zwar nicht marktbeherrschend, „deren wirtschaftliche Stellung im Einzelfall gegenüber einem Unternehmen aber so stark ist, dass ihre Maßnahme die Auswirkungen für abhängige Unternehmen haben, als wenn sie von einem marktbeherrschenden Unternehmen ausgingen."[582]

Mit §26 II 2 GWB wurde das Kriterium der relativen Machtüberlegenheit im Vertikalverhältnis zwischen verschieden Wirtschaftsstufen im Kartellrecht

580 *Hirsch,* Markenartikelhersteller und Diskriminierungsverbot, BB, Heft 34 (1973), S. 1559–1560.

581 Diskriminierungsverbot kein Papiertiger. Wenig Chancen für eine „restriktive" Interpretation, in: Blick durch die Wirtschaft, Sonderdienst der FAZ, Montag, den 7. Januar 1974, S. 4.

582 BGH Urteil vom 20.11.1975, Liefersperre als Verstoß gegen das Diskriminierungsverbot – Rossignol, NJW 1976, S. 801, 802.

bekannt. Das Absenken der Machtschwelle von dem sogenannten absoluten Marktmachtbegriff der Marktbeherrschung ist bedeutsam.[583]

a) Kooperation, Gegengewichtsprinzip und Gegenmachtbildung

Die Kooperationserleichterung und der sonstige Mittelstandsschutz haben Eingang in das Recht der Wettbewerbsbeschränkungen gefunden. Die gesetzliche Umsetzung, die auf rechtstheoretischen Prämissen aufbaute und kritisch von Moog besprochen wurde, verdient eine nähere Erörterung.

aa) Kooperationsförderung als Mittelstandspolitik

Nörr stellt die Kooperationsförderung des Mittelstandes in einen größeren historischen Zusammenhang. Darin sei nicht nur eine Abmilderung des GWB im Zusammenhang mit der Diskussionslinie in den 1960er Jahre zu sehen. Durch diese Mittelstandspolitik werde das „für die deutsche Entwicklung charakteristische organisierte Wirtschaftsdenken“ erkennbar, dass sich auch in der „Schelte der atomistischen-polypolistischen [...] Marktvorstellungen“ zeige. Ein Beispiel für die Schelte bietet Arno Sölter mit seiner Abhandlung „Nachteilsausgleich für mittelständische Unternehmen“. Der erste Gliederungspunkt lautet: „Atomistischer Überflügelungswettbewerb führt zur Konzentration“.[584]

Um ein Gegengewicht gegen die Großen zu gewinnen, werde „parakartellisiertes Organisieren“ gefördert. Einerseits erfolge staatliche Kontrolle über informelles Zusammenwirken zwischen staatlichen Behörden und Großunternehmen, anderseits diene der „kollektive Wettbewerb“ des kooperierenden Mittelstandes zur Kontrolle der Großunternehmen.[585] Die Kooperationsfibel des Bundeswirtschaftsministeriums, die sich an den Mittelstand richtet, wurde 1976 erneut herausgebracht.

bb) Gegengewichtsprinzip

Auf Schmidt-Rimpler gehen die rechtlichen Richtigkeitserwägungen, die Frage nach der Ausgleichsfunktion des Vertrages, auf Reinhardt die rechtlichen Gegengewichtserwägungen und auf Bartholomyczik die rechtlichen

---

583 *Immenga,* Schwerpunkte der vierten Novelle zum Gesetz gegen Wettbewerbsbeschränkungen, NJW Heft 27 (1980), S. 1417, 1423.

584 *Sölter,* Nachteilsausgleich für mittelständische Unternehmen, WuW 10 (1974), S. 657. Anm.: Erweiterte Fassung eines Referates, das am 20.061974 in Bonn vor der CDU/CSU-Bundestagsfraktion gehalten wurde.

585 *Nörr,* Die Republik der Wirtschaft, 2. Teil, S. 188.

Gegenmachtbildungsüberlegungen zurück. Diese Diskussionslinien werden durch den folgenden kritischen Beitrag zur Gegengewichtsbildung als ordnungspolitisches Instrument zum Ende des Untersuchungszeitraums mitbehandelt.

cc) Gegengewichtsbildung als ordnungspolitisches Instrument

Die Bildung gegengewichtiger Marktmacht nach dem Gesetz gegen Wettbewerbsbeschränkungen untersuchte Rüdiger Moog in seiner Dissertation.[586] Zunächst unterscheidet Moog in vertikale und horizontale Abwehrbildung. Die Bezeichnung Nebengewichtslagen beziehe sich auf horizontale Abwehrbildung und wurde nicht mit in seine Betrachtung einbezogen. Die begriffliche Trennung von den Nebengewichtslagen erfolgt daneben über die enge Verwendung des Begriffs des Gegengewichts. Gegengewicht wird von ihm ausschließlich in Bezug auf vertikale Abwehrbildung verwendet. Mit diesem Begriff des Gegengewichts grenzt er den Gegenstand seiner Abhandlung auch deshalb ein, da die Kooperationsförderung, die sich auf Nebengewichtslagen beziehe, bereits intensiv diskutiert worden sei. Nach der Kooperationsdiskussion bedürfe nur die Schaffung von Abwehrmacht gegenüber vor- und nachgelagerten Wirtschaftsstufen, d.h. von vertikaler Abwehrmacht, weiterer Untersuchung. Als bisher nur unzureichend analysiert gilt damit auch der Umstand, dass im vertikalen Verhältnis die Austauschbeziehung zwischen Anbieter und Nachfrager im Mittelpunkt steht. Dies führt zu der Frage, ob Gegengewichtsbildung als ein Mittel angesehen werden kann, die Vertragsfreiheit herzustellen oder zu erhalten und folglich den normativen Vorgaben zu dienen. Die These Galbraiths sei falsifiziert, da Gegenmacht zwar entstehen kann, aber nicht stets entstehe. Als ordnungspolitisches Instrument findet Gegengewichtsbildung Anerkennung, so dass weiter der Frage nachgegangen wird, ob darüber der Ausgleich struktureller Nachteile möglich sei. Moog hält es für unwahrscheinlich, dass „Gegenmachtbildung, sofern sie überhaupt entsteht, zu einem Gleichgewichtssystem neutralisierter Machtblöcke führt."[587] Bei Moog wird zwar kurz von dem Prinzip der Waffengleichheit gesprochen, Gegengewichtsbildung sei aber vorrangig Einkommensverteilungspolitik im Verhältnis zweier Wirtschaftsstufen.[588]

---

586 *Moog,* Die Bildung gegengewichtiger Marktmacht nach dem GWB, Berlin 1980.

587 *Moog,* Die Bildung gegengewichtiger Marktmacht nach dem GWB, S. 22.

588 *Moog,* Die Bildung gegengewichtiger Marktmacht nach dem GWB, S. 16ff.

Gegengewichtsbildung fände als ordnungspolitisches Instrument Anerkennung. Als Gerechtigkeitsziele der Verfechter[589] nennt Moog die Vertragsgerechtigkeit und die gerechte Einkommensverteilung. Letztere steht nicht nur bei ihm im Fokus, wenn die Befürworter des Gegengewichtsgedankens die preistheoretische Chance sehen, „dass im Grenzfall des bilateralen Monopols der Einigungsbereich der Parteien ein Tauschverhältnis zulässt, das demjenigen der vollständigen Konkurrenz entspricht."[590]

Hinsichtlich der Vertragsgerechtigkeit zitiert er Bartholomeyczik mit „Gegengewichtsprinzip"[591]. Dieser habe die Äquivalenz von Leistung und Gegenleistung im Austauschvertrag bei voller Vertragsfreiheit unter Waffengleichheit als gegeben angesehen. Ohne diese äquivalenten Startbedingungen, bei natürlicher, wirtschaftlicher oder sozialer Ungleichheit sei dies nicht sichergestellt. Die Vertragsfreiheit setze danach ein Marktgleichgewicht voraus.[592]

Moog nennt als weitere Ziele, denen eine Gegengewichtsbildung dienen soll, Machtausgleich, Machtkontrolle und Selbstregulierung des Marktes statt Interventionismus. Machtausgleich habe nach Galbraith eine gesellschaftspolitische Funktion, da die Folge ein Abbau von sozialer Spannung sei und nach Andrae sogar zur Verhinderung von politischen Auseinandersetzungen diene. Die Erwartung, dass der Wettbewerb nur Vorsprungsgewinne zulasse und die Verfestigung von Machtpositionen verhindere, wird weiterhin geteilt. Dennoch soll durch Gegenmacht „countervailing power" Machtneutralisierung der „ursprünglichen Macht" erreicht werden, um unbeschränkte ökonomische Macht zu kontrollieren und den Freiheitsraum der Machtunterworfenen zu sichern.[593]

Die Selbstregulierung des Marktes soll nach den Befürwortern der Gegengewichtsbildung in Form der Selbsthilfe der Wirtschaft anstelle der Missbrauchsaufsicht durch den Staat erfolgen. Die staatliche Handhabe gegenüber

---

589 Anm.: Als uneingeschränkt befürwortend zählt Moog C.A. Andrae und Arno Sölter auf; als differenzierter, aber doch zustimmend bezeichnet er die Ansichten von Horst Bartholomeyczik, Werner Benisch, Alfred Gutersohn, Margit Schreiber und Hans-Jürgen Seraphim, S. 23.

590 *Moog*, Die Bildung gegengewichtiger Marktmacht nach dem GWB, S. 27.

591 *Moog*, Die Bildung gegengewichtiger Marktmacht nach dem GWB, S. 27; *Bartholomeyczik*, Das Gegengewichtsprinzip und die Funktionsfähigkeit des Austauschvertrages in der modernen Rechtsentwicklung, S. 13–61.

592 *Moog*, Die Bildung gegengewichtiger Marktmacht nach dem GWB, S. 27; *Bartholomeyczik*, Das Gegengewichtsprinzip und die Funktionsfähigkeit des Austauschvertrages in der modernen Rechtsentwicklung, S. 51.

593 *Moog*, Die Bildung gegengewichtiger Marktmacht nach dem GWB, S. 28f.

ökonomischer Machtpositionen wird von den Befürwortern der Gegengewichtsbildung sehr skeptisch beurteilt. Moog analysiert daraufhin die Eignung von Gegengewichtbildung für die vorgenannten Ziele.[594]

Die Gefahr einer Übermachtbildung spricht für Moog eindeutig gegen die Geeignetheit von Gegenmacht für die Verfolgung der Ziele Machtausgleich und Machtkontrolle. Er benennt dafür vier Gründe. Zum ersten seien Machtpositionen weder messbar noch vergleichbar. Die Feststellung, welches Machtsaldo auszugleichen sei, sei bereits fehleranfällig. Durch den Aufbau von Gegenmacht genau den Machtausgleich zu erschaffen und nicht durch Fehleinschätzung der wirtschaftlichen Macht über das Ziel hinauszuschießen, wird von Moog als unwahrscheinlich eingeschätzt. Die übermächtige Gegenmacht würde gesellschaftliche Spannungen erhöhen und damit das weitere Ziel, den Abbau von sozialen Spannungen, verfehlen. Der zweite Grund dafür, weshalb die Bildung von Gegenmacht zu Machtspiralen führen müsse, sei die schnelle Veränderbarkeit der Macht. Originäre Macht könne schnell umschlagen in eine Unterlegenheit gegenüber der Gegenmacht. Als dritten Grund gibt Moog an, dass die Anbieter wie auch die Nachfrager heterogen seien. Daher habe Schuhmacher das Modell entwickelt, nur die Kartellierung gegenüber dem marktmächtigen Unternehmen sei zulässig und vom Gegenmachtkartell dürften lediglich wettbewerbsanaloge Leistungen ausgehandelt werden. Moog gibt zu bedenken, dass die Aufgaben der Aufsichtsbehörde keinesfalls geringer werden, wenn diese kontrollieren solle, dass die ausgehandelten Leistungen wettbewerbsanalog sind, die Auflagen und Bedingungen für den Aufbau einer Gegenmacht überwacht werden müssten und dann noch die originäre Machtposition nebst der Gegenmacht der Missbrauchsaufsicht unterlägen. Daraus folgert Moog, dass Schuhmachers Überlegungen widersprüchlich seien. Dieser hält die Gegengewichtsbildung für erforderlich, da er die Missbrauchsaufsicht nach § 22 GWB über originäre Machtpositionen als wenig praktikabel kritisiert. Andererseits würden überwachungsbedürftige Machtpositionen mit der Gegenmacht geschaffen. Moog resümiert: „Die Problematik der Übermachtbildung zu Lasten kleiner Unternehmen auf der Marktgegenseite ist daher nicht gelöst.“[595]

Seine weiteren Ausführungen beziehen sich auf ein Beispiel für „das Hinaufschaukeln von Macht und Gegenmacht“. Für Unternehmen und Interessenverbände wäre die Abwehrbildung geeignet, unter Verweis auf originäre Macht

594 *Moog,* Die Bildung gegengewichtiger Marktmacht nach dem GWB, S. 30.
595 *Moog,* Die Bildung gegengewichtiger Marktmacht nach dem GWB, S. 32f.

aggressiv Gegenmacht zu bilden.[596] Die Rolle des Staates wäre zweifach zu definieren. In Bezug auf die Machtmessungen hätte er eine oberste Schiedsrichterfunktion. Hingegen wird er zur „dritten Macht", wenn der Ausgleich der Machtsalden nicht im Wege der Selbsthilfe möglich sei. Als Beispiel wird die Förderung von Gegenmacht der Verbraucher in Form von den Warentest- Instituten genannt. Im Vergleich zu der bisherigen Wettbewerbspolitik, die darin bestand, Missbrauchsaufsicht über marktbeherrschende Unternehmen zu führen, weitet sich das Aufgabenspektrum aus. „Im Ergebnis ist daher das Ziel einer subsidiären Staatstätigkeit durch eine Förderung der Gegengewichtsbildung nicht erreichbar."[597]

Die Gleichgewichtslage zwischen originärer Macht und Gegenmacht könne unter Vermeidung von Machtkämpfen bei bilateraler Monopolstellung zur Verbündung gegenüber Dritten oder aber zu abgestimmtem Oligopolverhalten als Einigung zu Lasten Dritter führen. Dies sei regelmäßig zu befürchten und verringere die Wettbewerbsintensität. Kritiker der Gegenmacht befürchten eine totale Monopolisierung der Wirtschaft. „Die Gefahr einer Einigung zu Lasten Dritter ist lediglich in den Fällen wenig wahrscheinlich, in denen die Gegengewichtsbildung auch auf den einzelnen Wirtschaftsstufen intensiven Wettbewerb bestehen lässt, z.B. im weiten Oligopol."[598]

Befürworter der Gegenmachtbildung sehen dies anders und halten die Belastung Dritter für unwahrscheinlich. Der Verweis auf die Ausbeutung mittels der originären Machtposition stützte die Gegenmachtbildung argumentativ. Moog hält die Argumentation insofern für nicht schlüssig, als sie der Gegenmachtposition gemäßigteres Verhalten unterstellt. Unter Verweis auf die Zivilrechtslehrertagung 1966 äußert Moog in einer Marktwirtschaft sei „Gewinnstreben nicht zu unterschätzen, so dass eine Ausbeutung Dritter keinesfalls als unwahrscheinlich erscheint".[599] Die wirtschaftspolitischen Ziele der Preisstabilität und der Vollbeschäftigung beachtend, kann die Gegengewichtsbildung nach Moog nicht in ihren gesamten Auswirkungen positiv beurteilt werden. „Ein Abbau sozialer Spannungen im gesamten System ist keineswegs sicher, es können sogar zusätzliche Spannungen entstehen. Aber nicht nur das Ziel der Verringerung sozialer Spannungen würde bei Drittbelastung nicht erreicht, auch die Gerechtigkeitsziele

596 *Moog,* Die Bildung gegengewichtiger Marktmacht nach dem GWB, S. 33.
597 *Moog,* Die Bildung gegengewichtiger Marktmacht nach dem GWB, S. 34.
598 *Moog,* Die Bildung gegengewichtiger Marktmacht nach dem GWB, S. 34f.
599 *Moog,* S Die Bildung gegengewichtiger Marktmacht nach dem GWB. 36; *Diederichsen,* AcP 166 (1966), S. 142, 145.

blieben unerfüllt. Denn an die Stelle der Ausbeutung durch die Kontrahenten trete die Ausbeutung durch die Kontrahenten zu Lasten Dritter."[600]

Moog setzt sich mit zwei weiteren Gründen auseinander, wegen denen die Befürworter der Gegenmachtbildung Belastung Dritter für unwahrscheinlich halten. Zum einen sei dies durch die öffentliche Meinung gesichert und zum anderen sei die Gegenmacht der Aufsicht durch die Kartellbehörde unterstellt. Moog zweifelt an, dass der Grundgedanke „staatlich sanktionierter Selbsthilfe" funktioniere und „die Ziele Gerechtigkeit, sozialer Ausgleich, Verhinderung von Machtmissbrauch und Entlastung des Staates zu erfüllen" sind. Er verweist auf Mestmäcker, der sich in: „Das Rabattkartell im Gesetz gegen Wettbewerbsbeschränkungen"[601] ähnlich äußere.[602]

Er wendet sich sodann den Auswirkungen der Gegengewichtsbildung auf den Wettbewerb zu. Gegengewichtsbildung ist ein Zusammenschluss auf der gleichen Wirtschaftsstufe und wirkt sich mithin auf den Wettbewerb zwischen den Wirtschaftssubjekten der Wirtschaftsstufe aus. Möglicherweise wird die Wettbewerbsintensität zwischen den größer gewordenen Einheiten erhöht oder bei Bildung eines engen Oligopols oder sogar Monopols verringert. Benisch habe dies untersucht. Über die allgemeinen horizontalen Wirkungen der Gegengewichtsbildung sind keine allgemeinen Aussagen möglich, es käme immer darauf an, wer sich zusammenschließt. Eine Kartellierung beider Seiten erleichtert jedenfalls vertikale Absprachen. Die Herabsetzung der Wettbewerbsintensität durch kollusives Verhalten zu Lasten von Konkurrenten tritt zu dem Umstand der kollektiv organisierten Marktseiten hinzu, so dass Moog entgegen Sölter folgert, Gegengewichtsbildung entspräche der von Kronstein dargelegten Wirkungsweise. „Dies legt den Schluss nahe, dass die Gegengewichtbildung tendenziell eher die Wettbewerbsintensität herabsetzt, als dass diese erhöht wird[...]"[603]

Es folgt eine Untersuchung, ob Gegengewichtbildung die Wettbewerbsfunktionen erfüllen kann, so dass die Herabsetzung der Wettbewerbsintensität ausgeglichen werde. Die von Kantzenbach formulierten Ziele, kritisiert von Hoppmann und von Ingo Schmidt um das außerökonomische Ziel der Freiheit ergänzt, finden nähere Erörterung. Hinsichtlich der ökonomischen Wettbewerbsziele des

600 *Moog,* Die Bildung gegengewichtiger Marktmacht nach dem GWB, S. 36.

601 *Mestmäcker,* Das Rabattkartell im Gesetz gegen Wettbewerbsbeschränkungen, Ordo XIII S. 233–280, S. 245.

602 *Moog,* Die Bildung gegengewichtiger Marktmacht nach dem GWB, S. 36.

603 *Moog,* Die Bildung gegengewichtiger Marktmacht nach dem GWB, S. 42; *Sölter,* Gruppenwettbewerb und Wettbewerbsordnung, in: Der Markenartikel, S. 357, S. 362f; *Kronstein,* Das Recht der internationalen Kartelle, S. 132.

optimalen Faktoreinsatzes, der Lenkung der Produktion nach den Bedürfnissen, der Förderung des technischen Fortschritts, der Flexibilität des Wirtschaftssystems bei Datenänderungen und der leistungsgerechten Einkommensverteilung kommt er zu dem Ergebnis, dass „im Ergebnis das vertikale Spannungsverhältnis allein keine wohlfahrtsfördernde Funktion hat.[…]Die Gegengewichtsbildung als solche könnte daher als grundsätzliches Ordnungsinstrument einer Marktwirtschaft weder einen optimalen Einsatz der vorhandenen Produktionsfaktoren, noch ihre wachstumsgerechte Weiterentwicklung garantieren.“[604] Bei seinen Begründungen stellt Moog auf den Grenzfall des bilateralen Monopols ab. Den Befürwortern der Gegengewichtsbildung stimmt er zu, es bestehe eine höhere Wahrscheinlichkeit, dass es zur Bildung eines bilateralen Oligopols kommt. „Die Erfüllung der Wettbewerbsfunktion in einem gegengewichtigem bilateralen Oligopol beruht dann jedoch nicht auf der Gegengewichtsbildung, sondern auf dem verbleibenden Wettbewerb in den beiden Marktstufen.“ Nicht die Gegengewichtsbildung als solche, sondern die Konkurrenz auf einer Marktstufe sei Voraussetzung der Wohlstandsförderung.[605]

Hinsichtlich der Freiheitssicherung als außerökonomischem Ziel stellt Moog allein auf die Auswahlmöglichkeit vor und nach der Zusammenfassung von Unternehmen ab, so dass diese vor Gegengewichtsbildung größer war. „Die Einbuße an Freiheitsgraden sowohl im Austauschprozess als auch im Parallelprozess ist somit Begleiterscheinung der Gegengewichtsbildung. […]“[606] Er geht auf die Überlegungen zu Wettbewerbsbeeinträchtigung ein und kommt zu dem Schluss, dass „eine Gegengewichtsbildung, die genügend wirksamen Wettbewerb bestehen lässt und mangels überragender Marktbedeutung die Freiheit der Austausch- und Parallelprozesse nicht beeinträchtigt“, keine wettbewerblichen Bedenken verursache. „Branchenumfassende Abwehrkartelle“ seien hingegen ungeeignet.[607]

Sölter bezieht mit dem Begriff Stufenwettbewerb das vertikale Verhältnis zweier Wirtschaftssubjekte in seine Betrachtung von Wettbewerb mit ein, da dieses Spannungsverhältnis jede Austauschbeziehung charakterisiere. Dies sei sprachlich zu weit, als auch unter Berücksichtigung der wettbewerblichen Ziele nicht zu befürworten.[608]

---

604 *Moog*, Die Bildung gegengewichtiger Marktmacht nach dem GWB, S. 47f.
605 *Moog*, Die Bildung gegengewichtiger Marktmacht nach dem GWB, S. 48.
606 *Moog*, Die Bildung gegengewichtiger Marktmacht nach dem GWB, S. 48f.
607 *Moog*, Die Bildung gegengewichtiger Marktmacht nach dem GWB, S. 48f.
608 *Moog*, Die Bildung gegengewichtiger Marktmacht nach dem GWB, S. 50.

Gegen die Annahme Galbraith's, die Gegengewichtsbildung sei ein umfassendes Koordinatensystem, das an die Stelle des Wettbewerbs trete, führt Moog seine vorher gemachten Überlegungen zu der Erreichbarkeit wettbewerblicher Ziele über Gegengewichtbildung an. „Die Gegengewichtsbildung kann weder eine Alternative zum Wettbewerb noch eine gleichbedeutende Ergänzung sein."[609]

Zu den beiden Vertretern gegensätzlicher Ansichten, Hoppmann und Kantzenbach, führt Moog kurz aus. Hoppmann, der seine Ansicht als neuklassisch bezeichnet, möchte den Marktprozess möglichst offen halten, möglichst umfassende Wettbewerbsfreiheit erhalten. Die negative Definition ist daher nur möglich und lautet: „Wettbewerb" ist als Abwesenheit von Beschränkungen der Wettbewerbsfreiheit" zu verstehen. Die ökonomische Vorteilhaftigkeit wird vorausgesetzt, kann aber als „notwendige Bedingung zur Erfüllung der ökonomischen und außerökonomischen Wettbewerbsfunktion" nicht bewiesen werden.

Hingegen wollen die Vertreter der „workable-competition"-Konzeptionen, als bekanntester Vertreter nennt er Kantzenbach, vorhersagen, bei welcher Marktstruktur die Wettbewerbsintensität am höchsten ausfällt. Für Kantzenbach hinge dies von den zwei Faktoren ab. Genannt werden Anzahl der Anbieter und Ausmaß der Marktunvollkommenheit, deren „optimale Kombination" im weiten Oligopol angenommen wird. Das Marktverhalten, die Marktergebnisse und die Dynamik beispielsweise im Polypol werden nicht mit in die Betrachtung einbezogen.[610] Seine Betrachtung lässt die außerökonomische Wettbewerbsfunktion außer Acht. Eine Kollision mit dieser könne sich ergeben, wenn die Freiheit, der Austausch und die Parallelprozesse durch die sinkende Zahl der Marktteilnehmer beeinträchtigt werden. „Die von Kartte angeführte optimale Marktstruktur ist weder allgemeingültig für alle Märkte feststellbar noch wird sie im Zeitablauf konstant sein."[611]

Moogs Ausführungen stehen für eine Position in der damals vorübergehend bedeutenden Diskussion. Für die Erfassung des realen Vertragsgeschehens behalten die Überlegungen praktischen Erklärungswert, gerade im Hinblick auf die Vorbereitungen der zweiten Novellierung des GWB, so dass ein einfaches Falsifizieren und ad acta legen nicht gelingen kann.

---

609 *Moog,* Die Bildung gegengewichtiger Marktmacht nach dem GWB, S. 51.

610 *Moog,* Die Bildung gegengewichtiger Marktmacht nach dem GWB, S. 55.

611 *Moog,* Die Bildung gegengewichtiger Marktmacht nach dem GWB, S. 56; *Kartte,* Kooperation in der Marktwirtschaft BB 1969, S. 53–56, S. 55.

b) *Funktionaler Zusammenhang von Zivilrecht und Kartellrecht*

In seinem Beitrag zu einer Ringvorlesung zeichnet Immenga nach, wie das Kartellrecht die Privatautonomie absichert.[612] Seine Überlegungen basieren auf der Annahme eines funktionalen Zusammenhangs zwischen Zivilrecht und Kartellrecht. Zunächst stellt er dar, wie das kartellrechtliche Denken sich von einigen Prinzipien des Bürgerlichen Rechts, insbesondere von der Kartellformenlehre bzw. organisatorischem Denken löst, wenn es um den Kernbereich Kartell, also horizontale Vereinbarungen geht. Danach schildert er wie die Gegenstandstheorie von der Zweck- bzw. Folgetheorie abgelöst wurde. Im Kartellrecht sei das funktionelle Vertragsverständnis anders, wenn es um „Interessenidentität" gehe, also „die Binnenbeziehungen[...lediglich auf Einhaltung der Abrede gerichtet" seien. Dies rechtfertige, die Anforderungen an den Rechtsfolgenwillen zu vermindern. Der rechtliche Bindungswille wird durch einen tatsächlichen ersetzt.

§§ 145 ff. BGB sei nicht uneingeschränkt anwendbar, da es um „die Sicherung privatautonomen Verhaltens von einer Wettbewerbsbeschränkung Betroffener" in § 1 GWB ging und nicht anhand der Interessen der Betroffenen bestimmbare Willenserklärungen. Daraus folgt, dass die Bestimmungen zum offenen Dissens in § 154 Abs. 1 BGB nicht anwendbar sind. Die Aufnahme des Vertragsbegriffs in § 1 GWB erfolgte nicht, um eine Gestaltung der Beziehungen zwischen den Partnern zu ermöglichen. Erfasst werden sollen vielmehr „koordinierte Verhaltensweisen, die Dritte im Gebrauch ihrer privatrechtlichen Handlungsmöglichkeiten, insbesondere in der Wahrnehmung durch den Markt vermittelten Alternativen beschränken. Derartigen Verträgen wird die privatautonome Regelungskraft durch die in § 1 GWB statuierte Unwirksamkeit entzogen."

c) *Wettbewerbsbegriffe*

Die zweite Novellierung geht von einem veränderten Wettbewerbsbegriff aus. Zugleich zeigt sich im neuen Leitbild für die Wettbewerbspolitik die sozialliberale Prägung. Mehrere angebotene Wettbewerbsbegriffe nehmen (ergänzende) Zielfunktionen auf oder nennen die erstrebenswerte Wettbewerbsstruktur. Aus diesem Grund spricht sich Rittner u.a. gegen einen allgemeinen, kartellrechtlichen Wettbewerbsbegriff aus und mithin ebenfalls gegen einen die Wettbewerbsstruktur vorgebenden Wettbewerbsbegriff. Dabei kann als konservativer Standpunkt unter den Neoliberalen gelten, den funktionsfähigen Wettbewerb

612 *Immenga,* Zivilrechtsdogmatik und Kartellrecht, S. 197ff.

konzeptionell vorauszusetzen. An der Begriffsdefinition Robert Knöpfles in seiner Habilitationsschrift „Der Rechtsbegriff „Wettbewerb" und die Realität des Wirtschaftslebens" aus dem Jahr 1966 und der anders gebildeten Begriffsdefinition des Wettbewerbs von Otto Sandrock in seiner Habilitationsschrift „Grundbegriffe des Gesetzes gegen Wettbewerbsbeschränkungen" von 1968 kann gezeigt werden, welcher Stellenwert der richtigen Wettbewerbsdefinition beigemessen wurde. Jürgen Baur untersucht in seinem 1970 entstandenen Beitrag „Das Tatbestandsmerkmal Wettbewerb" die verschiedenen Definitionsansätze des Wettbewerbs. Sein Problemkreis ist der Wettbewerbsbegriff im Gesetz und der Wettbewerbsbegriff in der Realität.[613] Er versucht zwischen rechtlichem Wettbewerbsbegriff und tatsächlichem Wettbewerb zu unterscheiden, um die Diskrepanz zwischen Rechtsnorm und Realität berücksichtigen zu können und erntet dafür Ablehnung seitens Raisers. Für den Wettbewerbsbegriff des § 1 GWB wird die von Fikentscher Ende der 1950er Jahre entwickelte und zunächst weitverbreitete folgende Definition verwendet: „Wirtschaftlicher Wettbewerb ist das selbständige Streben sich gegenseitig im Wirtschaftserfolg beeinflussender Anbieter oder Nachfrager nach Geschäftsverbindung mit Dritten durch Inaussichtstellen möglichst günstiger Geschäftsbedingungen.[614]

aa) Definition nach Knöpfle

Nach Rudolf Knöpfle: „Unter Wettbewerb sind zu verstehen die wirtschaftlichen Erfordernisse (positive Anforderungen und Schranken), Risiken oder Chancen, die sich für die einzelnen Marktbeteiligten daraus ergeben, dass die Marktpartner unter den verschiedenen Anbietern (Nachfragern) wählen oder doch von dem einen Anbieter (Nachfrager) auf andere ausweichen können."[615] Diese Definition ließe sich aus § 1, 22 I und 25 I GWB herleiten. Mehrere Unternehmen, die mit ihren Angeboten nebeneinander stehen, stellen ein System gegenseitiger Beschränkung der Verhaltensspielräume dar. Kein Unternehmen ist marktbeherrschend im Sinne des § 22 I GWB, wenn auf diese Weise ein Unternehmen das andere Unternehmen hinreichend kontrolliert und dessen Verhaltensspielraum beschränkt. Als dynamisches Moment treten die wettbewerblichen Chancen und Risiken hinzu. Die Vereinbarung i. S. d. § 1 GWB beschränke die Freiheit. Eine

---

613 *Baur,* Das Tatbestandsmerkmal „Wettbewerb", in: Zeitschrift für das gesamte Handelsrecht und Wirtschaftsrecht Band 134, 1970, S. 97–150.

614 *Fikentscher,* Neuere Entwicklungen der Theorie zum Tatbestandsmerkmal der Wettbewerbsbeschränkung in § 1 GWB, WuW 1961, 788–801.

615 *Knöpfle,* Der Rechtsbegriff „Wettbewerb" und die Realität des Wirtschaftslebens, in: Kartellrundschau, Heft 7, 1966, S. 222.

Wettbewerbsbeschränkung ohne Freiheitsbeschränkung ist durch das Vermindern der Risiken denkbar.

bb) Definition nach Sandrock

Nach Otto Sandrock: „Wirtschaftlicher Wettbewerb ist das selbständige Streben von Unternehmen nach Geschäftsabschlüssen mit Kunden oder Lieferanten, wenn das einzelne Unternehmen dabei in seinem Geschäftserfolg von dem Verhalten anderer, ihn als Einzelunternehmen oder als Gruppe zur Seite stehender Unternehmen fühlbar abhängig ist und wenn es sein marktstrategisches Verhalten deshalb nach dem Verhalten dieser anderen Unternehmen, zu denen auch potentielle Rivalen zu rechnen sind, ausrichten muss, indem es bei der Vornahme seiner Wettbewerbshandlungen zur Förderung des Absatzes/Bezuges (wie Festsetzung des Preises, Entscheidung über Qualität des Gutes, Lieferungs- und Zahlungsbedingungen, Modalitäten der Abnahmen, Werbung usw.) entsprechende Wettbewerbshandlungen der anderen Unternehmen berücksichtigt.“[616]

cc) Präferenzen

Nach herrschender Lehre setzt sich die neo-/neuklassische Vorstellung vom Wettbewerb als Entdeckungsverfahren durch, das sich einer allgemeinen Definition entzieht. Knöpfle plädiert weiter für die Definierbarkeit und verweist auf Rechtsprechung, die teils auf seine Definition zurückgreife.[617]

dd) Verbraucherschutz als Zielfunktion

Optimaler Verbraucherschutz als Zielfunktion des Wettbewerbs führt zu der folgenden Definition von Reich: „Wettbewerb ist eine offene, dezentralisierte, rechtlich geregelte, ökonomische Veranstaltung zum Zwecke der optimalen Bedürfnisbefriedigung des Verbrauchers. Beim Anbieterwettbewerb versucht der einzelne Anbieter, seinen Marktanteil durch eine nach Qualität oder Preisgestaltung verbesserte Leistung zu vergrößern. Wettbewerbsbeschränkung ist jede Handlung, die zur Beeinträchtigung oder Aufhebung der Funktionsfähigkeit des Wettbewerbs im oben beschriebenen Sinne führt.“[618] Schutzobjekt des GWB ist

---

616 *Sandrock,* Grundbegriffe des Gesetzes gegen Wettbewerbsbeschränkungen, 1968, S. 129.

617 *Knöpfle,* Kann der Inhalt des Wettbewerbs i. S. des GWB bestimmt werden?, DB 27/28 (1991), S. 1433, 1438, insbes. Fn. 58.

618 *Reich,* Der Begriff des Wettbewerbs im GWB, S. 270.

die Funktionsfähigkeit des Wettbewerbs.[619] Er lehnt jedes andere Schutzobjekt ab. Von anderer Seite werden als weitere Schutzobjekte vertreten: die wirtschaftliche Betätigungsfreiheit, Vertragsfreiheit, bestimmte Marktformen oder der einzelne Mitbewerber. Immenga hingegen sieht mit Möschel und Emmerich einen Zielkonflikt, den Hoppmann verneint, zwischen ökonomischen und gesellschaftspolitischen Oberzielen des GWB. Für ihn ist dieser dahingehend zu entscheiden, dass die persönliche, wirtschaftliche Handlungsfreiheit den Vorrang erhält. Eine verbraucherrechtliche Zielfunktion und überhaupt andere Zielvorstellungen lehnt er als politische Instrumentalisierung ab.[620]

4. Historische Weiterentwicklung des Kartellrechts mit der Novelle von 1976

Die dritte Novellierung des GWB[621] enthielt eine Verschärfung der Fusionskontrolle im Bereich der Presseunternehmen in Artikel 1, der in vier Änderungspunkte untergliedert war. Die übrigen zwei Artikel des dritten Gesetzes zur Änderung des GWB bestimmten die Geltung auch für Berlin und das in Kraft treten zum 28. Januar 1976, nur die rückwirkende Anwendung in Verbindung mit den Vorschriften über Ordnungswidrigkeiten in §§ 38, 39 a.F. GWB war ausgeschlossen. Die sog. Zusagenpraxis des Bundeskartellamtes sollte zunächst ebenfalls legalisiert werden. Durch die zwischenzeitlich ergangene gerichtliche Zustimmung zur sog. Zusagenpraxis[622] unterblieb jedoch die Normierung.[623]

5. Historische Entwicklung des Kartellrechts von 1979 bis 1982 – Novelle von 1980

Die vierte Novelle diente nach der Entwurfsbegründung der Verbesserung des kartellrechtlichen Instrumentariums und der erforderlichen Anpassung an geänderte Verhältnisse.[624] Als die Nachfragemacht zunehmend in den wettbewerbspolitischen Fokus geriet, kam die Monopolkommission in ihrem Nachfragemachtgutachten von 1977 zu dem Schluss, geltendes Recht reiche aus. Die

619 *Reich,* Der Begriff des Wettbewerbs im GWB, S. 275.

620 *Immenga,* Politische Instrumentalisierung des Kartellrechts?, in: Recht und Staat in Geschichte und Gegenwart Heft 461 (1976); Anm.: Antrittsvorlesung gehalten am 28.1.1976 Georg-August Universität Göttingen.

621 Gesetz zur Änderung des GWB vom 28.06.1976, BGBl I S. 1697.

622 Kammergerichtsbeschluss 12.01.1976, NJW Heft 18 (1976) S. 808.

623 *Nörr,* Republik der Wirtschaft, 2. Teil, S. 189.

624 Bundestags- Drucksache VIII/2136.

Bundesregierung sah hingegen Handlungsbedarf und wertete das geltende Recht als nicht (mehr) ausreichend. Immerhin bestand zunehmend Konsens über die Problematik der Nachfragemacht. Unter den Maßnahmen zur Sicherung des Leistungswettbewerbs sind solche, die das geltende Recht verstärken, um erstens nachfragemachtbedingte Diskriminierung und zweitens den Missbrauch relativer Marktüberlegenheit zu verhindern. Die Einfügung eines Vermutungstatbestandes, zu finden in § 26 II 3 GWB, und das Verbot ungerechtfertigter, machtbedingter Gewährung von Vorzugsbedingungen an Nachfrager zählen zu den Maßnahmen, die nachfragemachtbedingte Diskriminierungen betreffen. Hinsichtlich des Missbrauchs relativer Marktüberlegenheit findet sich in § 37 a III GWB eine Ausdehnung des § 22 GWB. Die Verschärfung des Behinderungs- und Diskriminierungsverbotes sowie der Missbrauchsaufsicht ist in dem Kontext zu sehen, dass ein Problem der machtbedingten Wettbewerbsverzerrungen durch starke Nachfrager in der Schwierigkeit besteht, die beeinträchtigten Anbieter zur Gegenwehr zu bewegen, da ein Abbruch der Geschäftsbeziehungen stets im Raum steht. Immenga führt in Fußnote 62 aus, wichtig wäre die Erfolgschancen des kartellbehördlichen Verfahrens zu erhöhen, die „Hemmnisse“ ließen sich so abschwächen. Zur Sicherung des Leistungswettbewerbs strebt der Gesetzgeber mithin die verbesserte Erfassung von Diskriminierungen an.

Die vierte Novellierung des GWB[625] sah viele Änderungen vor, in denen die neue Grundrichtung, die mit der zweiten Novellierung eingeschlagen wurde, erkennbar blieb. Zur Erinnerung sei genannt, dass der § 26 II 2 GWB das Kriterium der relativen Machtüberlegenheit im Vertikalverhältnis zwischen verschiedenen Wirtschaftsstufen im Kartellrecht bekannt machte.[626] Der § 37 a III knüpft nun an die gegenüber kleineren und mittleren Unternehmen (KMU) überlegene Marktmacht an, die ein Unternehmen in die Lage versetzt, die Marktverhältnisse wesentlich zu beeinflussen. Aus Gründen des Mittelstandschutzes kann ein Verhalten untersagt werden, das KMU-Wettbewerber unmittelbar oder mittelbar unbillig behindert und geeignet ist, den Wettbewerb nachhaltig zu beeinträchtigen.

Als prinzipieller Diskurs der Ordnungspolitik sei nach Nörr die Erarbeitung der Vorschriften über die Fusionskontrolle zu sehen. Immenga sieht im Bereich der strukturellen Wettbewerbsbeschränkungen die Umsetzung von zwischenzeitlich gewonnen wettbewerbspolitischen Einsichten. Im Entwurfsstadium

---

625 Viertes Gesetz zur Änderung des Gesetzes gegen Wettbewerbsbeschränkungen vom 26.04.1980, BGBl I 458.

626 *Immenga,* Schwerpunkte der vierten Novelle zum Gesetz gegen Wettbewerbsbeschränkungen, NJW Heft 27 (1980), S. 1417,1423.

sollte zunächst die Fusionskontrolle vom Merkmal der marktbeherrschenden Stellung abgekoppelt werden. Die weniger bestimmte „wesentliche Beeinträchtigung der Wettbewerbsbedingungen“ sollte stattdessen in Bezug genommen werden. Nörr macht dazu in dreifacher Hinsicht Ausführungen: Erstens wird der strukturpolitische Gehalt in seiner unternehmensbezogenen Variante genannt, der eine Entwicklungslinie der zweiten Novellierung aufgreife, zweitens sei dies abzulehnen, da dies den das ganze Gesetz tragenden Begriff der Marktbeherrschung in Frage stelle. Drittens sei dies als „dritter Faktor eines eigentumsmodifizierenden und –verdrängenden Unternehmensrechts“ zu verstehen.[627] Immenga gibt zu bedenken, dass der einheitliche Marktbeherrschungsbegriff für Fusionskontrolle und Missbrauchsaufsicht gleichwohl aufgegeben wurde, selbst wenn die Vermutungstatbestände der Fusion auf die Marktbeherrschung bezogen seien.[628] Die weitere Fassung stellte Vermutungstatbestände wie die Regelvermutung der überragenden Marktstellung nach Höhe des Umsatzerlöses auf. Die Anmeldung eines Fusionsvorhabens wird erweitert, die Kontrolle vertikaler und konglomerater Zusammenschlüsse wird dem Kontrollmaßstab für die horizontale Fusion vergleichbar. Die zweite Novelle hatte insofern nicht ausgereicht. Die Regelvermutungen verfügten auch über einen mittelstandsschützenden Sachverhalt. Für ambivalent hält Nörr den Mittelstandsschutz nach wie vor. Einerseits werde Schutz um seiner selbst willen gewährt, anderseits zum Zwecke der Eindämmung der Macht von Großunternehmen.[629] Zulasten des Oligopols seien Vermutungstatbestände verschärft worden, die eine Beweislastumkehr vorsehen. Für die Verhaltenskontrolle wurden neue Regeltatbestände als Maßnahme gegen marktbeherrschende Unternehmen geschaffen.

6. Ausblick

Mit der fünften Novellierung des GWB[630], nachdem als denkbare Konsequenz aus den Problemen im Zusammenhang mit der Verhaltenskontrolle ein generelles Diskriminierungsverbot abgekoppelt von dem Kriterium der Marktmacht erörtert worden war[631], traten folgende gesetzliche Anpassungen in Kraft.

---

627 *Nörr*, Republik der Wirtschaft, 2. Teil, S. 190.

628 *Immenga*, Schwerpunkte der vierten Novelle zum Gesetz gegen Wettbewerbsbeschränkungen, NJW Heft 27 (1980), S. 1417.

629 *Nörr*, Republik der Wirtschaft, 2. Teil, S. 191.

630 Gesetz zur Änderung des GWB vom 22.12.1989 BGBl I 1989, 2486.

631 *Nörr*, Republik der Wirtschaft, 2. Teil, S. 195.

§ 37 a III GWB war im Rahmen der vierten Novelle als kartellverwaltungsrechtlicher Untersagungstatbestand der Behinderung von kleinen und mittleren Unternehmen ausgestaltet worden. Die Umwandlung in ein zivilrechtliches Behinderungsverbot und Aufnahme in § 26 IV GWB erfolgte mit der Novellierung als gesetzessystematische Korrektur. Daraus folgte ein Klagerecht der von horizontalen Behinderungen Beeinträchtigten nach § 35 I GWB und ihrer Interessenverbände nach § 35 III GWB. Relative und absolute Kriterien mussten für den kartellverwaltungsrechtlichen Untersagungstatbestand kumulativ vorliegen, indem für § 37 a III GWB erforderlich war, dass das Unternehmen zur wesentlichen Beeinflussung der Marktverhältnisse in der Lage und sein Verhalten zur nachhaltigen Beeinflussung geeignet ist.[632] Diese einschränkenden Tatbestandsmerkmale wurden teils aufgegeben. Tatbestandlich setzte der § 26 IV GWB voraus, dass gegenüber kleinen und mittleren Unternehmen überlegene Marktmacht besteht und die KMU-Wettbewerber unmittelbar oder mittelbar unbillig behindert werden. Dieses zivilrechtliche Behinderungsverbot findet sich aktuell in Absatz 3 Satz 1 des § 20 GWB, dem in Satz 2 eine nicht abschließende Nennung von Regelbeispielen folgt. Ein geänderter Regelbeispielskatalog wird ab 1. Januar 2018 in Kraft sein. Mit der fünften Novellierung wurde der aktuelle § 20 IV GWB, damals als Absatz 5 dem § 26 GWB angefügt, mit dem Wortlaut: Ergibt sich auf Grund bestimmter Tatsachen nach allgemeinen Erfahrung der Anschein, dass ein Unternehmen seine Marktmacht im Sinne des Absatzes 4 ausgenutzt hat, so obliegt es diesem Unternehmen, den Anschein zu widerlegen und solche anspruchsbegründenden Umstände aus seinem Geschäftsbereich aufzuklären, deren Aufklärung dem betroffenen Wettbewerber oder einem Verband nach § 35 III nicht möglich, dem in Anspruch genommenen Unternehmen aber leicht möglich und zumutbar ist.

Die Mittelstandsorientierung wurde mit der fünften Novellierung breiter fortgesetzt als bisher. Allerdings wurde im Zuge der Mittelstandsorientierung eine Abschwächung vorgenommen, indem der Abschlusszwang enger gefasst wurde und von nun an nur zugunsten kleiner und mittlerer Unternehmen eingreift. Wie groß der unternehmens- oder sortimentsbedingt abhängige Nachfrager oder Anbieter ist, war zuvor nicht entscheidend, so dass mit diesem gelockerten Diskriminierungsverbot eine folgenreiche Änderung zu Stande gekommen war.[633]

Der geändert gefasste § 26 II 2 GWB bezog sich auf Satz 1, der das Behinderungs- und Diskriminierungsverbot enthält und lautete: „[...] gilt auch für

632 *Martinek,* Unruhe an der Kartellfront, NJW Heft 13 (1990), S. 793, 798.
633 *Martinek,* Unruhe an der Kartellfront, NJW Heft 13 (1990), S. 793, 797.

Unternehmen und Vereinigungen von Unternehmen, soweit von ihnen kleine oder mittlere Unternehmen als Anbieter oder Nachfrager einer bestimmten Art von Waren oder gewerblicher Leistungen in der Weise abhängig sind, dass ausreichende und zumutbare Möglichkeiten, auf andere Unternehmen auszuweichen, nicht bestehen." Der aktuelle § 20 I 1 GWB bezieht sich auf § 19 I i.V.m II Nr. 1 und enthält den identischen Wortlaut, fügt lediglich in Klammern relative Marktmacht hinzu. Außerdem findet sich in § 20 I 2 GWB der Vermutungstatbestand für Abhängigkeit.

Aktuell erklärungsbedürftig bleibt, dass das private Gestalten einer Austauschbeziehung durch mindestens zwei Unternehmen bei Imparität durch Marktstärke nur eines Verhandlungspartners unter bestimmten Voraussetzungen einem Gleichbehandlungsgebot unterworfen ist. Die nationalen Diskriminierungs- und Behinderungsverbote in §§ 19, 20 GWB werden auch dann angewandt, wenn der Handel zwischen EU-Mitgliedstaaten betroffen ist und wenn auf Grund strengerer innerstaatlicher Verbote wie in § 20 GWB das europäische Kartellrecht kein Verbot vorsieht. Die weitgehende europäische Rechtsangleichung hat diesen Raum für nationales Recht erhalten, wohingegen nach sehr deutlichen Worten von Fritz Rittner in der Festschrift für Immenga nach der Verordnung 1/2003 „Wettbewerbspolitik mit Gesetzeskraft versehen" worden ist. Der „deutsche Kartellrechtler" hätte sich in der Situation vor der Aufgabe gesehen, den seit 1957 „mühsam erarbeitete[n] Rechtszustand[zu] liquidieren" und „eine exorbitante Rechtsunsicherheit dafür eintauschen" zu müssen. „Dass die deutsche Praxis nach §§ 19–28 GWB wohl weitergeführt wird, tröstet über diese Verluste kaum hinweg [...]"[634]. Der deutsche Kartellrechtler sei es gewohnt gewesen, alle zehn Jahre neue Programme und Paradigmen berücksichtigen zu müssen[635], hier ist einzuwerfen, spätestens; denn im Schnitt erfolgte alle sechs Jahre bis 1990 eine Novellierung.

634 *Rittner,* Die Epoche der jüngeren deutschen Kartellrechtsentwicklung, S. 319, 327f.
635 *Rittner,* Die Epoche der jüngeren deutschen Kartellrechtsentwicklung, S. 319, 327f.

Fünfter Teil: Übereinstimmung der Meinungslager

Der Diskurs zwischen den in Bezug genommenen Rechtswissenschaftlern wurde bereits im zweiten Teil unter IV. 7. thematisiert. Über die bereits vorgestellte Skizze hinaus soll nun die gemeinsame Entwicklungslinie des Rechts Meinungslager übergreifend behandelt werden. In der ersten Nachkriegszeit erfolgen zunächst ideengeschichtliche Wiederauflagen. Insbesondere inhaltliche Wiederauflagen von bereits erarbeiteten wissenschaftlichen Thesen einzelner Rechtswissenschaftler aus den frühen 1930er Jahren, die sich unterschiedlich durchsetzen und in den wissenschaftlichen Diskurs eingehen. Einerseits ist die Freiburger Schule paradigmatisch, anderseits wegen ihrer Sonderstellung für den Diskurs und die Rechtspolitik wiederum nur bedingt zur Verdeutlichung des Folgenden heranzuziehen. Für die Zeit ab 1967 werden ohnehin die „Antinomien des Freiheitsbegriffs im Rechtsbild des Ordoliberalismus“ betont, wie ein Schüler Raisers, Uwe Runge, 1969 seine Dissertation betitelt.[636] Die wissenschaftliche Wiederauflage und Weiterentwicklungen des Ordoliberalismus erfolgten größten Teils bis zur Großen Koalition (ab Dezember 1966) bzw. 1968, von politischer Seite schwächte sich das Interesse an dieser Lehre ab und die neoliberalen Rechtswissenschaftler der zweiten Generation distanzieren sich von einzelnen radikalen Formulierungen bei Franz Böhm.[637] Auf Ludwig Raiser stößt der Leser nicht nur in dieser Untersuchung allenthalben, sondern ebenfalls im Zusammenhang mit den Thesen anderer Rechtswissenschaftler, die erstmals in den frühen 1930er Jahren aufgestellt wurden. Raiser greift diese auf, stellt die Thesen für sich auf den Prüfstand und bezieht Stellung, die er nicht selten ablehnend, jedoch wohlbegründet seinerseits in den Diskurs steuert, so dass Ballerstedt, Böhm, Kronstein, Reinhardt, Schmidt-Rimpler oder Flume sich dazu positionieren und ein Weiterdenken möglich ist. Als ein weiterer Grund für die häufigen Verweise auf Raisers Ansichten kann gelten: Für seine Ausführungen im „Recht der allgemeinen Geschäftsbedingungen“ konnte sich bereits das Reichsgericht erwärmen, so dass in der Folge der Durchbruch vom Missbrauch subjektiver Rechte zum Institutsmissbrauch gelang.[638] Formulierungen Raisers fanden Eingang in die

636 *Runge,* Antinomien des Freiheitsbegriffs im Rechtsbild des Ordoliberalismus, veröffentlicht 1971.

637 *Fikentscher,* Wirtschaftsrecht, 2. Band, S. 46ff, insb. S. 48f.

638 *Batholomeyczik,* Rechtsgrundlage der Gegengewichtsbildung, S. 51.

Entscheidungen des BVerfG.[639] Im weiteren Diskurs zwischen 1958 und 1980, wie anhand der vorgestellten wissenschaftlichen Arbeiten belegt werden konnte, werden Gedanken Raisers aufgegriffen und weiter ausgebaut. Wiethölter führt aus, Raisers eigene Rechtskonzeption werde nach 1963 inhaltlich verändert durch das vermehrte Abstellen auf den „gesellschaftlich-politischen Charakter" von Rechtsnormen.[640] Dies kommt dem generationsübergreifenden Diskurs zu Gute, in dem die gesellschaftlichen Umbrüche zum Vorschein kommen Zur Beschreibung der gesellschaftlichen Umbrüche als offener Prozess, für den im kollektiven Gedächtnis das Jahr 1968 stehe, legt Oskar Negt (geboren 1934) die folgende Skizze an. Die herrschende Ordnung und die vorgegebene Lebensform sei von Studenten in Frage gestellt worden. Der Widerspruch habe die Diskussion eröffnet. Neue Räume zur Selbstverwirklichung, Internationalismus und die Politisierung des Privaten seien dafür zentral. Der Widerspruch habe erst den Versuch ermöglicht, die Organisationsform der direkten Demokratie in verschiedene Lebensbereiche zu übernehmen. Im kollektiven Gedächtnis setze das Jahr 1968 den Anfang und habe insbesondere bei den studentischen Protagonisten Hoffnungen entfacht, den politischen Einstellungen entsprechend die gesellschaftliche Wirklichkeit zu verändern. Dieses Jahr werde rückschauend aber auch mit Niederlagen und enttäuschten Hoffnungen in Zusammenhang gebracht, so dass Negt danach fragt, was bleibt. Zugleich beleuchtet er das eigene Selbstverständnis und die eigene Rolle.[641] Von seinem sozialdemokratischen Elternhaus geprägt, trat Negt 1954 in die SPD ein und war als Student im SDS aktiv. Daneben engagierte er sich gewerkschaftlich. Als Assistent von Habermas und Seminarleiter diskutierten studentische Schlüsselfiguren der antiautoritären Bewegung in Frankfurt am Main regelmäßig mit ihm. Bezogen auf die Studentenbewegung ist es nachvollziehbar, die „Bruchstelle" zwischen den Jahren 1967 und 1969 zu sehen.[642]

In der Geschichtswissenschaft wird von einem gesellschaftlichen Umbruch „von etwa 1957/1958 bis 1972/1973" ausgegangen, einer grundlegenden Transformation, die mit den „langen 1960er Jahre" beschrieben wird.[643] Für die Privatrechtsgeschichte ist ein sich über längere Zeit erstreckender „parteiübergreifender sozialer Wandel der Gesellschaft" bedeutender als der mit der Studentenbewegung

639 *Hönn,* Kompensation gestörter Vertragsparität, S. 35.

640 *Wiethölter,* Privatrecht und Gesellschaftstheorie, S. 691.

641 *Negt,* Achtundsechszig, Politische Intellektuelle und die Macht, S. 13f.

642 *Kraushaar,* Gespräch mit Oskar Negt, S. 273, 282.

643 *Doering-Manteuffel,* Westernisierung. Politisch-ideeller und gesellschaftlicher Wandel in der Bundesrepublik bis zum Ende der 1960er Jahre, S. 311.

verknüpfte Impuls. Insbesondere waren Reformen im Familienrecht von einer gesellschaftlichen Mehrheit und unter Hinweis auf den Verfassungsbezug der Materie erfolgt.[644] Zur strafrechtlichen Rechtsentwicklung wird dargelegt, die im Entwurf eines Strafgesetzbuches von 1962 enthaltene, autoritär-traditionelle Totalreform des Strafrechts, sei zunehmend chancenloser geworden. Zurückgeführt wird dies auf eine freiheitsorientiertere, „gesellschaftlich-politische[r] Atmosphäre um den Jahrzehntewechsel 1960/1970".[645]

Die von der Geschichtswissenschaft verwendete Transformationsthese der „langen 1960er Jahre" bestätigte sich in dieser Untersuchung. Die Diskussionslinien zwischen Mitte der 1950er Jahre und Ende der 1970er Jahre in der Privatrechtstheorie belegen dies. Hönn nimmt in seiner Habilitationsschrift von 1982 eine Standortbestimmung damals gültigen Rechts vor. Schließlich weist er ein allgemeines Prinzip „Schutz des Schwächeren" in der Gesamtrechtsordnung als Bestandteil des inneren Systems nach.

I. Gemeinsamkeiten der „linken" und „bürgerlichen" Vertreter

In einem von der Frankfurter Allgemeinen Zeitung empfohlenen Sammelband, der zur Erklärung liberaler Wirtschaftsordnung gedacht ist und in dem sich Beiträge prominenter Wissenschaftler wie unter anderem Mestmäcker, Giersch und Biedenkopf zur Belebung der ordnungspolitischen Diskussion befinden, ist der Beitrag „Vertragsfreiheit und liberale Wirtschaftsordnung" von Wolfgang Grunsky bemerkenswert.[646] Nach Grunsky kann die richtige Befassung mit der Vertragsfreiheit nur lauten, „Vertragsfreiheit inwieweit"? Es ginge nicht um die Frage, ob oder ob nicht, sondern um die richtige Erfassung, wie die Grenzen der Vertragsfreiheit verlaufen, deren Existenz wiederum von niemanden bestritten werde. Ebenfalls sei ein „Interesse an gewisser Mindestgerechtigkeit" übereinstimmend gegeben, lediglich die weitere Ausdeutung sei je nach Standpunkt unterschiedlich. Er bekräftigt seinen eigenen Standpunkt über den Zusammenhang zwischen Vertragsfreiheit und im Allgemeininteresse stehender Wettbewerbswirtschaft, indem er schreibt: „Die Idee besteht darin, dass sich die einzelnen Verträge und der sich in ihnen niederschlagende Interessenausgleich zu einem

---

644 *Schäfer,* Playground of ideologists? Family law in West Germany after 1968, S. 179f.

645 *Timm,* Der Entwurf eines Strafgesetzbuches von 1962, S. 203ff, unter Angabe weiterer historischer Literatur in Fn. 9.

646 Frankfurter Allgemeine Zeitung vom 02.12.1975, S. 12, Rezension über Harbusch, Peter / Wiek, Dieter (Hrsg.), Marktwirtschaft. Eine Einführung in das Konzept der freiheitlichen Wirtschaftsordnung, Stuttgart 1975.

gesamtwirtschaftlichen Gleichgewichtszustand „aufaddieren", der dann seinerseits garantiert, dass es in späteren Einzelverträgen zu Vereinbarungen kommt, die für beide Parteien akzeptabel sind."[647]

Aus seiner Sicht folgt die Rechtswissenschaft den gesellschaftlichen und wirtschaftlichen Vorgaben, indem eine Wettbewerbsordnung „vertragsfreiheitsfreundlich" ausgestaltet werde. An der folgenden Formulierung kann dies verdeutlicht werden: „Die Entscheidung, in welchem Umfang eine Rechtsordnung sich zur Vertragsfreiheit bekennt, ist demnach eine notwendige Konsequenz der Ausgestaltung der Wirtschaftsordnung."[648]

Seine Einschätzung zum GWB lautet: „In Deutschland hat man durch das Gesetz gegen Wettbewerbsbeschränkungen versucht, den Markt funktionsfähig zu halten. Dieses Gesetz ist sicher nicht der Stein der Weisen, doch hat es insgesamt erheblich zur Vermeidung von Monopolbildungen beigetragen."[649] Dem Wettbewerb schreibt er eine Tauglichkeit zu, auch bei anderen Vertragsteilen als der Preissetzung einen machtbändigenden Einfluss auszuüben. Er weist darauf hin, dass dieser Aspekt in der Rechtswissenschaft umstritten sei, unter anderem lehne Rebe dies in seinem Beitrag „Privatrechtsgestaltung durch Wettbewerb?"[650] ab.

Den Gegenstand der eigentlichen Auseinandersetzung um die Vertragsfreiheit fasst Grunsky in der Frage zusammen, "ob sich die Vertragsfreiheit nicht auch in normalen Zeiten als ungeeignetes Mittel zur Erreichung der mit ihr angesteuerten Ziele (größtmögliche Freiheit des einzelnen bei gleichzeitiger Wahrung der Allgemeininteressen) erwiesen hat. Die bekanntesten Argumente gegen eine Marktwirtschaft erscheinen im juristischen Gewand als Argumente gegen die Vertragsfreiheit."[651] Die Ansichten „meist marxistisch orientierter Gegner" einer „weitgehenden Vertragsfreiheit" stellt er im Anschluss nicht als Übersicht zusammen. Er begnügt sich mit der Nennung der Einwände in Stichworten, wie „Ungleichheit der Machtlagen", „ungestörte Vertragsfreiheit gehe auf Kosten eines unabdingbaren Mindestmaßes an Vertragsgerechtigkeit", und der

647 *Grunsky*, Vertragsfreiheit und liberale Wirtschaftsordnung, in: Marktwirtschaft, S. 237, 243.

648 *Grunsky*, Vertragsfreiheit und liberale Wirtschaftsordnung, in: Marktwirtschaft, S. 237f, 244.

649 *Grunsky*, Vertragsfreiheit und liberale Wirtschaftsordnung, in: Marktwirtschaft, S. 237, 245.

650 *Rebe*, Privatrechtsgestaltung durch Wettbewerb?, in: Der Betriebs-Berater, Heft 21, 2. Halbjahr 1972, S. 889–892.

651 *Grunsky*, Vertragsfreiheit und liberale Wirtschaftsordnung, in: Marktwirtschaft, S. 237, 245.

Feststellung in seinem Fazit: „Die Gegner einer weitgehenden Vertragsfreiheit halten die Freiheit nicht für ein Negativum; sie meinen lediglich, dass in der gegebenen gesellschaftlichen Situation die Machtverhältnisse so unausgewogen ausgestaltet sind, dass die Freiheit der Stärkeren im Interesse der Schwächeren beschnitten werden muss." Als einen solchen Vertreter nennt er zum einen Mückenberger mit „Legitimation durch Realitätsverleugnung am Beispiel Privatautonomie"[652] und zum anderen Däubler mit „Das Grundrecht auf Mitbestimmung und seine Realisierung durch tarifvertragliche Begründung von Beteiligungsrechten"[653]. Aus dessen Äußerungen filtert er eine von ihm nicht geteilte Einschätzung der wirtschaftlichen und gesellschaftlichen Realität, in der Vertragsfreiheit als ein Mittel der Ausbeutung anzusehen sei.

Er sieht eine weitgehende Übereinstimmung der Befürworter und Gegner. Dies stellt er in seinem Fazit mit folgenden Worten heraus: „Auf der anderen Seite geben die Befürworter der Vertragsfreiheit zu, dass diese ihre Existenzberechtigung nur daraus ableiten kann, dass sie als notwendiger Bestandteil einer Wettbewerbswirtschaft zu einer Güterverteilung führt, die den Interessen aller Klassen und Bevölkerungsschichten gerecht wird; ist dies wegen allzu ungleicher Machtverteilung nicht der Fall (insbesondere bei monopolisierten Märkten), so bedeutet die Aufrechterhaltung der Vertragsfreiheit in der Tat nichts anderes, als das Zur- Verfügung- Stellen einer schön aussehenden spanischen Wand, hinter der ungestört Ausbeutung betrieben werden kann." Seine abschließende These lautet daher: „Versucht man, ein Fazit zu ziehen, so mag es auf den ersten Blick überraschen, wenn hier die Aussage gewagt wird, dass liberale Befürworter einer weitgehenden Vertragsfreiheit und meist marxistisch orientierte Gegner dieser Freiheit gar nicht so weit voneinander entfernt sind, wie es zunächst erscheinen mag." […] „Die Übereinstimmung endet erst bei der Einschätzung der gegenwärtigen wirtschaftlichen und gesellschaftlichen Verhältnisse. Wie diese Realitäten aussehen, kann ein Jurist nicht beantworten; er ist, wie auch sonst fast immer, nur 'Vollzugsorgan' von Erkenntnissen und Entscheidungen, die auf nichtjuristischen Gebieten gefunden und getroffen werden müssen."

Die Kritik von Rebe an den Vorschlägen, die Wolfgang Grunsky in seinem Beitrag „Allgemeine Geschäftsbedingungen und Wettbewerbswirtschaft"[654]

---

652 *Mückenberger,* Legitimation durch Realitätsverleugnung am Beispiel Privatautonomie, in Kritische Justiz 1971, S. 248–268.

653 *Däubler,* Das Grundrecht auf Mitbestimmung und seine Realisierung durch tarifvertragliche Begründung von Beteiligungsrechten, S. 1ff, 138f, 344f.

654 *Grunsky,* Allgemeine Geschäftsbedingungen und Wettbewerbswirtschaft, in: Der Betriebs-Berater, 2. Halbjahr 1971, S. 1113, insbes. S. 1116ff.

äußert, erhellen, dass diese behauptete Übereinstimmung auf abzulehnenden Thesen beruht, wenngleich der Gedanke für sich gesondert in einem weiteren Schritt geprüft werden sollte.

II. Wissenschaftliche Diskussion

Rebe zeigt auf, dass Grunskys Gleichsetzung von Wettbewerbserheblichkeit und Wettbewerbsfähigkeit nicht mit dem Leitprinzip der Vertragsgerechtigkeit vereinbar und seine behauptete Förderung der Rechtssicherheit über den Konditionenwettbewerb nicht zu erreichen sei. Rebe behandelt in seiner Besprechung mit dem Titel „Privatrechtsgestaltung durch Wettbewerb" als ersten Problemkreis die Wettbewerbserheblichkeit, d.h. die (verbraucherfreundliche) Rückwirkung des Wettbewerbs, und als zweiten Problemkreis die Wettbewerbsfähigkeit, d.h. die allgemeinere rechtstheoretische Frage „ob die AGB der Steuerung durch den Wettbewerb überlassen werden dürfen" und wie „Privatrechtsgestaltung durch wirtschaftliche Faktoren" erfolgt.[655]

Nach eigener Auskunft wollte Grunsky sich in seinem Aufsatz insbesondere gegen die Vorstellung wenden, bei Preis und Qualität der Ware gehe es in erster Linie um Wettbewerb, während die sonstigen Vertragsbestimmungen ausgestaltet als AGB ausschließlich als ein Problem der Vertragsgerechtigkeit behandelt würden.[656] Die Diskussion um den „Konditionenwettbewerb" wurde von einer der vier Arbeitsgemeinschaften geführt, die zur Erörterung der Gerechtigkeit in der Industriegesellschaft auf dem dritten rechtspolitischen Kongress der Sozialdemokratischen Partei vom 5. bis 7. Mai 1972 in Braunschweig gebildet wurden. Zum Thema der Arbeitsgemeinschaft A „Vertragsfreiheit – Instrument der Ausbeutung?" fasst Thilo Ramm die Ausgangsposition zusammen mit den Worten: „Der einzelne Bürger soll geschützt werden, und Schutzgewähr bedeutet nichts anderes, als ihm die verloren gegangene Entscheidungs- und Entschließungsfreiheit wieder zu verschaffen"[657]. Brandner fasst zum Thema AGB zusammen, die Förderung des Konditionenwettbewerbs sei abzulehnen, da diese Tendenz notwendigerweise unter dem Aspekt höherer Selbstverantwortung des Verbrauchers ein Nachlassen in der Inhaltskontrolle der AGB fördere. Gegen eine höhere

655 *Rebe,* Privatrechtsgestaltung durch Wettbewerb?, in: Der Betriebs-Berater, 2. Halbjahr 1972, S. 889, linke Spalte.

656 *Grunsky,* Allgemeine Geschäftsbedingungen und Wettbewerbswirtschaft, in: Der Betriebs-Berater, 2. Halbjahr 1971, S. 1113, insbes. S. 1116.

657 *Ramm,* Vertragsfreiheit- Instrument der Ausbeutung?, in: Duden, Konrad u.a. (Hrsg.) Gerechtigkeit in der Industriegesellschaft, Karlsruhe 1972, S. 39–45.

Selbstverantwortung spräche, dass das „Bewusstsein des Unterworfenseins beim Verbraucher zu weit fortgeschritten" und ein abwägender Vergleich der Vor- und Nachteile der Konditionen „für den Konsumenten, häufig auch für den Fachmann" selbst, zu schwierig sei.[658]

Rebe stellt heraus, dass Grunsky rechtspolitisch argumentiere, indem er dem Wettbewerb einen effektiveren Verbraucherschutz zuschreibe, als der „den Ereignissen immer nur hinterherlaufen[den] und [...] mit dem Risiko von Fehlentscheidungen behaftet[en] Inhaltskontrolle". Dies sei aber eine Frage der „Geeignetheit des Wettbewerbs, verbraucherfreundliche AGB zu gewährleisten" und damit die Frage nach der Wettbewerbserheblichkeit. Die interessierende Frage, der Grunsky argumentativ nachgeht, sei dagegen die nach der Wettbewerbsfähigkeit. Zunächst bezweifele Grunsky, dass die Rechtsprechung überhaupt gültige Kontrollkriterien finden könnte. Dies hätte genauso wie die Suche nach dem sog. gerechten Preis keine Erfolgsaussichten. „Die Gestaltung der AGB stärker als bisher dem Wettbewerbsmechanismus zu überlassen, würde für die Rechtssicherheit einen erheblichen Fortschritt bedeuten."[659]

Rebe befasst sich im ersten Schritt mit der Untersuchung der Vergleichbarkeit und Verschiedenheit von Preisen und AGB. Der Preis habe im Gegensatz zu den Konditionen eine gesamtwirtschaftliche Steuerungsfunktion. Diese Tatsache habe zu der Zulässigkeit von Konditionenkartellen geführt, da der Gesetzgeber deren wettbewerbsfördernde größer als ihre wettbewerbsbehindernde Wirkung eingeschätzt hätte. Die wirtschaftliche Ordnungsfunktion des Vertrages sei anders als die des Preises. Der Vertrag reguliere ein wirtschaftliches Leistungsverhältnis. Nach Grunskys Vorstellungen sei dagegen der gesamte Vertragsinhalt wirtschaftlich determiniert. „Damit würde im Ergebnis das funktionale Zusammenspiel von Wettbewerb, Recht und Wettbewerbsbeschränkungen und Privatrecht einseitig zu Lasten des privatrechtlichen Wertesystems gestört werden, denn es muss klar gesehen werden, dass die Einwirkungen des Wettbewerbs auf den AGB- Inhalt einen qualitativ anderen Zusammenhang beider Bereiche

---

658 *Brandner,* Allgemeine Geschäftsbedingungen, in: Duden, Konrad u.a. (Hrsg.) Gerechtigkeit in der Industriegesellschaft, Karlsruhe 1972, S. 47–56, S. 48.

659 *Rebe,* Privatrechtsgestaltung durch Wettbewerb?, in: Der Betriebs-Berater, 2. Halbjahr 1972, S. 889–892, S. 889, rechte Spalte; *Grunsky,* Allgemeine Geschäftsbedingungen und Wettbewerbswirtschaft, in: Der Betriebs-Berater, 2. Halbjahr 1971, S. 1113, S. 1117, rechte Spalte.

herstellt, als er dem bisherigen legitimen Verständnis des Verhältnisses von Wettbewerb und Privatrecht zugrunde liegt."[660]

Dieses legitime Verständnis des Verhältnisses von Wettbewerb und Privatrecht sieht Rebe in der Funktion, „tendenziell die Voraussetzung relativ gleicher Macht oder relativ gleicher Machtlosigkeit der beteiligten Rechtssubjekte zu schaffen" und damit die Privatrechtsordnung funktionsfähig zu halten.

Grunskys Vorschlag bedeute, ein anderes als dieses legitime Verhältnis zu implementieren. Bernd Rebes Gegenvorschlag: Eine Umschreibung des Verhältnisses von privatrechtlicher Tauschvereinbarung zum Wettbewerb habe auf den zwei unterschiedlichen Bezugsebenen Wettbewerbserheblichkeit und Wettbewerbsfähigkeit zu erfolgen. Wenn Wettbewerbserheblichkeit gegeben sei, komme es zu entsprechender Ausgestaltung des Vertragsantrages. Jedoch sei die normative Entscheidung darüber wichtiger, ob Wettbewerbsfähigkeit überhaupt in Betracht komme. AGB sollten gerade nicht wettbewerbsfähig sein, „da mit ihrer Wettbewerbsabhängigkeit der normative Maßstab der Vertragsgerechtigkeit zugunsten einseitig wirtschaftlicher Bestimmung des Vertragsinhalts aufgegeben" werden würde.[661]

> „Der wettbewerbsdiktierte Preis ist zwar ebenfalls der Disposition durch die individuellen Vertragspartner entzogen und unterliegt damit nicht dem Maßstab der auf Interessenausgleich gerichteten Vertragsgerechtigkeit; dies ist jedoch dadurch gerechtfertigt, dass er im Gegensatz zu den AGB eine gesamtwirtschaftliche Steuerungsfunktion hat."[662]

Zum Themenkreis der oben angeführten Frage nach der Entscheidungsfähigkeit, die bei Machtgefälle für den Unterlegenen begrenzt sein mag, gehört der zeitgenössische Diskurs über die Substitution der wettbewerblichen Steuerungsleistung. Assmann merkt zu „Wettbewerb als Element der Verknüpfung und Ermöglichung von Entscheidungen in der sozialen Sphäre" als eine weitere Überlegung an: In den Fällen, in denen „Beziehungen der Interaktionspartner nicht mehr auf Entscheidungen beruhen", werde in der mixed economy der Interaktionsbereich zwischen den Unternehmen durch Unternehmensverhaltensrecht ausgestaltet. Dies scheine auf den „[...] Ausfall des (vollkommenen)

660 *Rebe,* Privatrechtsgestaltung durch Wettbewerb?, in: BB (1972), S. 889, 890, linke Spalte.

661 *Rebe,* Privatrechtsgestaltung durch Wettbewerb?, in: BB (1972), S. 889, 892, rechte Spalte.

662 *Rebe,* Privatrechtsgestaltung durch Wettbewerb?, in: BB (1972), S. 889, 892, rechte Spalte.

Wettbewerbs als Entscheidungs-constraint" als „[...] Ergänzung des Organisationsrechts der Unternehmen" zu folgen. Assmann sieht darin die Beschreibung der vermutlich „entscheidenden Organisationsprinzipien von Recht in der mixed economy", und zwar: Die „[...] Ersetzung von Entscheidungen durch Recht, wo Entscheidungen vorauszusetzen sind, aber nicht mehr stattfinden. Zu erinnern ist etwa an die Kriterien der Abhängigkeit und Angewiesenheit als Anknüpfungspunkt für die sogenannten Sonderprivatrechte." Die Steuerungsleistung sei jedoch nur partiell durch Recht ersetzbar und fände sich in allen Interaktionsbereichen der sozialen Sphäre.[663]

III. Übereinstimmungen im Ergebnis

Für diejenigen Zivilrechtslehrer, die den Paradigmenwechsel hin zur engen Verknüpfung von Wirtschaft und Recht antizipieren, die über den Funktionswandel der Privatrechtsinstitutionen nachdenken und rechtstheoretisch zu erklären versuchen, ergeben sich folgende Übereinstimmungen: Die Mitbeachtung der Funktion liefert den Schlüssel zum Verständnis des Paradigmenwechsels und die Erklärung zum progressiven Rechtsverständnis. Im Erkenntnisinteresse steht daneben, wie die gesellschaftlichen Umbrüche und wirtschaftliche Krisen, die Verknüpfung von Wirtschaft und sozialer Frage, rechtstheoretisch reflektiert werden. So beschreibt Assmann beispielsweise die „Funktionalisierung des Privatrechts" unter drei verschiedenen Aspekten, nämlich erstens, der Überlagerung durch Wirtschaftsgesetze, zweitens, dem Funktionswandel einzelner Rechtsinstitute und drittens, der Materialisierung des Formalrechts.[664] Rinck führt aus, über die funktionale Fortbildung des klassischen Privatrechts durch das Wirtschaftsrecht und mittelbar durch das Rechtsgut Wettbewerbsfreiheit habe sich das Sozialmodell gewandelt. Viele ursprüngliche Kompromisse des GWB seien durch die Novellen von 1965, 1973 und 1976 beseitigt worden. Bemerkenswert sei außerdem die entsprechende Grundsatzentscheidung des Gesetzgebers. Er spricht von einer „Radikalkur" im Vergleich zur „stillen Reform des bürgerlichen Vermögensrechts" und unterscheidet verschiedene Bereiche des BGB, die vom Kartellrecht entlastet, neu ausgelegt oder erstmals über die Generalklauseln erfasst werden. Wo das GWB Verbote aufstelle und die Vertragsfreiheit einschränke, hätte allgemeines Privatrecht in Form der Generalklauseln, die ursprünglich Fälle von Wettbewerbsbeschränkungen, Knebelung und Monopolmissbrauch erfassten,

663 *Assmann,* Wirtschaftsrecht in der Mixed Economy, S. 298.

664 *Assmann,* Zur Steuerung gesellschaftlich-ökonomischer Entwicklung durch Recht, in: Wirtschaftsrecht als Kritik am Privatrecht, S. 239, 249.

einen Funktionsverlust erlitten, denn 1978 werden diese Fälle strenger über das Kartellrecht gehandhabt.[665] Kartellrechtliche Regelungen, die verhindern sollen, dass sich bereits entstandene Marktmacht diskriminierend auswirkt, werden einerseits als Eingriff von außen oder als inneres System der Vertragsfreiheit verstanden. Dieser Aspekt des rechtstheoretisch begründeten und erneuerten Rahmens des Prinzips der gleichen Freiheit findet sich in Arbeiten von Raiser[666], Esser[667], Biedenkopf[668] und Mestmäcker[669]. Ebenso behandeln diese Thematik Hönn, Rebe, Reich, Schmidt-Sayßen, Immenga, Kübler, Derleder, Belke und viele andere. Es handelt sich um die rechtliche Bewertung von „Vertragsfreiheit inwieweit", die nicht quantitativ ökonomisch erfassbar ist und das Konzept mit dem realen Vertragsgeschehen in Deckung zu bringen versucht.[670]

---

665 *Rinck,* Einwirkungen des Kartellrechts auf das allgemeine Privatrecht, S. 476–488.

666 *Raiser,* Vertragsfreiheit heute von 1958, S. 38ff; Rechtsschutz und Institutionenschutz im Privatrecht von 1963, sein Beitrag zur juristischen Vorlesungsreihe Summum Ius, Summa Iniuria in Tübingen, zur Erörterung von Antinomien zwischen Individualgerechtigkeit und dem Schutz allgemeiner Werte, S. 124, 138; Die Zukunft des Privatrechts von 1971, in: Die Aufgabe des Privatrechts, S. 208, 222.

667 *Esser,* Grundsatz und Norm von 1956; Schuldrecht 2. Auflage von 1960; § 138 BGB und die Bankpraxis der Globalzession, in: ZHR 135 (1972), S. 320 ff., 330ff.

668 *Biedenkopf,* Über das Verhältnis wirtschaftlicher Macht zum Privatrecht von 1965, in FS Böhm, S. 113–135; Vertragliche Wettbewerbsbeschränkung und Wirtschaftsverfassung von 1958, 101, 106–116.

669 *Mestmäcker* Über die normative Kraft privatrechtlicher Verträge von 1963, S. 325, 332ff; Das Verhältnis des Rechts der Wettbewerbsbeschränkungen zum Privatrecht II von 1968, in: DB (1968), S. 835–840.

670 Anm.: Winkler untersucht Wieackers Beitrag zur Materialisierungsgeschichte ab S. 529ff.

Sechster Teil: Thesen

I. Die Bedeutung von innerstaatlichen Verboten des Kartellrechts

Die nationalen Diskriminierungs- und Behinderungsverbote in §§ 19, 20 GWB werden auch dann angewandt, wenn der Handel zwischen EU-Mitgliedstaaten betroffen ist, das europäische Kartellrecht kein Verbot vorsieht und innerstaatliche Verbote wie in § 20 GWB bestehen. Die heute unter besonderen rechtlichen Voraussetzungen stehenden Austauschbeziehungen von Unternehmen zu Unternehmen bei Imparität erklären sich aus den geschichtlichen Voraussetzungen. Insbesondere gilt dies im Hinblick auf die dogmatischen Grundlagen, Paradigmenwechsel und das gesellschaftliche Infragestellen der überkommenen Ordnung von Mitte der 1950er Jahre an.

Das Verbot der unmittelbaren Behinderung und der aktiven oder passiven Diskriminierung wirkt, um im Bild von Hönn zu bleiben, als zweite Verteidigungslinie, wenn über den Institutionsschutz des Wettbewerbs als erste Verteidigungslinie keine hinreichende Machtbalance vermittelt werden kann. Die Kombination marktstarkes Unternehmen und Wettbewerbsbeschränkungen stellt eine nicht allein quantitativ messbare Störung dar, sondern erfordert neben volkswirtschaftlichen Untersuchungen eine rechtliche Bewertung. Nach rechtlicher Bewertung des Gesetzgebers wird eine vertragsbezogene, sprich auf den Vertrag als Institut sich auswirkende Sicherung, als zusätzliche Vorkehrung im Juli 1973 für erforderlich gehalten und über die Ergänzungen des GWB mit der zweiten Novellierung erweitert. Unter sozial-liberaler Führung, unterstützt von der CDU/CSU-Bundestagsfraktion, befand dies der Gesetzgeber einstimmig. Bezeichnend ist, dass zeitgleich (schließlich doch noch) die Preisbindung der zweiten Hand bei Markenwaren aufzuheben gesetzgeberisch möglich wurde. Nörr betont die Erheblichkeit der Strukturpolitik für die zweite Novellierung. Die Strukturpolitik bezeichnet er als „schleichende Instrumentalisierung“ und neue Grundrichtung des GWB.[671] Daneben verdient Beachtung, dass die zweite Verteidigungslinie durch die zweite Novelle einen Ausbau erhielt. Eine Absage wurde der zunächst versuchten, denkbar restriktiven Auslegung zur Beibehaltung bisheriger Grundsätze, den geänderter Vorschriften zum Trotz, erteilt; nicht zuletzt durch die Bestätigung der Rechtsprechung und durch das weitere

---

671 *Nörr*, Republik der Wirtschaft, 2. Teil, S. 277.

rechtstheoretische Verständnis von den in der Norm enthaltenen Grundsätzen. Daraus folgt:

1. Zunächst kann die Bedeutung von strengeren innerstaatlichen Verboten des Kartellrechts als zweite Verteidigungslinie bei Imparität durch die rechtshistorische und rechtstheoretische Betrachtung der Entwicklung, mithin durch die Betrachtung der jeweiligen rechtlichen Anforderungen an die Wettbewerbsordnung, geklärt werden.
2. Weiterhin erfordert die wirtschaftliche und gesellschaftliche Entwicklung zu einer mixed economy nach den Überzeugungen der in dieser Untersuchung genannten Zivilrechtslehrer eine Privatrechtstheorie, welche die einhergehende engere Verknüpfung von Wirtschaft und Recht reflektiert.
3. Die durch Schüler erworbenen Kenntnisse von den Überzeugungen der erfahrenen akademischen Lehrer von der ersten Wiederaufbauzeit an bis zur Mitte der 1960er Jahre hatten vorzügliche Bedingungen, sich weiter auszubreiten. Sie wurden ihrerseits zwischen Mitte der 1950er Jahre bis 1980 von den Zivilrechtslehrern aus den späteren Generationen weiterentwickelt, da die Bedingungen historisch günstig waren. Mit anderen Worten, die rechtstheoretische Reflexion zur strukturellen Verbindung von Wirtschaft und Privatrecht konnte in dieser Zeit tradiert werden.
4. Der Diskurs über den gesellschaftlich-politischen Charakter von Rechtsnormen führte über das Fachgebiet Recht hinaus und bezog rechtssoziologische und wissenschaftstheoretische Erklärungsansätze mit ein. Für die wissenschaftlichen Fehden bzw. Ausgrenzung Andersdenkender in dieser Zeit bieten sich einige Beispiele, die sich auf die gesellschaftliche Umbrüche beziehen lassen.
5. Schließlich ist das Unternehmensverhaltensrecht als zweite Verteidigungslinie ein partiell eingreifendes Substitut der aufgrund von Imparität ausfallenden Entscheidung. Mithin kann nicht stets der Ausfall der dem Wettbewerb zugeschriebenen Steuerungsleistung ausgeglichen werden. Letztlich wäre vollkommene Steuerung mittels Recht zu erbringen, zentrale Lenkung.[672]

II. Zur Funktion des Privatrechts

Für diejenigen Zivilrechtslehrer, die einen Funktionswandel unterliegende Privatrechtsinstitutionen rechtstheoretisch zu erklären versuchen, ergeben sich in den Erklärungsansätzen folgende Übereinstimmungen: Die Mitbeachtung der

672 *Assmann*, Wirtschaftsrecht in der Mixed Economy, S. 298.

Funktion liefert den Schlüssel zum Verständnis des Paradigmenwechsels und die Erklärung zum progressiven Rechtsverständnis. Im Erkenntnisinteresse steht daneben, wie die gesellschaftlichen Umbrüche und wirtschaftlichen Krisen, die Verknüpfung von Wirtschaft und sozialer Frage, rechtstheoretisch reflektiert werden. Assmann skizziert die „Funktionalisierung des Privatrechts" prägnant unter drei verschiedenen Aspekten, nämlich erstens, der Überlagerung durch Wirtschaftsgesetze, zweitens, dem Funktionswandel einzelner Rechtsinstitute und drittens, der Materialisierung des Formalrechts.[673] Der Untersuchungsgegenstand des rechtstheoretisch begründeten und erneuerten Rahmens des Prinzips der gleichen Freiheit findet sich in Arbeiten von Raiser[674], Esser[675], Biedenkopf[676] und Mestmäcker[677]. Ebenso behandeln diese Thematik wie gezeigt Hönn, Rebe, Reich, Schmidt-Sayßen, Immenga, Kübler, Derleder, Belke und viele andere. Es handelt sich um die rechtliche Bewertung von „Vertragsfreiheit inwieweit", die nicht quantitativ ökonomisch erfassbar ist und das Konzept mit dem realen Vertragsgeschehen in Deckung zu bringen versucht.

In der Rechtstheorie finden sich Abhandlungen unter den Stichpunkten Konzentration, Gegengewichtsprinzipien in der Wirtschaftsordnung und Demokratisierung der Wirtschaft von 1967 bis 1982. Einerseits wurde die Wettbewerbsfunktion ökonomisch beschrieben und außerökonomisch durch Freiheit gekennzeichnet. Andererseits wurde die Marktstruktur unter dem Eindruck der Konzentration betrachtet und der Unterlegene durch das oben genannte Gleichbehandlungsgebot geschützt. Schließlich ging es unter anderem in der Mitbestimmungsdiskussion um die Demokratisierung der Wirtschaft.

---

673 *Assmann,* Zur Steuerung gesellschaftlich-ökonomischer Entwicklung durch Recht, in: Wirtschaftsrecht als Kritik am Privatrecht, S. 239, 249.

674 *Raiser,* Vertragsfreiheit heute von 1958, S. 38ff; Rechtsschutz und Institutionenschutz im Privatrecht von 1963, sein Beitrag zur juristischen Vorlesungsreihe Summum Ius, Summa Iniuria in Tübingen, zur Erörterung von Antinomien zwischen Individualgerechtigkeit und dem Schutz allgemeiner Werte, S. 124, 138; Die Zukunft des Privatrechts von 1971, in: Die Aufgabe des Privatrechts, S. 208, 222.

675 *Esser,* Grundsatz und Norm von 1956; Schuldrecht 2. Auflage von 1960; § 138 BGB und die Bankpraxis der Globalzession, in: ZHR 135 (1972), S. 320 ff., 330ff.

676 *Biedenkopf,* Über das Verhältnis wirtschaftlicher Macht zum Privatrecht von 1965, in FS Böhm, S. 113–135; Vertragliche Wettbewerbsbeschränkung und Wirtschaftsverfassung von 1958, 101, 106–116.

677 *Mestmäcker* Über die normative Kraft privatrechtlicher Verträge von 1963, S. 325, 332ff; Das Verhältnis des Rechts der Wettbewerbsbeschränkungen zum Privatrecht II von 1968, in: DB (1968), S. 835–840.

Die Entwicklung der Rechtstheorie zur Erklärung der Funktionen und zur Rechtfertigung beziehungsweise Rückversicherung für die rechtspolitische Betätigung der Rechtswissenschaftler wurde vorliegend untersucht. Ob von einer wegweisenden Stellung für die Rechtswissenschaft auf dem Feld des Rechts gegen Wettbewerbsbeschränkungen im Bereich der Austauschbeziehungen, in denen die Interessen spiegelbildlich aufeinander bezogen werden, auszugehen ist, bedurfte ebenfalls der Erörterung. Die strukturelle Nachteilsausgleichung durch eine rechtliche Rahmenordnung, die der Erhaltung der Wettbewerbswirtschaft dient, und der wissenschaftliche Diskurs um die Gegengewichtsprinzipien in der Wirtschaftsordnung, der seit 1966 stark vertreten war, gibt dafür Anhaltspunkte. In Bezug auf die Vermachtung der Märkte haben die vorgestellten Rechtswissenschaftler die ausgleichende Funktion rechtstheoretisch besonders im Wettbewerb, im Gleichbehandlungssatz, in der Lehre vom Institutsmissbrauch, dem demokratisch-pluralistischen Modell oder im gezielten Aufbau von Gegenmacht gesehen. Daraus folgt:

1. Der Maßstab der auf Interessenausgleich gerichteten Vertragsgerechtigkeit und die gesamtwirtschaftliche Steuerungsfunktion des Preises werden erörtert und unterschiedlich bewertet.
2. Die Materialisierung des Formalrechts erfolgt teils über das Wettbewerbsbeschränkungsrecht als Sonderprivatrecht.
3. Als Antwort auf die Konzentration wurden die Kooperationserleichterungen sowie der sonstige Mittelstandsschutz gesetzlich geregelt, so dass mit der Zeit das Recht gegen Wettbewerbsbeschränkungen entsprechend modifiziert wurde.

III. Schutz des Schwächeren als allgemeines Prinzip

Die rechtspolitische Betätigung von Privatrechtswissenschaft in diesem engen, aber bedeutenden Ausschnitt des Wettbewerbsbeschränkungsrechts hinsichtlich entstandener Marktmacht, die sich diskriminierend auswirkt, bezieht sich auf die Frage „Vertragsfreiheit inwieweit". Die Antwort liegt nach einer exemplarisch herangezogenen Ansicht in der gesetzlich vielfach vorgesehenen, generell normativ bezweckten Kompensation gestörter Vertragsparität. Dies legitimiert nach Hönn ein Prinzip der materiellen Vertragsfreiheit als Rechtsprinzip. Nach seiner Ansicht ist ein allgemeines Prinzip „Schutz des Schwächeren" in der Gesamtrechtsordnung als Bestandteil des inneren Systems nachweisbar, wogegen nach anderer Ansicht Rebes, das Privatrecht am äußeren Rahmen, an dem im Wettbewerb erkennbaren Ordnungsentwurf, auszurichten ist. Die verschiedenen Begründungsansätze stimmen letztlich im Ergebnis überein.

Quellen- und Literaturverzeichnis

Abelshauser, Werner: Deutsche Wirtschaftsgeschichte: von 1945 bis zur Gegenwart, 2. Auflage, München 2011.

Assmann, Heinz-Dieter: Wirtschaftsrecht in der Mixed Economy. Auf der Suche nach einem Sozialmodell für das Wirtschaftsrecht, Königstein/Taunus 1980.

–, Zur Steuerung gesellschaftlich-ökonomischer Entwicklung durch Recht, in Assmann, Heinz-Dieter /Brüggemeier, Gert/Hart, Dieter/Joerges, Christian (Hrsg.), Wirtschaftsrecht als Kritik des Privatrechts, Beiträge zur Privat- und Wirtschaftstheorie, Königstein/Taunus 1980, S. 239–341.

Ballerstedt, Kurt: Staatsverfassung und Wirtschaftsfreiheit, in: Die öffentliche Verwaltung, März 1951, S. 159–161.

–, Handlungsunwert und Erfolgsunwert im Gesetz gegen Wettbewerbsbeschränkungen, in: Coing, Helmut / Kronstein, Heinrich / Mestmäcker, Ernst-Joachim (Hrsg.):Wirtschaftsordnung und Rechtsordnung, Festschrift zum 70. Geburtstag von Franz Böhm, Karlsruhe 1965, S. 179–197.

Bärmann, Johannes: Wohlerworbene Rechte (Besitzstandwahrung) und Globalsteuerung, in: Forschungsinstitut für Wirtschaftsverfassung und Wettbewerb e.V. (Hrsg.): Wettbewerbsordnung im Spannungsfeld von Wirtschafts- und Rechtswissenschaft, Festschrift für Gunther Hartmann, FIW-Schriftenreihe, Köln, Berlin, Bonn, München 1976, S. 7–36.

Batholomeyczik, Horst, Äquivalenzprinzip, Waffengleichheit und Gegengewichtsprinzip in der modernen Rechtsentwicklung, in: Archiv für die civilistische Praxis 166 (1966), S. 30–75.

–, Das Gegengewichtsprinzip und die Funktionsfähigkeit des Austauschvertrages in der modernen Rechtsentwicklung, in: Forschungsinstitut für Wirtschaftsverfassung und Wettbewerb e.V. Köln (Hrsg.), Das Gegengewichtsprinzip in der Wirtschaftsordnung (III), FIW- Schriftenreihe, Heft 35, Köln 1966, S. 11–66.

Baur, Jürgen: Das Tatbestandsmerkmal „Wettbewerb“, in: Zeitschrift für das gesamte Handelsrecht und Wirtschaftsrecht Band 134, 1970, S. 97–150.

Belke, Rolf: Die Geschäftsverweigerung im Recht der Wettbewerbsbeschränkungen. Eine vergleichende Untersuchung zum deutschen und französischem Recht, Tübingen 1966.

–, Die vertikalen Wettbewerbsbeschränkungsverbote nach der Kartellgesetznovelle 1973, Teil 1, Grundlagen, in: ZHR 138 (1974), S. 227–268.

Benisch, Werner: Kartellrechtliche Grundlagen der Gegengewichtsbildung, in: Forschungsinstitut für Wirtschaftsverfassung und Wettbewerb e.V. Köln (Hrsg.), Das Gegengewichtsprinzip in der Wirtschaftsordnung (III), FIW-Schriftenreihe, Heft 35, Köln 1966, S. 67–118.

–, Das neugeregelte Diskriminierungsverbot, in: Forschungsinstitut für Wirtschaftsverfassung und Wettbewerb e.V. Köln (Hrsg.), Auslegungsfragen zur zweiten GWB- Novelle, FIW- Schriftenreihe, Heft 66, Köln 1974, S. 123–130.

Berg, Hartmut: Wettbewerbspolitik, in: Vahlens Kompendium der Wirtschaftstheorie und Wirtschaftspolitik, Bd. 2, 1. Auflage, München 1981, S. 215–265.

Biedenkopf, Kurt H.: Heinrich Kronstein, in: Stefan Grundmann, Karl Riesenhuber (Hrsg.): Deutschsprachige Zivilrechtslehrer des 20. Jahrhunderts in Berichten ihrer Schüler (2007). Band 1, Berlin 2007, S. 188–205.

–, Über das Verhältnis wirtschaftlicher Macht zum Privatrecht, in: Coing, Helmut / Kronstein, Heinrich / Mestmäcker, Ernst-Joachim (Hrsg.): Wirtschaftsordnung und Rechtsordnung, Festschrift zum 70. Geburtstag von Franz Böhm, Karlsruhe 1965, S. 179–197.

–, Vertragliche Wettbewerbsbeschränkung und Wirtschaftsverfassung. Die Ausschließlichkeitsbindung als Beispiel, Heidelberg 1958.

Blum, Reinhard: Soziale Marktwirtschaft. Wirtschaftspolitik zwischen Neoliberalismus und Ordoliberalismus, in: Hoffmann, Walther G. (Hrsg.), Schriften zur angewandten Wirtschaftsforschung, Band 18, Tübingen 1969.

Böhm, Franz: Wettbewerb und Monopolkampf, Berlin 1933.

–, Privatrechtsgesellschaft und Marktwirtschaft, in: Ordo 17, 1966, S. 75ff.

Börner, Bodo: Wirtschaftswissenschaftliche Begriffe im Gesetz gegen Wettbewerbsbeschränkungen, in: Forschungsinstitut für Wirtschaftsverfassung und Wettbewerb e.V. (Hrsg.): Wettbewerbsordnung im Spannungsfeld von Wirtschafts- und Rechtswissenschaft. Festschrift für Gunther Hartmann, FIW-Schriftenreihe, Köln, Berlin, Bonn, München 1976, S. 77–86.

Brandner, Hans Erich: Allgemeine Geschäftsbedingungen, in: Duden, Konrad u.a. (Hrsg.), Gerechtigkeit in der Industriegesellschaft, Rechtspolitischer Kongress der SPD vom 5., 6. und 7. Mai 1972 in Braunschweig, eine Dokumentation, Karlsruhe 1972, S. 47–56.

Brüggemeier, Gert: „Zeitgemäße Privatrechtstheorie" als Aufgabe, in: Archiv für Rechts- und Sozialphilosophie, Band LXIV/1, 1978, S. 87–95.

–, Entwicklung des Rechts im organisierten Kapitalismus, Materialien zum Wirtschaftsrecht, Band 2, Vom Faschismus bis zur Gegenwart, Frankfurt am Main 1979.

–, Probleme einer Theorie des Wirtschaftsrechts, in: Wirtschaftsrecht als Kritik des Privatrechts, Beiträge zur Privat- und Wirtschaftsrechtstheorie, Königstein 1980, S. 9–81.

Brox, Hans: Fragen der rechtsgeschäftlichen Privatautonomie, in: Juristenzeitung 1966, (23/24), S. 761–767.

Bydlinski, Franz: Kontrahierungszwang und Anwendung allgemeinen Zivilrechts, in: *Juristenzeitung* 1980, (11/12), S. 378–385.

–, Zu den dogmatischen Grundfragen des Kontrahierungszwanges, in: Archiv für die civilistische Praxis 180 (1980) (1–2), S. 1–46.

Canaris, Claus-Wilhelm: Wandlungen des Schuldvertragsrechts – Tendenzen zu einer Materialisierung, in: Archiv für die civilistische Praxis 200 (2000), S. 173–364, S. 293.

Cassel, Dieter/Thieme, H. Jörg: Stabilitätstheorie, in: Vahlens Kompendium der Wirtschaftstheorie und Wirtschaftspolitik, Bd. 2, 1. Auflage, München 1981, S. 267–330.

Coing, Helmut: Epochen der Rechtsgeschichte in Deutschland, in: Becksche Schwarze Reihe, Band 48, 1. Auflage, München 1967.

Däubler, Wolfgang: Das Grundrecht auf Mitbestimmung und seine Realisierung durch tarifvertragliche Begründung von Beteiligungsrechten, Frankfurt am Main 1973.

Derleder, Peter: Diskriminierung zwischen Freiheit und Gleichheit, Kiel 1967.

Doering-Manteuffel, Anselm: Westernisierung. Politisch-ideeller und gesellschaftlicher Wandel in der Bundesrepublik bis zum Ende der 60er Jahre, in: Schildt, Axel / Siegfried, Detlef / Lammers, Karl Christian, Dynamische Zeiten. Die 60er Jahre in den beiden deutschen Gesellschaften, Hamburger Beiträge zur Sozial- und Zeitgeschichte, Band 37, Hamburg 2000, S. 311–341.

Dreier, Ralf: Was ist und wozu allgemeine Rechtstheorie? In: Staat und Recht in Geschichte und Gegenwart, 444/445, S. 5–34; Tübingen 1975.

Dubischar, Roland: Prinzipien-Platonismus. Anmerkungen zur Synallagmadiskussion, in: Baur, Fritz / Esser, Josef / Kübler, Friedrich / Steindorff, Ernst (Hrsg.): Funktionswandel der Privatrechtsinstitutionen, Festschrift für Ludwig Raiser zum 70. Geburtstag, Tübingen 1974, S. 99–118.

Duden, Konrad u.a. (Hrsg.): Gerechtigkeit in der Industriegesellschaft, Rechtspolitischer Kongreß der SPD vom 5., 6. und 7. Mai 1972 in Braunschweig, eine Dokumentation, Karlsruhe 1972.

Emmerich, Volker: Kartellrecht, in: Schriftenreihe Juristische Schulung, Heft 27, 3. Auflage, München 1979; 4. Auflage, München 1982.

Erhard, Ludwig: Zehn Jahre Kartellgesetz, in: Zehn Jahre Gesetz gegen Wettbewerbsbeschränkungen, III. Forum Bonn 1968, Referate und Diskussionen, Köln, Berlin, Bonn, München 1968, S. 21–28.

Erlinghagen, Peter: Zur Verwendbarkeit wirtschaftswissenschaftlicher Theorien als Beweismittel in Kartellverfahren, in: Forschungsinstitut für Wirtschaftsverfassung und Wettbewerb e.V. (Hrsg.): Wettbewerbsordnung im Spannungsfeld von Wirtschafts- und Rechtswissenschaft, Festschrift für Gunther Hartmann, FIW- Schriftenreihe Heft 75, Köln, Berlin, Bonn, München 1976, S. 95–104.

Esser, Josef: Dogmatik zwischen Theorie und Praxis, in: Baur, Fritz / Esser, Josef / Kübler, Friedrich / Steindorff, Ernst (Hrsg.): Funktionswandel der Privatrechtsinstitutionen, Festschrift für Ludwig Raiser zum 70. Geburtstag, Tübingen 1974, S. 517–539.

–, Vorverständnis und Methodenwahl in der Rechtsfindung, Rationalitätsgarantien in der richterlichen Entscheidungspraxis, 1. Auflage, Frankfurt a. M. 1970.

–, Schuldrecht. Allgemeiner und Besonderer Teil. Ein Lehrbuch, 2. Auflage, Karlsruhe 1960.

–, Grundsatz und Norm in der richterlichen Fortbildung des Privatrechts, Rechtsvergleichende Beiträge zur Rechtsquellen und Interpretationslehre, 1. Auflage, Tübingen 1956.

Eucken, Walter: Grundsätze der Wirtschaftspolitik. Herausgegeben von Edith Eucken und Paul K Hensel, Bern und Tübingen 1952.

Felderer, Bernhard/Homburg, Stefan: Makroökonomie und neue Makroökonomik, 6. Auflage, Berlin, Heidelberg 1994.

Fikentscher, Wolfgang: Neuere Entwicklungen der Theorie zum Tatbestandsmerkmal der Wettbewerbsbeschränkung in § 1 GWB, WuW 1961, 788–801.

–, Systemfragen im Europäischen Recht der Wettbewerbsbeschränkungen, in: Coing, Helmut / Kronstein, Heinrich / Mestmäcker, Ernst-Joachim (Hrsg.): Wirtschaftsordnung und Rechtsordnung. Festschrift zum 70. Geburtstag von Franz Böhm, Karlsruhe 1965, S. 261–278.

–, Methoden des Rechts in vergleichender Darstellung, Dogmatischer Teil, Band IV, Tübingen 1977.

–, Wirtschaftsrecht, Deutsches Wirtschaftsrecht, Band 2, München 1983.

–, Zum Recht der Diskriminierungen im Gesetz gegen Wettbewerbsbeschränkungen, in: WuW 1958, S. 257–269; oder wieder abgedruckt in: Recht und Wirtschaftliche Freiheit, Die Freiheit des Wettbewerbs, Band 1, Tübingen 1992, S. 267–281.

Flume, Werner: Allgemeine Teil des Bürgerlichen Rechts, Das Rechtsgeschäft, Band 2, 3. Auflage, Heidelberg 1979.

–, Allgemeine Teil des Bürgerlichen Rechts, Das Rechtsgeschäft, Band 2, 1. Auflage, Heidelberg 1965.

–, Rechtsgeschäft und Privatautonomie, Beitrag zur Festschrift Deutscher Juristentag 1860–1960, Bd. 1, Karlsruhe 1960, S. 135–238.

Gerlach, Johann Wilhelm: Radikalenfrage und Privatrecht, in: Recht und Staat in Geschichte und Gegenwart, Heft 482/483, Tübingen 1978.

Giersch, Herbert: Allgemeine Wirtschaftspolitik, Grundlagen, Wiesbaden 1961, Bd. 1.

Großfeld, Bernhard: Hauptpunkt der Kartellrechtsentwicklung vor dem ersten Weltkrieg, Zeitschrift für das gesamte Handelsrecht und Wirtschaftsrecht, 141, 1977, S. 442–456.

–, Zur Kartellrechtsdiskussion vor dem ersten Weltkrieg, in: Coing, Helmut/Wilhelm, Walter (Hrsg.),Wissenschaft und Kodifikation des Privatrechts im 19. Jahrhunderts, Bd. 4, Frankfurt am Main 1979, S. 255–296.

Grossmann, Harald: Die Vertragsfreiheit als ökonomisches und juristisches Ordnungsprinzip, Freiburger Rechts- und Staatswissenschaftliche Dissertation 1959.

Grunsky, Wolfgang: Allgemeine Geschäftsbedingungen und Wettbewerbswirtschaft, in: Der Betriebs-Berater, 2. Halbjahr 1971, S. 1113–1118.

–, Verstärkter Schutz des Kunden vor unbilligen Allgemeinen Geschäftsbedingungen durch Wettbewerb – Erwiderung, in: Der Betriebs-Berater, 2. Halbjahr 1971, S. 189–191.

–, Vertragsfreiheit und liberale Wirtschaftsordnung, in: Harbusch, Peter / Wiek, Dieter (Hrsg.), Marktwirtschaft. Eine Einführung in das Konzept der freiheitlichen Wirtschaftsordnung, Stuttgart 1975, S. 237–250.

–, Vertragsfreiheit und liberale Wirtschaftsordnung, in: Harbusch, Peter/ Wiek, Dieter (Hrsg.), Marktwirtschaft. Eine Einführung in das Konzept der freiheitlichen Wirtschaftsordnung, Stuttgart 1975, S. 237–250.

–, Vertragsfreiheit und Kräftegleichgewicht, in: Schriftenreihe der Juristischen Gesellschaft zu Berlin, Heft 141, Band 143, Berlin 1995.

Günther, Eberhard: Zehn Jahre Gesetz gegen Wettbewerbsbeschränkungen, Rückblick und Ausblick, in: Zehn Jahre Gesetz gegen Wettbewerbsbeschränkungen, III. Forum Bonn 1968, Referate und Diskussionen, Köln, Berlin, Bonn, München 1968, S. 35–46.

–, Wege zur europäischen Wettbewerbsordnung, Schriftenreihe zum Handbuch für europäische Wirtschaft, Baden-Baden 1968, Bd. 11.

–, Die geistigen Grundlagen des Josten-Entwurfs, in: Sauermann, Heinz / Mestmäcker, Ernst-Joacim (Hrsg.): Wirtschaftsordnung und Staatsverfassung, Festschrift für Franz Böhm zum 80. Geburtstag, Tübingen 1975, S. 123–204.

–, Die Auslegung unbestimmter Rechtsbegriffe des GWB, in: Forschungsinstitut für Wirtschaftsverfassung und Wettbewerb e.V. (Hrsg.): Wettbewerbsordnung im Spannungsfeld von Wirtschafts- und Rechtswissenschaft, Festschrift für Gunther Hartmann, FIW- Schriftenreihe, Köln, Berlin, Bonn, München 1976, S. 123–132.

Hackl, Karl: Vertragsfreiheit und Kontrahierungszwang im deutschen, im österreichischen und im italienischen Recht. Eine rechtsvergleichende Studie zum Privat- und Wirtschaftsrecht, in: Schriften zum Internationalen Recht, Bd. 20.

Hagen, Horst: Buchbesprechungen. Alternativkommentar: Kommentar zum Bürgerlichen Gesetzbuch. Band 3, in: Neue Juristische Wochenschrift, Heft 42, S. 2297.

Hardach, Karl: Wirtschaftsgeschichte Deutschlands im 20. Jahrhundert: 1914–1970, 3. Auflage, Göttingen 1993.

Hart, Dieter: Verbraucherrecht und Marktökonomik: Eine Kritik ordnungstheoretischer Eingrenzung der Verbraucherpolitik, in: Assmann, Heinz-Dieter / Brüggemeier, Gert / Hart, Dieter / Joerges, Dieter, Wirtschaftsrecht als Kritik des Privatrechts, Beiträge zur Privat- und Wirtschaftsrechtstheorie, Königstein/Taunus 1980, S. 83–238.

Heldrich, Andreas: Das Trojanische Pferd in der Zitadelle des Rechts. Überlegungen zur Einbeziehung der Sozialwissenschaften in die juristische Ausbildung, in: Juristische Schulung Heft 5, 1974, S. 281–288.

Henke, Wilhelm: Die Sozialisierung des Rechts. Ein Beitrag zur Rechtspolitik, in: Juristenzeitung 35 (11/12), 1980, S. 369–377.

Hensel, Karl Paul: Grundformen der Wirtschaftsordnung. Marktwirtschaft – Zentralverwaltungswirtschaft, München 1972.

Hirsch, Martin: Markenartikelhersteller und Diskriminierungsverbot, in: Betriebs-Berater, Heft 34, 1973, S. 1559–1560.

Hofer, Sibylle: Das Prinzip der Vertragsfreiheit, in: Rückert, Joachim / Schmoeckel, Mathias / Zimmermann, Reinhard (Hrsg.): Historisch-kritischer Kommentar zum BGB, Band II, 1. Teilband vor § 241, S. 98–131, Tübingen 2007.

Hoppmann, Erich: Zum Schutzobjekt des GWB. Die sogenannten volkswirtschaftlichen Erkenntnisse und ihre Bedeutung für die Schutzobjektdiskussion, in: Ernst-Joachim Mestmäcker (Hrsg.): Wirtschaftsrecht und Wirtschaftspolitik. Wettbewerb als Aufgabe – Nach zehn Jahren Gesetz gegen Wettbewerbsbeschränkungen. Bad Homburg v.d.H., Berlin, Zürich 1968 (7), S. 61–104.

–, Marktmacht und Wettbewerb, in: Recht und Staat, Heft 471, Tübingen 1977.

Hotze, Andrea: Menschenbild und Ordnung der Sozialen Marktwirtschaft. A. Rüstow, W. Röpke, A. Müller-Armack und ihre Konzeption einer Wirtschafts- und Gesellschaftsordnung nach dem „Maße des Menschen", Hamburg 2008.

Hönn, Günther: Wettbewerbsregeln und die Wirksamkeit eines leistungsgerechten Wettbewerbs, in: GRUR 1977, Heft 3, S. 141–147.

–, Zur Bedeutung spezieller Normen für die Konkretisierung von Generalklauseln, am Beispiel des Wettbewerbsrechts, in: Kraft, Alfons / Damrau, Jürgen / Fürst, Walter (Hrsg.) Festschrift für Otto Mühl zum 70. Geburtstag, Stuttgart, Berlin, Köln, Mainz 1981, S. 309–337.

–, Kompensation gestörter Vertragsparität. Ein Beitrag zum inneren System des Vertragsrechts, in: Schriften des Instituts für Arbeits- und Wirtschaftsrecht der Universität zu Köln, Bd.43, München 1982.

Huffschmid, Jörg: Politik des Kapitals: Konzentration und Wirtschaftspolitik in der Bundesrepublik, 4. Auflage, Frankfurt a.M. 1970.

Hüttenberger, Peter: Wirtschaftsordnung und Interessenpolitik in der Kartellgesetzgebung der Bundesrepublik 1949–1957, in: Institut für Zeitgeschichte (Hrsg.),Vierteljahresheft für Zeitgeschichte, Jahrgang 24 (1979), Heft 3, S. 287–307.

Immenga, Ulrich: Politische Instrumentalisierung des Kartellrechts? In: Recht und Staat in Geschichte und Gegenwart, 461, Tübingen 1976, S. 3–26.

–, Zivilrechtsdogmatik und Kartellrecht, in: Immenga, Ulrich (Hrsg.) Rechtswissenschaft und Rechtsentwicklung, Ringvorlesung von Professoren der Juristischen Fakultät der Georg-August- Universität Göttingen, Göttingen 1980, S. 197–208.

–, Schwerpunkte der vierten Novelle zum Gesetz gegen Wettbewerbsbeschränkungen, NJW Heft 27 (1980), S. 1417–1423.

Joerges, Christian: Homo sapiens, homo faber, homo ludens, homo europeus. Ein zweiter Versuch, Norbert Reich zu ehren, S. 913–925, samt Schriftenverzeichnis Norbert Reich, S. 935–952, in: Krämer, Ludwig / Micklitz, Hans-W./ Tonner, Klaus, Law and diffuse Interests in the European Legal Order. Liber amicorum Norbert Reich, Baden-Baden 1997.

–, Verbraucherrecht und Marktökonomik: Eine Kritik ordnungstheoretischer Eingrenzung der Verbraucherpolitik, in: Assmann, Heinz-Dieter / Brüggemeier, Gert / Hart, Dieter / Joerges, Dieter, Wirtschaftsrecht als Kritik des Privatrechts, Beiträge zur Privat- und Wirtschaftsrechtstheorie, Königstein/ Taunus 1980, S. 83–238.

Kantzenbach, Erhard: Die Funktionsfähigkeit des Wettbewerbs, in: Jürgensen, Harald (Hrsg.): Wirtschaftspolitische Studien, aus dem Institut für Europäische Wirtschaftspolitik der Universität Hamburg, Heft 1, Göttingen 1966.

Kartte, Wolfgang: Ein neues Leitbild für die Wettbewerbspolitik, Forschungsinstitut für Wirtschaftsverfassung und Wettbewerb e.v. Köln (Hrsg.), FIW-Schriftenreihe Heft 49, Köln, Berlin, Bonn, München 1969.

Kartte, Wolfgang/Holtschneider, Rainer: Konzeptionelle Ansätze und Anwendungsprinzipien im Gesetz gegen Wettbewerbsbeschränkungen: Zur Geschichte des GWB, in: Cox/Jens/Markert (Hrsg.), Handbuch des Wettbewerbs, München 1981, S. 193–224.

Kauhausen, Ilka: Nach der „Stunde Null", Prinzipiendiskussion im Privatrecht, Tübingen 2007.

Kempen, Otto Ernst: Zeitgenössisches zu den Auswirkungen der 68er- Bewegung auf das Arbeitsrecht, in: Kritische Vierteljahresschrift, Heft 2/2009, S. 152–162.

Kestner, Fritz/Lehnich, Oswald: Der Organisationszwang. Eine Untersuchung über die Kämpfe zwischen Kartellen und Außenseitern, 2., durch Lehnich umgearbeitete und ergänzte Auflage, Berlin 1927.

Kestner, Fritz: Der Organisationszwang. Eine Untersuchung über die Kämpfe zwischen Kartellen und Außenseitern. 1. Auflage, Berlin 1912.

Kilian, Wolfgang: Kontrahierungszwang und Zivilrechtssystem, in: Archiv für die civilistische Praxis 180(1980) (1–2), S. 47–83.

Knöpfle, Robert: Kann der Inhalt des Wettbewerbs i.S. des GWB bestimmt werden? in: Der Betrieb vom 12. Juli 1991, Heft 27/28 (1991), S. 1433–1440.

–, Der Rechtsbegriff „Wettbewerb" und die Realität des Wirtschaftslebens, in: Kartellrundschau, Schriftenreihe für Kartell- und Konzernrecht des In- und Auslands Heft 7, Köln, Berlin, Bonn, München 1966.

Köndgen, Johannes, Josef Esser – Grenzgänger zwischen Dogmatik und Methodologie, in: Stefan Grundmann, Karl Riesenhuber (Hrsg.): Deutschsprachige Zivilrechtslehrer des 20. Jahrhunderts in Berichten ihrer Schüler (2007). Band 1, Berlin 2007, S. 103–127.

Koenigs, Folkmar: Wechselwirkungen zwischen Gesetz gegen Wettbewerbsbeschränkungen und das Recht des unlauteren Wettbewerbs, in: Neue Juristische Wochenzeitschrift 1961, S. 1041–1047.

Kramer, Ernst A.: Grundfragen der vertraglichen Einigung, München 1972.

Kraushaar, Wolfgang: Gespräch mit Oskar Negt, in: Frankfurter Schule und Studentenbewegung. Von der Flaschenpost zum Molotowcocktail 1946–1995, Band 3, 2. Auflage, Frankfurt am Main 1998, S. 273–292.

Kübler, Friedrich: Eigentum verpflichtet – eine zivilrechtliche Generalklausel, in: Archiv für die civilistische Praxis 159 (1960/1961), S. 236–293.

–, Der deutsche Richter und das demokratische Gesetz, in: Archiv für die civilistische Praxis 162 (1962), S. 104–128.

–, Kodifikation und Demokratie, Juristenzeitung 1969, (20), S. 645–651.

–, Kommunikation und Verantwortung, in: Konstanzer Universitätsreden, Konstanz 1973.

–, Privatrecht und Demokratie, in: Baur, Fritz / Esser, Josef / Kübler, Friedrich / Steindorff, Ernst (Hrsg.): Funktionswandel der Privatrechtsinstitutionen, Festschrift für Ludwig Raiser zum 70. Geburtstag, Tübingen 1974, S. 697–725.

–, Über die praktischen Aufgaben zeitgemäßer Privatrechtstheorie, in: Juristische Studiengesellschaft Karlsruhe, Heft 119, Karlsruhe 1975.

–, Wirtschaftsrecht in der Bundesrepublik. Versuch einer wissenschaftshistorischen Bestandsaufnahme, in: Dieter, Simon (Hrsg.) Rechtswissenschaft in der Bonner Republik: Studien zur Wissenschaftsgeschichte in der Jurisprudenz, Frankfurt am Main 1994, S. 364–389.

–, Ludwig Raiser, in: Stefan Grundmann, Karl Riesenhuber (Hrsg.): Deutschsprachige Zivilrechtslehrer des 20. Jahrhunderts in Berichten ihrer Schüler (2007). Band 1, Berlin 2007, S. 287–303.

Küster, Otto: Über die beiden Erscheinungsformen der Gerechtigkeit nach Aristoteles, in: Baur, Fritz / Esser, Josef / Kübler, Friedrich / Steindorff, Ernst (Hrsg.): Funktionswandel der Privatrechtsinstitutionen, Festschrift für Ludwig Raiser zum 70. Geburtstag, Tübingen 1974, S. 541–558.

Lambsdorff, Graf Otto: Wettbewerb als Legitimation der Marktwirtschaft, in: *Wirtschaft und Wettbewerb* 26 (11/12), 1976, S. 738–744.

Laufs, Adolf: Neunzehnhundertachtundsechzig – Im Bild eines Zeitgenossen von der anderen Seite, in: Kohnle, Arnim / Engehausen, Frank (Hrsg.): Zwischen Wissenschaft und Politik, Festschrift für Eike Wolgast, Stuttgart 2001, S. 218–230.

Lieb, Manfred: Sonderprivatrecht für Ungleichgewichtslagen? Überlegungen zum Anwendungsbereich der sogenannten Inhaltskontrolle privatrechtlicher Verträge, Archiv für die civilistische Praxis 178 (1978), S. 196–226.

Lorenz, Werner: Werner Flume, Allgemeiner Teil des Bürgerlichen Rechts, Zweiter Band, Das Rechtsgeschäft, in: Archiv der civilistischen Praxis 1966, (166), S. 502–508.

Lukes, Rudolf: Zum Verständnis des Wettbewerbs und des Marktes in der Denkkategorie des Rechts, in: Coing, Helmut / Kronstein, Heinrich / Mestmäcker, Ernst-Joachim (Hrsg.): Wirtschaftsordnung und Rechtsordnung, Festschrift zum 70. Geburtstag von Franz Böhm, Karlsruhe 1965, S. 199–225.

Luong, Minh Tuan: Wirtschaftsverfassungsrecht im Wandel, Frankfurt am Main 1999.

Mankiw, N. Gregory: Makroökonomik, 6. Auflage, Stuttgart 2011.

Martinek, Michael: Unruhe an der Kartellfront, in: NJW Heft 13 (1990), S. 793–800.

Mertens, Hans-Joachim: Staat und Wirtschaft. Entwicklung zur Interdependenz, in: Grassi, ernesto (Hrsg.) Wirtschaftsrecht. Eine Problemorientierung, Reinbek 1978, S. 55–121.

Merz, Hans: Kartellrecht – Instrument der Wirtschaftspolitik oder Schutz der persönlichen Freiheit? in: Coing, Helmut / Kronstein, Heinrich / Mestmäcker, Ernst-Joachim (Hrsg.): Wirtschaftsordnung und Rechtsordnung, Festschrift zum 70. Geburtstag von Franz Böhm, Karlsruhe 1965, S. 227–259.

Mestmäcker, Ernst-Joachim: Das Verhältnis des Rechts der Wettbewerbsbeschränkungen zum Privatrecht, in: Ernst-Joachim Mestmäcker (Hrsg.): Recht und ökonomisches Gesetz. Über die Grenzen von Staat, Gesellschaft und Privatautonomie. Wirtschaftsrecht und Wirtschaftspolitik in Verbindung mit Kurt Biedenkopf und Erich Hoppmann, 1. Aufl., Baden-Baden 1978, S. 297–324.

–, Die sichtbare Hand des Rechts. Über das Verhältnis von Rechtsordnung und Wirtschaftssystem bei Adam Smith, in: Ernst-Joachim Mestmäcker (Hrsg.): Die sichtbare Hand des Rechts: Über das Verhältnis von Rechtsordnung und Wirtschaftssystem, 1. Aufl., Baden-Baden 1978, S. 139–170.

–, Die Zukunft des Wettbewerbs. Vortrag anlässlich der Innsbrucker Tage am 7./8. Oktober 1977 – zuvor unveröffentlicht, in: Ernst-Joachim Mestmäcker (Hrsg.): Die sichtbare Hand des Rechts: Über das Verhältnis von Rechtsordnung und Wirtschaftssystem, 1. Aufl. Baden-Baden 1978, S. 171–191.

–, Durch Mitbestimmung zum neuen Laissez-faire, in: Ernst-Joachim Mestmäcker (Hrsg.): Recht und ökonomisches Gesetz. Über die Grenzen von Staat, Gesellschaft und Privatautonomie. Wirtschaftsrecht und Wirtschaftspolitik in Verbindung mit Kurt Biedenkopf und Erich Hoppmann. 1. Aufl. Baden-Baden 1978, S. 155–164.

–, Macht – Recht – Wirtschaftsverfassung, Vortrag 1972 in Bonn gehalten auf der Hundertjahrfeier des Vereins für Socialpolitik, in: Ernst-Joachim Mestmäcker (Hrsg.): Die sichtbare Hand des Rechts: über das Verhältnis von Rechtsordnung und Wirtschaftssystem,1. Aufl. Baden-Baden 1978, S. 9–26.

–, Über die normative Kraft privatrechtlicher Verträge. Antrittsvorlesung am 13.11.1963 an der Univ. Münster, in: Ernst-Joachim Mestmäcker (Hrsg.): Recht und ökonomisches Gesetz. Über die Grenzen von Staat, Gesellschaft und Privatautonomie. Wirtschaftsrecht und Wirtschaftspolitik in Verbindung mit Kurt Biedenkopf und Erich Hoppmann. 1. Aufl. Baden-Baden 1978, S. 325–341.

–, Warum das Kartellverbot nicht am Privatrecht scheitert, in: Ernst-Joachim Mestmäcker (Hrsg.): Recht und ökonomisches Gesetz. Über die Grenzen von Staat, Gesellschaft und Privatautonomie. Wirtschaftsrecht und

Wirtschaftspolitik in Verbindung mit Kurt Biedenkopf und Erich Hoppmann. 1. Aufl. Baden-Baden 1978, S. 556–567.

–, Wirtschaftsordnung und Staatsverfassung, in: Ernst-Joachim Mestmäcker (Hrsg.): Die sichtbare Hand des Rechts: Über das Verhältnis von Rechtsordnung und Wirtschaftssystem, 1. Aufl. Baden-Baden 1978,S. 27–62.

–, Konstituierung und Sicherung der Wettbewerbsordnung, in: Ludwig-Erhard-Stiftung e.V. (Hrsg.), Ludwig Erhard 1897–1997, Soziale Marktwirtschaft als historische Weichenstellung: Bewertungen und Ausblicke. Eine Festschrift zum Hundertsten Geburtstag von Ludwig Erhard, Frankfurt am Main (Redaktionsschluss Nov. 1996).

–, Europäisches Wettbewerbsrecht, München 1974.

–, (Hrsg.): Wirtschaftsrecht und Wirtschaftspolitik, Wettbewerb als Aufgabe – Nach zehn Jahren Gesetz gegen Wettbewerbsbeschränkungen, Bad Homburg v.d.H., Berlin, Zürich 1968.

Mey, Harald: Marktwirtschaft und Demokratie. Betrachtungen zur Grundlegung der Bundesrepublik, in: Institut für Zeitgeschichte (Hrsg.),Vierteljahresheft für Zeitgeschichte, Jahrgang 24 (1979), Heft 3, S. 160–186.

Micklitz, Hans-W: Norbert Reich, Gründer und Begründer des Verbraucherrechts 1937–2015- ein Nachruf, in: Verbraucher und Recht, 12/2015, S. 443–445.

–, Nachruf auf Norbert Reich 9.9.1937–17.10.2015, JZ 2016, Heft 3, S. 142–143.

Moog, Rüdiger: Die Bildung gegengewichtiger Marktmacht nach dem Gesetz gegen Wettbewerbsbeschränkungen, Berlin 1980.

Möschel, Wernhard: Recht der Wettbewerbsbeschränkungen, Köln, Berlin, Bonn, München 1983.

–, Rechtsordnung zwischen Plan und Markt. Am Beispiel von Preiskontrollen nach § 22 GWB, Tübingen, 1975.

–, Der Oligopolmissbrauch im Recht der Wettbewerbsbeschränkungen, Tübingen 1974.

–, Echo – Preiskontrolle über marktbeherrschende Unternehmen (Zu Reich, ZRP 1975, 159), in: JZ 1975, Heft 9, S. 224.

Mückenberger, Ulrich: Legitimation durch Realitätsverleugnung am Beispiel Privatautonomie", in Kritische Justiz 1971, S. 248–268.

Müller-Armack, Alfred: Wirtschaftsordnung und Wirtschaftspolitik. Studien und Konzepte zur Sozialen Marktwirtschaft und zur Europäischen Integration, Freiburg 1966.

Müller-Henneberg, Hans: Vorbemerkungen zu § 1, in: Müller-Henneberg, Hans / Schwarz, Gustav (Hrsg.): Gesetz gegen Wettbewerbsbeschränkungen und

Europäisches Kartellrecht, Gemeinschaftskommentar, 3. Auflage, 1. Lieferung, §§ 1–4, Berlin-Charlottenburg 1972, Seiten 1–17.

–, GWB, Einführung, in: Gesetz gegen Wettbewerbsbeschränkungen, Gemeinschaftskommentar, 2. Auflage, Berlin-Charlottenburg 1963, S. 3–83.

–, Kommentar zum Gesetz gegen Wettbewerbsbeschränkungen, 1. Auflage Berlin/Köln 1958.

Murach-Brand, Lisa: Antitrust auf Deutsch, in: Beiträge zur Rechtsgeschichte des 20. Jhdt, Band 43,Tübingen 2004.

Nahamowitz, Peter: Buchbesprechung, Kritische Justiz 1979, S. 99–109.

Negt, Oskar: Achtundsechszig, Politische Intellektuelle und die Macht, Göttingen 1995.

Neumann, Volker: Geronnenes verflüssigen – Rechtskritik und politische Praxis der Basisgruppe Jura Heidelberg, in: Kritische Vierteljahresschrift, Heft 2/2009, S. 140–151.

Niederleithinger, Ernst / Schmidt, Ulrich: Kommentar zum Kartellgesetz, 5. Auflage, Neuwiedt und Darmstadt 1977.

Nipperdey, Hans Carl: Allgemeiner Teil des Bürgerlichen Rechts, begründet von Ludwig Enneccerus, erster Halbband, 15. Auflage, Tübingen 1959.

Nipperdey, Thomas: Deutsche Geschichte 1800–1866, Bürgerwelt und starker Staat, München 1983.

Nörr, Knut Wolfgang: Die Leiden des Privatrechts. Kartelle in Deutschland von der Holzstoffkartellentscheidung zum Gesetz gegen Wettbewerbsbeschränkungen, in: Beiträge zur Rechtsgeschichte des 20. Jhdt, Band 11, Tübingen 1994.

–, Die Republik der Wirtschaft. Teil II. Von der sozial-liberalen Koalition bis zur Wiedervereinigung, in: Beiträge zur Rechtsgeschichte des 20. Jahrhunderts, Bd. 53,Tübingen 2007.

Oesterreich, Ellen: Die Entwicklung der Theorie der Wettbewerbspolitik seit 1945, in: Zehn Jahre Kartellgesetz, 1958–1968. Eine Würdigung aus der Sicht der deutschen Industrie, Bundesverband der Deutschen Industrie, Bergisch Gladbach 1968, S. 87–105.

Ogorek, Regina: Rechtsgeschichte in der Bundesrepublik 1945–1990, in: Dieter, Simon (Hrsg.) Rechtswissenschaft in der Bonner Republik: Studien zur Wissenschaftsgeschichte in der Jurisprudenz, Frankfurt am Main 1994, S. 12–100.

Ott, Claus: Systemwandel im Wettbewerbsrecht, in: Baur, Fritz / Esser, Josef / Kübler, Friedrich / Steindorff, Ernst (Hrsg.): Funktionswandel der Privatrechtsinstitutionen, Festschrift für Ludwig Raiser zum 70. Geburtstag, Tübingen 1974, S. 403–434.

Pätzold, Jürgen: Stabilisierungspolitik, 7. Auflage, München 2008.

Pfeiffer, Alois: Der Wettbewerb muss gerettet werden, in: *Wirtschaft und Wettbewerb* 26 (11/12), 1976, S. 744–748.

Pierson, Thomas / Rockmann, Michael: Editorial, 1968 und das Recht, in: Kritische Vierteljahresschrift, Heft 2/2009, S. 111–114.

Ramm, Thilo: Vertragsfreiheit – Instrument der Ausbeutung? in: Duden, Konrad u.a. (Hrsg.), Gerechtigkeit in der Industriegesellschaft, Rechtspolitischer Kongress der SPD vom 5., 6. und 7. Mai 1972 in Braunschweig, eine Dokumentation, Karlsruhe 1972, S. 39–45.

–, Der Wandel der Grundrechte und der freiheitliche soziale Rechtsstaat, in: Juristenzeitung Nr. 5/6, 1972, S. 137–146.

–, Die Reformfakultät und die 68er, in: Kritische Vierteljahresschrift, Heft 2/2009, S. 115–139.

Raiser, Ludwig: Marktbezogene Unlauterkeit, in: GRUR Int. 6/7 (1973), S. 443–445.

–, Vertragsfreiheit heute, erstmals erschienen in: JZ (1958), S. 1ff; wieder abgedruckt in: Die Aufgabe des Privatrechts. Aufsätze zum Privat- und Wirtschaftsrecht aus drei Jahrzehnten, Kronberg/Taunus 1977, S. 38–61.

–, Vertragsfunktion und Vertragsfreiheit, erstmals erschienen in: 100 Jahre deutsches Rechtsleben, Festschrift zum hundertjährigen Bestehen des Deutschen Juristentages 1860–1860, Band 1, 101ff; wieder abgedruckt in: Die Aufgabe des Privatrechts. Aufsätze zum Privat- und Wirtschaftsrecht aus drei Jahrzehnten, Kronberg/Taunus 1977, S. 62–98.

–, Rechtsschutz und Institutionenschutz im Privatrecht, erstmals erschienen in: Summum ius-summa iniuria, Tübingen 1963, S. 145ff; wieder abgedruckt in: Die Aufgabe des Privatrechts. Aufsätze zum Privat- und Wirtschaftsrecht aus drei Jahrzehnten, Kronberg/Taunus 1977, S. 124–144.

–, Grundgesetz und Privatrechtsordnung, erstmals erschienen in: Verhandlungen des 46. Deutschen Juristentages, München und Berlin 1967, Band 2, Teil B, 5 ff; wieder abgedruckt in: Die Aufgabe des Privatrechts. Aufsätze zum Privat- und Wirtschaftsrecht aus drei Jahrzehnten, Kronberg/Taunus 1977, S. 162–189.

–, Aufgabe und Verantwortung des Juristen in unserer Gesellschaft, erstmals erschienen in: Tübinger Festschrift für Eduard Kern, Tübingen 1968, S 383 ff; wieder abgedruckt in: Die Aufgabe des Privatrechts. Aufsätze zum Privat- und Wirtschaftsrecht aus drei Jahrzehnten, Kronberg/Taunus 1977, S. 190–207.

–, Die Zukunft des Privatrechts. Vortrag gehalten vor der Berliner Juristischen Gesellschaft am 21. April 1971, wieder abgedruckt in: Die Aufgabe des

Privatrechts. Aufsätze zum Privat- und Wirtschaftsrecht aus drei Jahrzehnten, Kronberg/Taunus 1977, S. 208–234.

–, Der Gegenstand des Wirtschaftsrechts, Rezensionsabhandlung, Zeitschrift für das gesamte Handelsrecht und Wirtschaftsrecht 143 (1979), S. 338–345.

Raisch, Peter: Nachruf Kurt Ballerstedt, NJW Heft 5 (1978), S. 204.

Rasch, Harold: Grundfragen der Wirtschaftsverfassung, Godesberg 1948.

Rebe, Bernd: Privatrechtsgestaltung durch Wettbewerb?, in: Der Betriebs-Berater, Heft 21, 2. Halbjahr 1972, S. 889–892.

–, Privatecht und Wirtschaftsordnung. Zur vertraglichen Relevanz der Ordnungsfunktionen dezentraler Interessenkoordination in einer Wettbewerbswirtschaft, in: Industriegesellschaft und Recht Heft 13, Bielefeld 1978.

Rehbinder, Eckard: Bernd Rebe, Privatrecht und Wirtschaftsordnung, Rezension, Zeitschrift für das gesamte Handelsrecht und Wirtschaftsrecht 143.1979, S. 349–352.

Reich, Norbert: Sozialismus und Zivilrecht, eine rechtstheoretisch-rechtshistorische Studie zur Zivilrechtstheorie und Kodifikationspraxis im sowjetischen Gesellschafts- und Rechtssystem, Habilitationsschrift, Frankfurt am Main 1972.

–, Anton Menger und die demokratische Rechtstheorie, in: Recht und Politik, Vierteljahreshefte für Rechts- u. Verwaltungspolitik, Heft 3, 1972, S. 93–101.

–, Marxistische Rechtstheorie, Recht und Staat, Heft 420/421, S. 3–39, Tübingen 1973.

–, Der Begriff des Wettbewerbs im GWB, in: Bulla, Eckhart (Hrsg.), Wissenschaftliche Studien im zweiten Bildungsweg – 25 Jahre Hochschule für Wirtschaft und Politik, S. 260–276, Hamburg 1973.

–, Neue Tendenzen des Wirtschaftsrechts. Fusionskontrolle-Investitionskontrolle, in: Der Betriebsberater, Heft 32, 1973, S. 1449–1456.

–, Neue Literatur zum Verhältnis Rechtswissenschaften – Sozialwissenschaften, JUS 1974, S. 269–272.

–, Zivilrechtstheorie, Sozialwissenschaften und Verbraucherschutz, in: Themen der Zeit, ZRP 8/1974, S. 187–194.

–, Der Juristensozialismus von Anton Menger (1841–1906) im 19. Jahrhundert und heute, in: Quaderni Fiorentini 3–4, 1974–75, 1975, S. 157–182.

–, Missbrauch der Missbrauchsaufsicht durch Preiskontrolle über marktbeherrschende Unternehmen, 7/1975, S. 159–163. (Echo von Möschel 9/1975, S. 224.).

–, Wettbewerbstheorie-Wettbewerbspolitik-Wettbewerbsrecht, in: Archiv für Rechts- und Sozialphilosophie, Band 62, Heft 1, S. 111–119, Wiesbaden 1976.

–, Markt und Lenkung, in: Zeitschrift für Rechtspolitik, S. 67–75, 1976.

–, Zum Verhältnis von Markt und Recht als Gegenstand sozialökonomischer Theorienbildung (zugleich Besprechung der Festschriften Ludwig Raiser zum 70., Funktionswandel der Privatrechtsinstitutionen von 1974, und Franz Böhm zum 80., Wirtschaftsordnung und Staatsverfassung von 1975) in: Archiv für Rechts- und Sozialphilosophie, Band 63, Heft 4, S. 485–513, Wiesbaden 1977.

–, Markt und Konzentration, Bemerkungen zum ersten Zweijahres-Gutachten der Monopolkommission, in: Zeitschrift für Rechtspolitik, S. 107–111, 1977.

–, Markt und Recht, Theorie und Praxis des Wirtschaftsrechts in der Bundesrepublik Deutschland, Neuwied, Darmstadt 1977.

–, Kauf §§ 433–455 BGB, in: Wassermann, Rudolf (Hrsg.), Kommentar zum Bürgerlichen Gesetzbuch in sechs Bänden, Reihe Alternativkommentare, Band 3, Neuwied 1979.

–, Unverbindliche Preisempfehlungen, in: Cox, Helmut/Jens, Uwe/ Markert, Kurt (Hrsg.) Handbuch der Wettbewerbspolitik, S. 367–397, München 1981.

–, Reflexives Recht. Bemerkungen zu einer neuen Theorie von Gunther Teubner, in: Schreibner, Hans u.a. (Hrsg.), Festschrift für Rudolf Wassermann zum 60., S. 151–163, Neuwied 1985.

Reinhardt, Rudolf: Die Vereinigung subjektiver und objektiver Gestaltungskräfte im Vertrag, in: Festschrift zum 70. Geburtstag von Walter Schmidt-Rimpler, Karlsruhe 1957, S. 115–138.

Richter, Klaus W.: Die Wirkungsgeschichte des deutschen Kartellrechts vor 1914, in: Die Einheit der Gesellschaftswissenschaften, Tübingen 2007, Band 138.

Rinck, Gerd: Einwirkungen des Kartellrechts auf das allgemeine Privatrecht, in: Behrends, Okko u.a. (Hrsg.), Festschrift für Franz Wieacker zum 70. Geburtstag, Göttingen 1978, S. 476–488.

Ritter, Ernst Hasso: Der Wandel der Wirtschaftspolitik und die wirtschaftsverfassungsrechtliche Bedeutung des Gesetzes gegen Wettbewerbsbeschränkungen, in: Der Betriebsberater vom 10. Dezember 1968, Heft 34, 23. Jahr, S. 1393–1995.

Rittner, Fritz: §22 GWB im Spannungsfeld wirtschaftswissenschaftlicher Theorien und rechtsstaatlicher Postulate, in: Forschungsinstitut für Wirtschaftsverfassung und Wettbewerb e.V. (Hrsg.): Wettbewerbsordnung im Spannungsfeld von Wirtschafts- und Rechtswissenschaft, Festschrift für Gunther Hartmann, FIW- Schriftenreihe, Köln, Berlin, Bonn, München 1976, S. 251–272.

–, Wirkungsvollere allgemeine Wettbewerbspolitik, in: Wirtschaft und Wettbewerb 26 (11/12), 1976, S. 749–755.

–, Wirtschaftsrecht mit Wettbewerbs- und Kartellrecht. Ein Lehrbuch,1. Auflage, Heidelberg, Karlsruhe 1979.

–, Zum gegenwärtigen Stand der neoliberalen Rechtstheorie. Bemerkungen zu E. J. Mestmäckers Recht und ökonomisches Gesetz, in: Archiv für die civilistische Praxis 180 (1980) (4), S. 393–402.

–, Vertragsfreiheit und Wettbewerbspolitik, in: Andreae, Clemens-August / Benisch, Werner (Hrsg.): Wettbewerbsordnung und Wettbewerbsrealität, Festschrift für Arno Sölter zum 70. Geburtstag, Köln, Berlin, Bonn, München 1982, S. 27–39.

–, Über das Verhältnis von Vertrag und Wettbewerb, in: Archiv für die civilistische Praxis 188 (1988), S. 101–139.

Robert, Rüdiger: Konzentrationspolitik in der Bundesrepublik – Das Beispiel der Entstehung des Gesetzes gegen Wettbewerbsbeschränkungen, in: Volkswirtschaftliche Schriften, Heft 150, Berlin 1976.

Rowedder, Heinz (Hrsg.): Kartellrecht, aus: Texte der jetzt in der Bundesrepublik und in West-Berlin geltenden Bestimmungen einschließlich des Texte zum Kartellrecht der Montanunion, Mannheim/Heidelberg 1954.

Rückert, Joachim: Das BGB und seine Prinzipien: Aufgabe, Lösung, Erfolg, in: Rückert, Joachim / Schmoeckel, Mathias /Zimmermann, Reinhard (Hrsg.): Historisch-kritischer Kommentar zum BGB, Band I, vor §1, S. 34–122, Tübingen 2003.

–, Autonomie des Rechts in rechtshistorischer Perspektive, in: Schriftenreihe der Juristischen Studiengesellschaft Hannover, Heft 19, Hannover 1988.

–, „Frei und sozial" als Rechtsprinzip, in: Dreier, Horst (Hrsg.): Würzburger Vorträge zur Rechtsphilosophie, Rechtstheorie und Rechtssoziologie, Heft 34, Baden-Baden 2006.

–, Die Schlachtrufe im Methodenkampf, ein historischer Überblick, in: Rückert, Joachim / Seinecke, Ralf (Hrsg.), Methodik des Zivilrechts – von Savigny bis Teubner, 2. Auflage, S. 501–550, Baden-Baden 2012.

Runge, Uwe: Antionomien des Freiheitsbegriffs im Rechtsbild des Ordoliberalismus, Tübingen 1971.

Rüthers, Bernd: Rechtstheorie, München 2010.

Rüstow, Alexander: Das Versagen des Wirtschaftsliberalismus, 2. Auflage, Düsseldorf 1950.

Sandrock, Otto: Grundbegriffe des Gesetzes gegen Wettbewerbsbeschränkungen, in: Schriften des Instituts für Wirtschaftsrecht, München 1968, Bd. 23.

Schäfer, Frank L.: Zwischen Restauration und Modernisierung. Juristische Germanistik als Rechtsgeschichte von 1945 bis 1967, in: Tamm, Dieter / Vogt,

Helle (Hrsg.), Nationalismus und Rechtsgeschichte im Ostseeraum nach 1800. Beiträge vom V. Rechtshistorikertag im Ostseeraum, Kopenhagen 2010, S. 184–232.

–, Playground of ideologists? Family law in West Germany after 1968. Spielwiese für Ideologen? Familienrecht in Westdeutschland nach 1968, in: Danuta Janicka u.a. (Hrsg.), Judiciary and Society between Privacy and Publicity. 8th Conference on Legal History in the Baltic Sea Area, 3rd-6th September 2015, Torun. Beiträge vom VIII. Rechtshistorikertag im Ostseeraum, Torun 2016, S. 175–211.

Schanetzky, Tim: Die große Ernüchterung. Wirtschaftspolitik, Expertise und Gesellschaft in der Bundesrepublik 1966 bis 1982, Berlin 200.

Schlecht, Otto: Zielsetzung der zweiten GWB- Novelle aus Sicht der Bundesregierung, in: Forschungsinstitut für Wirtschaftsverfassung und Wettbewerb e.V. Köln (Hrsg.) Auslegungsfragen zur zweiten GWB- Novelle, FIW- Schriftenreihe, Heft 66, Köln 1974, S. 1–8.

Schluep, Walter: Vom lauteren zum freien Wettbewerb, in: GRUR Int. 1973, 443ff, 445 (6/7), S. 446–452.

Schmidt, Eike: Von der Privat- zur Sozialautonomie, in: Juristenzeitung Nr. 5/6/1980, S. 153–161.

Schmidt, Ingo: US-amerikanische und deutsche Wettbewerbspolitik gegenüber Marktmacht, Berlin 1973.

Schmidt, Karsten: Kartellverfahrensrecht – Kartellverwaltungsrecht – Bürgerliches Recht: Kartellrechtspflege nach deutschem Recht gegen Wettbewerbsbeschränkungen, Habil.-Schrift, Universität Bonn, Bonn 1976.

Schmidt-Syaßen, Inga: Zur Wechselwirkung von Wirtschaftsrecht und Bürgerlichem Recht bei der Konkretisierung von freiheitsbeschränkenden Generalklauseln, Bonn 1973.

Schmidt-Rimpler, Walter: Zum Vertragsproblem, in: Baur, Fritz / Esser, Josef / Kübler, Friedrich / Steindorff, Ernst (Hrsg.): Funktionswandel der Privatrechtsinstitution-en, Festschrift für Ludwig Raiser zum 70. Geburtstag, Tübingen 1974, S. 3–26.

Schmoeckel, Mathias: Rechtsgeschichte der Wirtschaft, Tübingen 2008.

Schwerdtner, Peter: Vorverständnis und Methodenwahl in der Rechtsfindung. Ein Durchbruch zu Rationalitätsgarantien? Eine Besprechung von Josef Essers „Vorverständnis und Methodenwahl“, in: Juristische Schulung, 1972, Heft 6, S. 357–360.

Seidenfus, Hellmuth St.: Die Wandelbarkeit des Wettbewerbsbegriffs, in: Zehn Jahre Gesetz gegen Wettbewerbsbeschränkungen, III. S. 83–99.

Sölter, Arno: Nachteilsausgleich für mittelständische Unternehmen, WuW 1974, Heft 10, S. 657–665.

Steindorff, Ernst: Wirtschaftsordnung und –steuerung durch Privatrecht?, in: Baur, Fritz / Esser, Josef / Kübler, Friedrich / Steindorff, Ernst (Hrsg.): Funktionswandel der Privatrechtsinstitutionen, Festschrift für Ludwig Raiser zum 70. Geburtstag, Tübingen 1974, S. 621–643.

–, Politik des Gesetzes als Auslegungsmaßstab im Wirtschaftsrecht, in: Paulus, Gotthard/Diederichsen, Uwe/Canaris, Claus-Wilhelm, Festschrift für Karl Larenz zum 70. Geburtstag, München 1973, S. 217–244.

Strauß, Walter: Walter, Gewerbefreiheit und Vertragsfreiheit, in: Sauermann, Heinz / Mestmäcker, Ernst-Joachim (Hrsg.), Wirtschaftsordnung und Staatsverfassung, Festschrift für Franz Böhm zum 80. Geburtstag, Tübingen 1975, S. 603–614.

Stürner, Rolf: Der Juristenzeitung zu ihrem siebzigsten Geburtstag. Siebzig Jahre deutsche Rechtsgeschichte im Spiegel der Juristenzeitung, JZ 2016, Heft 1, S. 1–18.

Teubner, Gunther: Der Umgang mit den Rechtsparadoxien: Derrida, Luhmann, Wiethölter, in: Joerges, Christian / Teubner, Gunther (Hrsg.), Rechtsverfassungsrecht, Internationale Studien zur Privatrechtstheorie, Baden-Baden 2003 Band 4, S. 25–45.

Thieme, H. Jörg: Wirtschaftsordnung, in: Dichtl, Erwin / Issing, Otmar (Hrsg.), Vahlens Großes Wirtschaftslexikon, Band 2, L-Z, 2. Auflage, München 1993, S. 2376–2377.

Tilmann, Winfried: Buchbesprechung des Lehrbuches Wirtschaftsrecht mit Wettbewerbs- und Kartellrecht von Fritz Rittner, GRUR Heft 12 1979, S. 875.

Timm, Alexander: Der Entwurf eines Strafgesetzbuches von 1962, in: Freiburger Rechtsgeschichtliche Abhandlungen, Neue Folge, Band 76, Abt. B: Abhandlung zur Dt. Rechtsgeschichte, Berlin 2016.

Ulmer, Peter: Der Begriff „Leistungswettbewerb" und seine Bedeutung für die Anwendung von GWB und UWG- Tatbeständen, in: GRUR 1977, Heft 9, S. 565–624.

–, Wirtschaftslenkung und Vertragserfüllung, in: Archiv für die civilistische Praxis 174 (1974), S. 167–199.

Walter, Maximilian: Stabilisierungspolitik, 2. Auflage, Sternenfels 2004.

Wassermann, Rudolf: Erziehung zum Establishment, das Dilemma der Juristenausbildung, *in:* Wassermann, Rudolf, (Hrsg.): Erziehung zum Establishment, Juristenausbildung in kritischer Sicht, Karlsruhe 1969.

Westermann, Harm Peter: Sonderprivatrechtliche Sozialmodelle und das allgemeine Privatrecht, in: Archiv für die civilistische Praxis 178 (1978), S. 150–195.

–, „Vertragsfreiheit 1956 und heute", Zu Raisers Tübinger Antrittsvorlesung aus dem Jahr 1956, in: Zum 100. Geburtstag von Professor Dr. Dres. h.c. Ludwig Raiser (1904–1980), Symposium der Tübinger Juristischen Fakultät am 3. Dezember 2004, in: Reihe der Juristische Fakultät Band 22, Tübinger Universitätsreden, Neue Folge, Band 44, Tübingen 2005.

Weyers, Hans-Leo: Etwas Kybernetik im Privatrecht, in: Baur, Fritz / Esser, Josef / Kübler, Friedrich / Steindorff, Ernst (Hrsg.): Funktionswandel der Privatrechtsinstitutionen, Festschrift für Ludwig Raiser zum 70. Geburtstag, Tübingen 1974, S. 577–596.

Wieacker, Franz: Das Sozialmodell der klassischen Privatrechtsgesetzbücher und die Entwicklung der modernen Gesellschaft. Vortrag gehalten vor der Juristischen Studiengesellschaft in Karlsruhe am 12. Dezember 1952.

–, Das Bürgerlicher Recht im Wandel der Gesellschaftsordnungen, in: Friesenhahn, Ernst / Lange, Richard / von Caemmerer, Ernst (Hrsg.): Hundert Jahre Deutsches Rechtsleben. Festschrift Deutscher Juristentag 1860–1960, Karlsruhe 1960 (2), S. 1–18.

–, Industriegesellschaft und Privatrechtsordnung. Frankfurt am Main 1974.

–, Privatrechtsgeschichte der Neuzeit, 2. Auflage, Göttingen 1967.

–, Privatrechtsgeschichte der Neuzeit, 1. Auflage, Göttingen 1952.

–, Gesetz und Richterkunst, Zum Problem der außergesetzlichen Rechtsordnung, in: Juristische Studiengesellschaft Karlsruhe, Heft 34, Karlsruhe 1957.

–, Gesetzesrecht und richterliche Kunstregel, zu Essers Buch „Grundsatz und Norm", Juristenzeitung 1957, (22/23), S. 701–706.

–, Karl Larenz, Allgemeiner Teil des deutschen bürgerlichen Rechts. Ein Lehrbuch. In: Archiv für civilistische Praxis 1968, (168), S. 522–532.

Wiethölter, Rudolf: Privatrecht als Gesellschaftstheorie, in: Baur, Fritz / Esser, Josef / Kübler, Friedrich / Steindorff, Ernst (Hrsg.): Funktionswandel der Privatrechtsinstitutionen, Festschrift für Ludwig Raiser zum 70. Geburtstag, Tübingen 1974, S. 645–695.

–, Rechtswissenschaft, Hamburg 1968.

–, Anforderungen an den Juristen heute, in: Wassermann, Rudolf, *(Hrsg.):* Erziehung zum Establishment, Juristenausbildung in kritischer Sicht, Karlsruhe 1969, S. 1–31.

–, Recht- Fertigung eines Gesellschafts-Rechts, in: Joerges, Christian / Teubner, Gunther (Hrsg.), Rechtsverfassungsrecht, Internationale Studien zur Privatrechtstheorie, Band 4, S. 13, Baden-Baden 2003.

Wilhelm, Herbert: Preisbindung und Wettbewerbsordnung. Eine Auseinandersetzung mit den Thesen des Bundeskartellamtes, München 1962.

Winkler, Viktor: Der Kampf gegen die Rechtswissenschaft, Franz Wieackers „Privatrechtsgeschichte der Neuzeit und die deutsche Rechtswissenschaft des 20. Jahrhunderts, Hamburg 2014.

Willgerodt, Hans: Die Gesellschaftliche Aneignung privater Leistungserfolge als Grundelement der wettbewerblichen Marktwirtschaft, in: Sauermann, Heinz / Mestmäcker, Ernst-Joachim (Hrsg.), Wirtschaftsordnung und Staatsverfassung, Festschrift für Franz Böhm zum 80. Geburtstag, Tübingen 1975, S. 687–705.

Wolf, Manfred: Rechtsgeschäftliche Entscheidungsfreiheit und vertraglicher Interessenausgleich. Habil.-Schrift, in: Tübinger Rechtswissenschaftliche Abhandlungen, Bd. 32, Tübingen 1970.

–, Vertragsrecht und Sozialwissenschaften, in: Horn, Norbert/Tietz, Reinhard (Hrsg.), Sozialwissenschaften im Studium des Rechts, Bd 1, Zivil- und Wirtschaftsrecht, München 1977, S. 4–21.

Würdinger, Hans: Freiheit der persönlichen Entfaltung, Kartell- und Wettbewerbsrecht, gehalten vor der Juristischen Studiengesellschaft am 27.11.1953 in Karlsruhe, Karlsruhe 1953.

Zacher, Hans F.: Aufgaben einer Theorie der Wirtschaftsverfassung, in: Coing, Helmut / Kronstein, Heinrich / Mestmäcker, Ernst-Joachim (Hrsg.) Wirtschaftsordnung und Rechtsordnung, Festschrift zum 70. Geburtstag von Franz Böhm, Karlsruhe 1965, S. 63–75.

Zöllner, Wolfgang: Zivilrechtswissenschaft und Zivilrecht im ausgehenden 20. Jahrhundert, in: Archiv für die civilistische Praxis 188 (1988), S. 85–100.

Zweigert, Kurt: Das neue Kartellgesetz, Einführung in seine rechtliche Problematik, Köln, Berlin 1959.

Personenverzeichnis

A

Assmann, Heinz-Dieter (1951) 60, 100, 102, 198f, 202f, 205, 210f

B

Ballerstedt, Kurt (1905–1977) 74f, 191
Bärmann, Johannes (1905–1991) 43f
Bartholomeyczik, Horst (1903–1975) 57, 175ff
Baur, Jürgen (1937) 57ff, 184, 205
Belke, Rolf (1936) 58, 66, 70f, 74, 165ff, 200, 203
Benisch, Werner (1919)
Biedenkopf, Kurt H. (1930) 42, 55, 57, 60, 163, 193, 200
Blum, Reinhard (1933) 135ff, 144ff
Böhm, Franz (1895–1977) 41f, 55f, 95, 107, 127, 130, 134, 138, 158, 163, 200
Börner, Bodo (1922) 206
Brandner, Hans Erich (1926) 196f, 206
Brüggemeier, Gert (1944) 46, 100, 102, 111
Brox, Hans (1920–2009) 40, 207
Bydlinski, Franz (1931–2011) 44, 207

C

Canaris, Claus-Wilhelm (1937) 32, 207
Cassel, Dieter (1939) 117, 119, 207
Coing, Helmut (1912–2000) 44, 58f, 63, 85, 205

D

Dammann, Jens (1973) 60
Däubler, Wolfgang (1939) 101, 195
Doering-Manteuffel, Anselm (1949) 192, 207
Dreier, Ralf (1931) 207, 220
Dubischar, Roland (1935) 58f, 207
Duden, Konrad (1907–1979) 196f, 208

E

Emmerich, Volker (1938) 103, 186
Erhard, Ludwig (1897–1977) 126f, 132, 138, 142, 147f, 157, 160, 208
Erlinghagen, Peter (1932) 57, 208
Esser, Josef (1910–1999) 22f, 46f, 54, 56f, 63, 71, 92, 95ff, 108, 200, 203
Eucken, Walter (1891–1950) 38, 56, 145, 208

F

Felderer, Bernhard (1941) 113, 208
Fikentscher, Wolfgang (1928) 55, 57, 64, 70, 101ff, 108, 111, 122, 124, 126, 162f, 184, 191
Flume, Werner (1908–2009) 17, 21, 23ff, 99, 191, 208

G

Gerlach, Johann Wilhelm (1938) 209
Giersch, Herbert (1921–2010) 112, 128ff, 193, 209
Großfeld, Bernhard(1933) 154, 209
Grossmann, Harald (1929–2015) 209
Grunsky, Wolfgang (1936) 18, 57ff, 193ff, 209
Günther, Eberhard (1911–1994) 123, 128ff, 134, 209

H

Habermas, Jürgen (1929) 53, 88, 98, 192
Hackl, Karl (1933) 98, 210
Hadding, Walther (1934) 57, 60, 98, 225

Hagen, Horst (1934) 98, 225
Hardach, Karl (1936) 111f, 114f, 210
Hart, Dieter (1940) 100ff, 210f
Heldrich, Andreas (1935–2007) 210
Henke, Wilhelm (1926–1992) 210
Hensel, Karl Paul (1907–1975) 61, 210
Hofer, Sibylle (1960) 19, 210
Holtschneider, Rainer (1948) 132, 136, 142, 155, 169
Homburg, Stefan (1961)
Hönn, Günther (1939) 41ff, 57, 106ff, 121f, 192f, 200f, 204
Hoppmann, Erich (1923–2007) 78, 82, 162f, 167, 190
Hotze, Andrea 111, 146, 148, 211
Huffschmid, Jörg (1940–2009) 113, 211
Hüttenberger, Peter (1938–1992) 137f, 145, 156ff, 165ff, 211

I
Immenga, Ulrich (1934) 58f, 75, 167f, 175, 183, 186ff, 190, 200, 203

J
Joerges, Christian (1943) 84ff, 211

K
Kramer, Ernst A. (1944) 44, 212
Kantzenbach, Erhard (1931)
180ff, 211
Kartte, Wolfgang (1927–2003) 123, 132, 136, 142, 155, 161, 166, 169, 170, 188
Kauhausen, Ilka (1974) 20, 212
Kempen, Otto Ernst (1942) 212
Kestner, Fritz (1895–1961) 153ff, 212
Kilian, Wolfgang (1939) 64, 212, 226
Knöpfle, Robert (1931–1998) 57, 60, 184f, 212
Köndgen, Johannes (1946) 22f, 58, 212
Koenigs, Folkmar (1916–2009) 212
Kraushaar, Wolfgang (1948)
Kronstein, Heinrich (1897–1972) 55ff, 163, 167, 180, 191
Kübler, Friedrich (1932–2013) 45ff, 107, 200, 203
Küster, Otto (1907–1989) 106, 213

L
Lambsdorff, Graf Otto (1926–2009) 213
Larenz,Karl (1903–1993) 40, 223
Laufs, Adolf (1935–2014) 213
Lehnich, Oswald (1895–1961) 154, 212
Lieb, Manfred (1935) 213
Lorenz, Werner (1921) 41, 189, 213
Luhmann, Niklas (1927–1998) 222
Lukes, Rudolf (1924–2004)
Luong, Minh Tuan (1964) 213

M
Martinek, Michael (1950) 59, 189, 214
Mankiw, N. Gregory (1958) 213
Maihofer, Werner (1918) 85
Marly, Jochen (1961) 60
Merz, Hans (1907–1995) 43, 214
Mertens, Hans-Joachim (1934)
Mestmäcker, Ernst-Joachim (1926) 53ff, 89ff, 93, 95, 103, 107f, 148f, 163f, 166f, 180f, 200
Mey, Harald (1935) 215
Micklitz, Hans-Wolfgang (1949) 100, 104
Möschel, Wernhard (1941) 56, 59 65f, 90f, 101, 154, 166, 186
Mückenberger,Ulrich (1944) 85, 195, 215
Müller-Armack, Alfred (1901–1978) 111f, 135, 144ff, 211, 215

Müller-Henneberg, Hans Martin (1911–1965) 137, 141, 151, 153, 165, 215
Murach-Brand, Lisa (1973) 139, 140, 144, 149

N
Nahamowitz, Peter (1941) 102, 216
Neumann, Volker (1947) 216
Negt, Oskar (1934) 192, 212, 216
Niederleithinger, Ernst 80, 216
Nipperdey, Hans Carl (1895–1965) 216
Nipperdey, Thomas (1927–1992) 216
Nörr, Knut Wolfgang (1935) 131, 137ff, 143ff, 186ff

O
Oesterreich, Ellen 126, 130, 160, 216
Ogorek, Regina (1944) 62, 216
Ott, Claus (1937) 19, 57, 59, 216

P
Pätzold, Jürgen (1944) 113, 117, 216
Pfeiffer, Alois (1924–1987) 217
Pierson, Thomas 217
Pleyer, Klemens (1921) 57f

R
Ramm, Thilo (1926) 85, 89, 100, 101, 104f, 196, 217
Raiser, Ludwig (1904–1980) 16ff, 28ff, 43f, 49f, 54, 58, 72ff, 85, 99ff, 127, 164, 200, 203
Raisch, Peter (1925–2008) 74, 218
Rasch, Harold (1903) 144, 145, 147
Rebe, Bernd (1939–2013) 59, 80, 194ff, 204, 218
Rehbinder, Eckard (1936) 59, 79f, 83
Reich, Norbert (1937–2015) 53, 73ff, 84ff, 100, 104, 106f, 111, 124ff, 136, 143, 185f, 200, 203
Reinhardt, Rudolf (1902–1976) 28, 33, 43f, 57, 175, 191, 219
Reuter, Dieter (1940–2016) 59
Richter, Klaus W. (1965) 124, 219
Rinck, Gerd (1910) 69, 76, 102, 199, 219
Ritter, Ernst Hasso (1936) 219
Rittner, Fritz (1921) 56, 58, 64, 102, 144, 160f, 183, 190
Robert, Rüdiger (1945) 148, 157ff, 140ff, 220
Rockmann, Michael 217
Rowedder, Heinz (1919) 125f, 220
Rückert, Joachim (1945) 128, 210
Rüthers, Bernd (1930) 19f, 220
Runge, Uwe 191, 220
Rüstow, Alexander (1885–1963) 111

S
Sandrock, Otto (1930) 184f, 220
Schäfer, Frank L. (1974) 56, 193, 220
Schluep, Walter (1928–2006) 221
Schmidt, Eike (1939) 221
Schmidt, Ingo (1932) 91, 221
Schmidt, Karsten (1939) 221
Schmidt, Ulrich 216
Schmidt-Syaßen, Inga (1942) 69, 72, 74, 203, 221
Schmidt-Rimpler, Walter (1885–1975) 24, 28, 43, 56, 82, 175, 191, 219
Schmoeckel, Mathias (1963) 79, 220
Schulz, Dietrich (1928) 57
Schwerdtner, Peter (1963) 99, 221
Seidenfus, Hellmuth St. (1924–2001) 221
Simitis, Konstantin (1936) 57, 59, 75, 76

Simitis, Spiros (1934) 57, 59, 60
Sölter, Arno (1911–1987) 175, 177f, 180
Steindorff, Ernst (1920) 57ff, 66, 74, 79, 83, 22
Strauß, Walter (1900–1976) 154f, 222
Stürner, Rolf (1943) 58, 101, 222

T

Teubner, Gunther (1944) 219, 222
Thieme, H. Jörg (1941) 62, 117, 222
Timm, Alexander (1986) 193, 222

U

Ulmer, Peter (1933) 100, 222

W

Wassermann, Rudolf (1925) 222
Westermann, Harm Peter (1938) 22, 65, 72, 223
Weyers, Hans-Leo (1934) 58, 60, 223, 228
Wieacker, Franz (1908–1994) 17 23, 29ff, 38, 40, 43, 76, 78, 99, 106, 200, 219
Wiethölter, Rudolf (1929) 60f, 65, 85, 89, 100f, 121, 166, 192, 222, 233
Wilhelm, Herbert (1922) 224
Winkler, Viktor 200, 224
Willgerodt, Hans (1924–2012) 224
Wolf, Manfred (1939–2007) 57f, 60, 79
Würdinger, Hans (1902–1989) 224

Z

Zacher, Hans F (1928–2015) 108, 136, 224
Zöllner, Wolfgang (1928) 44, 224
Zweigert, Kurt (1886–1967) 44, 166, 224

Sachwortverzeichnis

A
Alliierte 125–127, 132–133, 138–142, 156, 166
Allokation 111
Alternativkommentar 98–99, 210, 219
Antitrust 139, 144, 149, 152, 162, 216
Autonomie 30, 45, 91

B
Besatzungsstatus 123–127, 135, 142, 149
Besatzungszonen 123–127, 135, 142, 149
Bizone 126
Bundesministerium der Justiz 138, 156
Bundeskanzler 156, 170, 171
Bundeskartellamt 67–68, 92, 170–174, 186
Bundesrat 69, 139, 142, 156–159, 166
Bundesregierung 60, 75, 139, 142, 156, 177, 187
Bundesrepublik 15, 35, 51, 62, 101–107, 113–125
Bundestag 60, 67, 118, 123, 138, 141, 149–175, 186
Bundeswirtschaftsministerium 137–175
Bremen 59, 113, 207

C
CDU/CSU-Fraktion 59, 113, 207

D
DDR 35
Deutscher Juristentag 23–27, 209, 223
Diskurs 100–101, 137, 164, 187, 191–204
Distribution 25–26, 52–53, 146–148, 176–195

E
Entwurf 123–160

F
Fakultät 55–60
FDP 158–159, 169–172
Freiburger Schule 56, 111, 129–131, 145–147
Freiheit 15–186, 191–204
Funktion 50, 75, 79, 183–204
Funktionalität 19, 26–27, 75, 79, 183
Funktionsausfall 78, 83
Funktionsfähigkeit 186–204
Funktionsschwäche 33, 77–78
Funktionszusammenhang 81, 98
Fusion 65–66, 102, 126, 169–172, 186–188

G
Gemeinwohl 45, 54, 71, 76–79, 124, 149
Gewerbefreiheit 123, 155
Grundgesetz 24, 34, 62, 85, 97, 105, 111, 123, 133–136
Grundsatz 16, 20–23, 37–43, 62–65, 73–80, 201–203
Großindustrie 148, 156, 166

H
Handel 16, 18, 27, 126
Handelsgesetzbuch 20, 27
Handelsmissbräuche 126, 137
Handelsorganisation 126
Handelstag 158
Harmonisierung 52
Havanna-Charta 126, 132, 137
Hierarchieabbau 54
Höcherl-Entwurf 158–159
Hohe Kommission 139–142, 166

I
Ideologie 74, 77, 85–89, 97–99
Industrie 118
Industriegesellschaft 34–36, 50–54
Industriekartell 123
Industrieplan 125–126
Industrieproduktion 114
Interdependenz 29, 32, 38, 76, 77, 81, 87–95

J
Josten 123–152
Jugend 20
Juristen 28, 32–33, 38, 51, 54, 70
Juristenausbildung 50
Juristensozialismus 86–87
Juristentag 23, 27, 29, 45
Juristenzeitung 101

K
Kabinettsitzungen 139–170
Kartell 15–18, 27–42, 57, 64–204
Kartellamt 64–204
Kartellgesetzgebung 66–173
Kartellrechtsdiskussion 155
Kartellverbot 65–66, 131–166
Kartellvereinbarung 132, 173
KMU-Wettbewerber 187–189
Koalition 67, 170, 191
Kölner Schule 111, 145, 147
Kompensation 41–44, 97, 101–122, 192, 204
Konjunkturkrise 138–139, 160
Konkurrenz 53, 67, 93, 122, 129–181
Konkurrenzfähigkeit 137
Konkurrenzfreiheit 154–155
Kontrahierungszwang 64, 71–73, 162–163
Kontrollrat 125, 163
Konzentration 168–175, 203
Kooperation 32, 71, 168–182
Korea-Krieg 112
Kriegswirtschaft 125, 201
Krise 15, 28, 44–66, 114–189

L
Lange 1960er Jahre 193, 197
Lauterkeitsrecht 64, 94
Liberalismus 18, 28, 30, 40, 45, 124

M
Markenwaren 170, 201
Markt 18, 25, 53, 70–111
Marktkonformität 130, 136
Marktkompensation 97
Marktkonzentration 168–175
Marktrationalität 66, 138–139
Marktwirtschaft 18, 61–111, 127–135, 144–194
Marshall-Plan 126
Memorandum-Gruppe 113
Methodologie 22–23
Merkantilismus 128
Missbrauch 26–27, 55–57, 65–92, 124–126, 142–204
Monopol 25–26, 71–72, 90–95, 123–199

N
Nachkriegszeit 47, 56–58, 115, 127, 191
Nationalökonomen 70, 129, 144, 150
Neoliberalismus 18, 35, 101–111, 134–148, 161–167

O
Oligopol 90, 92, 126, 179–188
Opposition 135
Ordnung 96, 123, 135, 149, 176
Ordnungsfunktion 82, 145, 197
Ordoliberalismus 111, 122, 128–152, 191

P
Planwirtschaft 61, 72, 77, 122
Praxis 19, 30, 40–54, 76, 88, 92–101, 113, 190
Preistheorie 28, 128–139, 177, 204
Presse 45, 186
Presseunternehmen 186
Prinzipien 16–42, 76–88, 96–99, 108–109, 132–169
Prinzipiendiskussion 20
Privateigentum 84, 133
Privatrecht 16–69
Privatrechtsgeschichte 17, 23, 31, 106, 192
Produktion 61, 84, 112–116, 132, 181

Q
Quellen 23, 39, 43, 100

R
Rationalität 54, 138–139
Referentenentwurf 137–156, 170–173
Regierungsentwurf 122, 135–172
Rechtsgeschichte 58, 62–63, 85, 106, 133
Rechtsordnung 16–52, 194–204
Rechtsquelle 23, 39
Rechtswissenschaft 164, 191–194, 204
Reparationen 125

S
Sachverständigenrat der Wirtschaftsweisen 112–118
Sächsische Holzstoff-Fabrikanten-Entscheidung 123
Sanktion 47–50, 97, 131, 152, 180
Schiedsrichterfunktion 100, 179
Selbstbestimmung 16–65, 106–108, 151
Sozialismus 53, 77, 84, 85–98, 124, 145
SPD 192, 170–172
Strukturwandel 34, 115–118

T
Tageszeitung 67, 101, 174
Theorie 16–45, 50–60, 74, 128–144, 161–168

U
Umbruch 16–54, 192–203
Unternehmen 170–177

V
Verbotsprinzip 137–166
Verbraucher 138–179, 185–186, 196–197
Verbraucherschutz 77, 87–89, 96–102, 185–197
Vereinbarkeit 30, 76, 145
Verkehr 18, 21–37, 81–88, 129–131, 161–166
Verkehrswirtschaft 81–82, 129–131
Veröffentlichung 100
Vertragsfreiheit 18–31, 37–56, 72–98, 153–164, 176–204
Vertragsparität 41–44, 71, 106–110, 121–122, 192

W
Wachstum 20, 50, 91–92, 111–135, 145–146, 155, 169, 181
Weimarer Republik 49, 123–128, 148
Wettbewerb 15–26, 63–110, 183–188
Wettbewerbsrecht 62–64, 80–94, 101–123, 149–172
Wettbewerbsbeschränkung 15–26, 64–98, 121–188, 194
Wirtschaftswissenschaft 15, 41, 113, 118
Workable Competition 122, 182

Z

Zeitgeist 40–45, 54
Zeitgeschichte 47
Zentralverwaltungswirtschaft 125–133
Zivilrecht 15–56, 74–77, 84–99, 106, 163–183, 189–202
Zusammenschlusskontrolle 141, 155, 161, 167

RECHTSHISTORISCHE REIHE

Die nachfolgende Liste führt die Titel der "Rechtshistorischen Reihe" ab Band 400 auf. Eine vollständige Übersicht aller bisher in der Reihe erschienenen Bücher finden Sie auf www.peterlang.com

Band 400 Thomas Simon (Hrsg.): Hundert Jahre allgemeines und gleiches Wahlrecht in Österreich. Modernes Wahlrecht unter den Bedingungen eines Vielvölkerstaates. 2010.

Band 401 Dörte Mentz: Die Beweislastumkehr in der Rechtsprechung des Reichsgerichts. 2010.

Band 402 Werner Schubert (Hrsg.): Oberster Gerichtshof für die Britische Zone (1948-1950). Nachschlagewerk Strafsachen – Nachschlagewerk Zivilsachen. Präjudizienbuch der Zivilsenate. Eingeleitet und herausgegeben von Werner Schubert. 2010.

Band 403 Yong Lei: Auf der Suche nach dem modernen Staat. Die Einflüsse der allgemeinen Staatslehre Johann Caspar Bluntschlis auf das Staatsdenken Liang Qichaos. 2010.

Band 404 Andreas Schwenk: Die Formbestimmung des § 313 BGB a. F. (§ 311 b Abs. 1 BGB n. F.) bei Verträgen über Grundstücke in der Rechtsprechung des Reichsgerichts. 2010

Band 405 René Schorsch: Eberhard Georg Otto Freiherr von Künßberg (1881-1941). Vom Wirken eines Rechtshistorikers. 2010.

Band 406 Ulrike Köbler: Werden, Wandel und Wesen des deutschen Privatrechtswortschatzes. 2010.

Band 407 Björn Florian Faulenbach: Rolle und Bedeutung der Lehre in der Rechtsprechung der Internationalen Gerichtshöfe im zwanzigsten Jahrhundert. 2010.

Band 408 Guangyu Fu: Das Causaproblem im deutschen Bereicherungsrecht. Eine rechtshistorische Untersuchung. 2010.

Band 409 Andreas Kimmelmann: Die Folter im Beweisverfahren der Leges Visigothorum. Chindasvinths Gesetzgebung im Spiegel der westgotischen Rechtsentwicklung. 2010.

Band 410 Jacqueline Schmaltz: Die Entwicklung der Industrie- und Handelskammern. Zwischen Pflicht und Kür. 2010.

Band 411 Hermann Nehlsen: Bayerische Rechtsgeschichte vom frühen Mittelalter bis zum 20. Jahrhundert. 2011.

Band 412 Kathrin Spoerr: Recht und Revolution. Deutsche Ökonomen und ihr Einfluss auf das Recht der Weimarer Republik – eine Zeitschriftenschau 1917-1920. 2011.

Band 413 Moritz von Köckritz: Die deutschen Oberlandesgerichtspräsidenten im Nationalsozialismus (1933-1945). 2011.

Band 414 Annika Lillemor Lara Rabaa: Die Ehe als Rechtsinstitut im Badischen Landrecht von 1810. Unter besonderer Berücksichtigung der gesellschaftlichen Entwicklungen im 19. Jahrhundert. 2011.

Band 415 Christian Hattenhauer / Klaus-Peter Schroeder (Hrsg.): 200 Jahre Badisches Landrecht von 1809/1810. Jubiläumssymposium des Instituts für geschichtliche Rechtswissenschaft der Ruprechts-Karls-Universität Heidelberg und der Heidelberger Rechtshistorischen Gesellschaft vom 23. bis 26. September 2009. 2011.

Band 416 Tobias Alexander Krammerbauer: Die Ministerverantwortlichkeit und die Vorformen sonstiger Verfassungsgerichtsbarkeit in Württemberg zwischen 1815 und 1918. 2011.

Band 417 Werner Schubert (Hrsg.): Quellen zur GmbH-Reform von 1958 bis zum GmbH-Änderungsgesetz von 1980. Eingeleitet und herausgegeben von Werner Schubert. 2011.

Band 418 Gisela Emling: Johannes Heckel. Leben und Wirken (1889-1963). 2011.

Band 419 Jochen Kirschbaum: Die Etablierung der Historischen Rechtsschule an der Ludoviciana (1814-1824). 2011.

Band 420 Sören Koch: Unaufgeforderte Hilfeleistung in Notsituationen. Eine rechtshistorische und rechtsvergleichende Studie zu den zivilrechtlichen Aspekten der Nothilfe mit besonderer Berücksichtigung des Rechts der Geschäftsführung ohne Auftrag. 2011.

Band 421 Friedrich Carl von Savigny: Die Prinzipienfragen in Beziehung auf eine neue Strafprozeß-Ordnung. Ausgearbeitet im Justizministerium für die Gesetzrevision. Eingeleitet und herausgeben von Werner Schubert. 2011.

Band 422 Stephan Faulwetter: Von der Zunft zur Handelskammer. Zur Entwicklung des Gewerberechts in thüringischen Staaten. 2011.

Band 423 Moritz Eisenhardt: Sanierung statt Liquidation. Die Geschichte des Vergleichs zur Abwendung des Konkurses unter besonderer Berücksichtigung der Vergleichsordnung von 1927 und 1935. 2011.

Band 424 Gerd Kleinheyer: Beiträge zur Strafrechtsgeschichte. Herausgeben von Franz Dorn, Mathias Schmoeckel und Jan Schröder. 2011.

Band 425 Ralf Maertens: Das Landgericht Altona (1879-1937) und die Anfänge des Landgerichts Itzehoe (1937-1945). Unter besonderer Berücksichtigung ihrer Tätigkeitsberichte und rechtspolitischen Stellungnahmen. 2011.

Band 426 Mark Friedrich: Ferdinand von Martitz (1839-1921). Rechtshistoriker, Staatsrechtler und Völkerrechtler zwischen dem Ende des Deutschen Bundes und dem Beginn der Weimarer Republik. 2012.

Band 427 Sebastian Krusche: Die Bundesrechtsanwaltsordnung vom 1. August 1959. Vorgeschichte und Entstehung. 2012.

Band 428 Marju Luts-Sootak / Sanita Osipova / Frank L. Schäfer (Hrsg./eds.): Einheit und Vielfalt in der Rechtsgeschichte im Ostseeraum. Unity and Plurality in the Legal History of the Baltic Sea Area. Sechster Rechtshistorikertag im Ostseeraum, 3.-5. Juni 2010 in Tartu (Estland) / Riga (Lettland). 6th Conference in Legal History in the Baltic Sea Area, 3rd-5rd June 2010 Tartu (Estonia) / Riga (Latvia). 2012.

Band 429 Margret R. I. Bootz: Die Hamburger Rechtsprechung zum Arbeitsrecht im Nationalsozialismus bis zum Beginn des 2. Weltkriegs. 2012.

Band 430 Heiko Zech: Die soziale Frage im Konkursrecht 1879-1900. 2012.

Band 431 Jan C. Lorenzen: Das Bundesnaturschutzgesetz vom 20. Dezember 1976. Die Entwicklung des Naturschutzrechtes in Deutschland von den Anfängen bis zur Neukodifikation des Bundesnaturschutzgesetzes von 1976. 2012.

Band 432 Ulrike Ingrid Bernhardt: Geschichte des Weinrechts im Deutschen Kaiserreich (1871-1918). Mit einem Überblick zur Vorgeschichte und Weiterentwicklung bis zur Gegenwart. 2012.

Band 433 Elisabeth Otto: Das Verwaltungsrecht in der SBZ / DDR bis zur Verwaltungsneugliederung im Jahr 1952. 2012.

Band 434 Werner Schubert: Zur Geschichte der Justizverfassung in Schleswig-Holstein im 19. und 20. Jahrhundert. Quellen und Studien. 2012.

Band 435 Stefan Ellenberg: Herrschaft und Reform. Zur Diskussion um die Aktienrechtsreform und den Konzern in der Weimarer Zeit. 2012.

Band 436 Jasmin Sonntag: Gesetzgebung und Verwaltung im Dalbergstaat 1802-1810. 2012.

Band 437 Martin Komusiewicz: Die Diskussion um das Verhältnis von Rechtsanwaltschaft und Notariat seit dem Ende des 18. Jahrhunderts bis zum Erlass der Bundesnotarordnung. 2012.

Band 438 Henriette von Breitenbuch: Karl Neumeyer – Leben und Werk (1869-1941). 2013.

Band 439 Günter Baranowski: Russische Rechtsgeschichte: Texte und Erläuterungen. Teil 1: Von den Anfängen bis 1612/13. 2013.

Band 440 Werner Schubert (Hrsg.): Staatsanwaltschaftsrecht (1934-1982). Quellen zu den Reformprojekten (Organisation – Innerer Dienstbetrieb – Ermittlungsverfahren – Verhältnis der Staatsanwaltschaft zur Polizei) und zur Anordnung über Organisation und Dienstbetrieb der Staatsanwaltschaft (OrgStA). Eingeleitet und herausgegeben von Werner Schubert. 2013.

Band 441 York Zieren: Das Schiedsverfahrensrecht der ZPO (1877-1933) unter Berücksichtigung der Genfer Übereinkommen von 1923 und 1927 sowie der Rechtsprechung des Reichsgerichts. 2013.

Band 442 Stefan Wolf: Das Jenaer Studium der Rechte im Dritten Reich. Zwischen Tradition und nationalsozialistischer Ideologie. 2013.

Band 443 Bernhard Klose: Das Verblassen eines Makels. Das Nichtehelichenrecht der DDR als Teil der gesamtdeutschen Entwicklung. 2013.

Band 444 Peter Opitz-von Bardeleben: Das Generalgouvernement Niederrhein. 2013.

Band 445 Nadine Göppner: Vorgeschichte und Entstehung des Atomgesetzes vom 23.12.1959. 2013.

Band 446 Frank L. Schäfer / Werner Schubert (Hrsg./eds.): Justiz und Justizverfassung / Judiciary and Judical System. Siebter Rechtshistorikertag im Ostseeraum, 3.-5. Mai 2012 Schleswig-Holstein / 7th Conference in Legal History in the Baltic Sea Area, 3rd-5th May 2012 Schleswig-Holstein. 2013.

Band 447 Sandy Schenker: Gegen Täuschungen und Gesundheitsgefährdungen durch schlechte Nahrung. Zur Entwicklung des Nahrungsmittelrechts durch Rechtsprechung und Gesetzgebung zwischen 1871 und 1927. 2013.

Band 448 Youn Seok Choi: Der Besitzerwerb des Erben. Historische Entwicklungen, die Lösung des § 857 BGB und ihre Anwendungsprobleme. 2013.

Band 449 Johannes Kalb: Die innerstädtische Auseinandersetzung in Regensburg am Ende der Reichsunmittelbarkeit. Eine historische und rechtliche Untersuchung. 2014.

Band 450 Thomas Habbe: Lastenausgleich. Die rechtliche Behandlung von Kriegsschäden in Deutschland seit dem 30jährigen Krieg. 2014.

Band 451 Günter Baranowski: Russische Rechtsgeschichte: Texte und Erläuterungen. Teil 2: Von 1613 bis 1682. 2015.

Band 452 Wilhelm Brauneder (Hrsg): Landrechtsentwurf für Österreich unter der Enns 1526. 2015.

Band 453 Maximilian Elsner von der Malsburg: „Arisierung" von Privatbanken am Beispiel des Bankhauses E. J. Meyer in Berlin. 2015.

Band 454 Tanja Claussen: Johann Julius Wilhelm Planck (1817-1900). Leben und Werk. 2015.

Band 455 Werner Schubert (Hrsg.): Das Reichsjustizministerium und die höheren Justizbehörden in der NS-Zeit (1935-1944). Protokolle und Mitschriften der Arbeitstagungen der Reichs-justizminister mit den Präsidenten der Oberlandesgerichte, des Volksgerichtshofs, des Reichsgerichts sowie mit den Generalstaatsanwälten. Eingeleitet und herausgeben von Werner Schubert. 2015.

Band 456 Christian Vahl: Die gesetzliche Regelung des Seefrachtvertrags im deutschen Recht. Eine rechtshistorische Betrachtung unter besonderer Berücksichtigung der Beratungen des Seerechtsausschusses der Akademie für Deutsches Recht (1934-1942). 2015.

Band 457 Ruomeng Yang: Die Rezeption der europäischen Privatrechte in China und die konfuzianische Tradition. Das Beispiel des Deliktsrechts im frühen 20. Jahrhundert. 2015.

Band 458 Piotr Wittmann: „Der da sein Practic auß Teutschen Tractaten will lernen". Rechtspraktiker in deutschsprachiger Praktikerliteratur des 16. Jahrhunderts. 2015.

Band 459 Georg Rasche: Richter, Sachverständige, Handelskammern. Preußische Justizverwaltung und kaufmännische Interessen zwischen 1879 und 1907. 2015.

Band 460 Daniel Hupe: Von der Hierarchie zur Egalität in den Zivilrechtskodifikationen des 19. Jahrhunderts vor dem BGB. 2015.

Band 461 Wilhelm Brauneder (Hrsg.): Landrechtsentwurf für Österreich unter der Enns 1573. 2015.

Band 462 Tunay Sürek: Die Verfassungsbestrebungen der Tanzimât-Periode. Das *Kanun-i Esasî* – Die osmanische Verfassung von 1876. 2016.

Band 463 Takashi Izumo: Die Gesetzgebungslehre im Bereich des Privatrechts bei Christian Thomasius. 2016.

Band 464 Werner Schubert (Hrsg.): Quellen zum Bau- und Enteignungsrecht (1940-1958). Entwürfe zu einem Reichsbaugesetz (1940/41) – Vorentwurf zu einem Deutschen Baugesetzbuch von 1942 – Entwürfe zu einem Baugesetzbuch (1949/50) – Baulandbeschaffungsgesetz vom 3.8.1953 – Entwurf zu einem Bundesenteignungsgesetz von 1958. Eingeleitet und herausgegeben von Werner Schubert. 2016.

Band 465 Daniel Bischof: Geschichte der Wald- und Forstgesetzgebung im Bundesland Schleswig-Holstein. Unter Einbeziehung der Entwürfe zu einem Reichsforstgesetz von 1940/42 und der Entstehung des Bundeswaldgesetzes von 1975. 2016.

Band 466 Lena Darabeygi: Die Causa „Blinkfüer" und die Grundrechtsdogmatik zur Pressefreiheit in Weimar und Bonn. 2017.

Band 467 Werner Schubert (Hrsg.): Quellen zum Aktiengesetz vom 18. Juli 1884. 2017.

Band 468 Manfred Josef Thaler: Die Domkapitel der Reichskirche vom Wiener Konkordat bis zur Säkularisation (1448-1803). Grundzüge ihrer Verfassung im Vergleich. 2017.

Band 469 Philipp Eckert: Entstehung und Bedeutung des Landesverwaltungsgesetzes Schleswig-Holstein. 2017.

Band 470 Julia Christine Klix: Privatrechtstheorie und Wirtschaft von 1967 bis 1982. Unter besonderer Berücksichtigung der Kartellrechtsgeschichte. 2017.

www.peterlang.com